아동권리와 복지

| 윤매자 저 |

Child Rights and Welfare

양성원

머리말

아동권리는 인류 문명과 함께 아동의 관점에서 발전되어 왔다. 동 · 서양을 막론하고 아동은 성인의 축소물이 아닌 독립된 존재로서 아동의 권리가 주체가 되어야 함을 강조하고 있다. 그뿐만 아니라 현대사회에서의 아동복지는 개인의 노력뿐만 아닌 아동에 대한 국가의 지원체계에 따라서도 크게 영향을 받게 된다.

최근 다변화 사회에서는 한부모 가정, 맞벌이가정, 재혼가정, 조손가정 등이 늘어나고, 가정폭력, 약물 오남용, 정신병리 등으로 아동권리와 보호를 위협하고 있다. 아동학대와 방임, 아동 빈곤, 차별, 편견 등은 아동에게 여러 가지 물질적 · 심리적 고통을 줄 수 있고, 그들은 이러한 위협 속에서 살아가고 있다. 아동권리와 복지는 아동에게 있어서 최소한의 방어책이다. 따라서 부모나 교사들은 아동권리와 복지에 관한 폭넓은 지식을 가지고 있어야 하며, 적극적으로 아동 문제에 대처하고 전문적이고 책임감 있게 지도할 필요가 있다.

저자는 아동 보육과 유아교육을 전공하고 보육교사 자격증을 취득할 학생에게 아동권리와 복지의 개념, 역사, 현황, 실천방법, 개선점 등에 대한 이해를 높이고, 다양한 대상 아동에게 아동권리를 존중하는 관점에서의 지지, 지원대책, 서비스 등을 자세히 소개하고자 노력하였다.

이 책은 총 4부 13장으로 구성되어 있다. 제1부에서는 아동권리와 복지의 개념과 원칙을 중심으로 살펴보았으며, 제2부에서는 아동권리와 복지의 역사에 관한 전반적인 내용을 다루었다. 3부에서는 아동권리와 복지 관련 법률과 행정, 그리고 서비스에 대해 알아보았고, 4부에서는 아동권리와 복지에 대한 과제와 전망을 다루었다.

제1장은 '아동권리와 복지의 개념과 원칙'으로, 아동권리와 복지의 개념에 대한 전반적인 이해를 살펴보았다. 제2장은 '아동권리와 복지의 내용과 분류'로, 아동복지의 대상과 서비스 분류, 복지의 유형, 복지의 기본전제와 원칙을 다루었다. 제3장은 '아

동권리와 복지의 역사'로, 아동권리와 복지의 발달사, 국내외 아동복지의 발달과정 및 특징을 살펴보았다. 제4장은 '아동권리와 복지 관련 법률과 정책'에 관하여 살펴보았다. 제5장은 '아동권리와 복지행정과 서비스'의 접근을 개별, 집단, 사례관리 등으로 세분화하여 살펴보았다. 제6장은 '아동권리와 빈곤 아동'의 서비스에 대한 개념, 현황, 아동권리에 기반을 둔 빈곤 아동 지원정책과 제도를 다루었다. 제7장은 '아동권리와 보육서비스'에 대해 개념, 아동권리존중 보육, 보육정책과 현황, 발전 방향에 대해 살펴보았다. 제8장은 '아동권리와 다양한 가족의 아동복지서비스'에 대해 한부모, 다문화, 조손가정의 아동 중심으로 살펴보았다. 제9장은 '아동권리와 장애아동서비스'로, 장애의 개념, 유형, 장애아동의 현황, 아동권리에 기반을 둔 장애아동 정책과 제도에 대해 다루었다. 제10장은 '아동권리와 아동보호서비스'로, 아동보호서비스의 이해, 기본원칙, 주요 내용, 보호 대상 아동의 발생원인, 아동복지심의위원회의 역할과 보호 결정을 구체적으로 알아보았다. 제11장은 '아동권리와 학대아동서비스'로, 아동학대의 개념, 유형, 학대 아동의 현황, 아동권리에 기반을 둔 아동학대의 문제점과 개선 방향에 대해 다루었다. 제12장은 '아동권리와 대안 양육서비스'로, 대안 양육 아동의 개념, 보호유형과 현황, 정책과 제도, 아동권리에 기반을 둔 대안 양육제도의 개선 방향에 대해 살펴보았다. 제13장은 '아동권리와 복지의 전망과 과제'로, 아동권리와 복지의 과제 및 전망에 대해 살펴보았다.

이 책은 아동이 건강하고 안전한 삶을 영위할 수 있도록 국가나 양육자가 아동권리를 존중하고, 어른의 소유물이나 축소물이 아닌, 그들이 태어나면서부터 행복할 권리, 부모로부터 사랑받을 권리, 양부모로부터 보호받을 권리, 놀 권리 등을 누리고 즐겨야 한다는 의미를 강조하여 집필하였다. 또한, 아동권리와 복지의 본질에 충실하면서 예비교사들에게는 배우기 쉽도록, 반면에 교수님들에게는 가르치기 쉬우면서 현장 적응력이 높은 현장실천 중심으로 집필하였으나 미진한 부분들이 있음을 부인할 수가 없다.

앞으로 아동권리와 복지를 위해 아동복지에 관심을 두고 지속적인 연구를 통해 계속 보완할 계획이며, 여러분의 많은 지적과 검토를 기다린다.

그리고 이 책이 나올 수 있도록 도와주신 양성원 대표님과 편집진들의 노고에 다시 한번 감사한 마음을 전한다.

2020년 2월

저자 올림

차 례

Part 02 아동권리와 복지의 역사

chapter 03 아동권리와 복지의 발달 / 63

Part 03 아동권리와 복지 관련 법률과 행정

chapter 04 아동권리와 복지 관련 법률과 정책 / 97

chapter 05 아동권리와 복지 행정과 서비스의 접근 / 115

Part 04 아동복지 서비스

chapter 06 아동권리와 빈곤아동 서비스 / 143

chapter 07 아동권리와 보육서비스 / 173

chapter 08 아동권리와 다양한 가족의 아동복지서비스 / 201

chapter 09 아동권리와 장애아동서비스 / 225

chapter 10 아동권리와 아동보호서비스 / 249

chapter 11 아동권리와 학대아동서비스 / 273

chapter 12 아동권리와 대안양육서비스 / 301

Part 05 아동권리와 복지의 과제

chapter 13 아동권리와 복지의 전망과 과제 / 325

01

아동권리와 복지의 개념과 원칙

아동권리(Child Rights)는 아동[1)]이 인간으로서 가지는 가장 기본적인 권리와 자유에 대하여 발달의 시기적인 특수성에 입각하여 4대 기본권을 가지고, 특별한 보호와 배려를 받을 권리를 말한다. 그러나 많은 성인들은 그릇된 아동관과 양육권을 가지고 아동을 성인의 소유물로 생각하거나 의존적 존재로 생각해서 아동의 권리를 무시하거나 인정하지 않는 경우가 있으며, 이러한 인식은 아동이 성장하는 데 많은 어려움을 겪게 하는 요인이 된다(최은숙, 2013). 오늘날 아동은 독립된 인격을 가진 권리의 주체로, 아동복지의 이념적 기초가 되며, 아동권리는 아동복지의 실현이 전개되는 핵심 과제이다. 제1부에서는 아동권리와 복지에 대한 개념 이해와 아동권리와 복지의 내용과 분류에 대해서 구체적으로 살펴보고자 한다.

1) 「아동복지법」에서 아동은 18세 미만의 자.

children's right & welfare | chapter 01

아동권리와 복지의 개념 이해

아동권리란 아동이 인간으로서 누려야 할 기본적인 제반 권리를 총칭하는 것으로써(若井翊一, 1992), 성인의 권리와 많은 공통성을 가지고 있지만 아동은 발달 특성상 성인의 권리와 개념과는 차이가 있다(김정래, 2002). 아동의 권리를 이야기할 때, 두 가지 상반된 개념을 염두에 두어야 한다. 하나는 아동의 '보호'로서, 아동의 생리적 욕구를 충족시킬 의무를 강조하는 개념이다. 또 하나는 아동의 '자율성'을 보장하는 것이다. 이는 선택과 자유를 강조하는 개념으로 볼 수 있다. 또한 아동복지의 중요한 과제 중 하나는 아동의 권리를 보장하는 것이다(윤매자 외, 2017). 이 장에서는 아동권리와 복지의 개념, 아동발달에 있어서 모든 아동의 출발선을 보장하는 아동권리와 아동복지에 관해 살펴보고자 한다.

1. 아동권리와 복지의 개념

우리나라에서는 아동복지를 아동이 행복한 삶을 누릴 수 있는 기본적인 여건을 조성하고 조화롭게 발달할 수 있도록 하기 위한 경제적 · 사회적 · 정서적 지원(「아동복지법」 제3조의 2)로 규정하면서 이를 실현하기 위해 첫째, 아동은 자신 또는 부모의 성별, 연령, 종교, 사회적 신분, 재산, 장애유무, 출생지역, 인종 등에 따른 어떠한 종류의 차별도 받지 아니하고 자라야 한다. 둘째, 아동은 완전하고 조화로운 인격발달을 위하여 안정된 가정환경에서 행복하게 자라야 한다. 셋째, 아동에 관한 모든 활동에 있어서 아동의 이익이 최우선적으로 고려되어야 한다. 넷째, 아동은 아동의 권리보장과 복지증진을 위하여 이 법에 따른 보호와 지원을 받을 권리를 가진다는 네 가지 기본이념을 제시하고 있다(「아동복지법」 제2조).

「아동복지법」 제26조에서는 아동복지시설 종사자들에 대하여 자격 취득 과정이나 보수교육 과정에서 아동학대 예방 및 신고의무와 관련된 의무교육을 받도록 규정하고 있다.

아동복지시설로서의 지역아동센터도 예외는 아니어서 '인권교육'의 의무를 지니고 있다. 「아동복지법」의 규정에 따라 '지역사회 아동의 보호 · 교육 · 건전한 놀이와 오락의 제공 · 보호자와 지역사회의 연계 등 아동의 건전육성을 위하여 종합적인 아동복지서비스를 제공하는 시설'(「아동복지법」 제52조 ①의 8)로서, 지역아동센터는 이용 아동에 대한 인권교육을 통한 아동의 인권의식을 강화하는 프로그램에 있어 아동권리를 실현할 수 있도록 노력해야 한다. 또한 지역아동센터 내에서 인권보호 및 실현에 대한 제도를 갖추어야 한다.

지역아동센터의 종사자는 아동의 인권보호자로서 인권과 인권보호에 관한 교육을 연 1회 이상 받아야 한다. 아동의 인권교육을 위한 프로그램을 기획하고 인권교육을 직접 실행하므로 인권교육 방법에 대한 교육을 받아야 한다(최은숙, 2013). 또한 「아동복지법」과 「영유아보육법」에서 법적으로 아동학대 신고의무자로서 자격 취득 과정이나 보수교육과정을 통해 아동학대 예방 및 신고의무와 관련된 교육을 의무적으로 받아야 한다(「아동복지법」 제26조). 인권교육을 통해 지역아동센터 내에서는 발생할 수 있는 종사자에 의한 아동에 대한 체벌, 성학대 등 인권침해 상황을 예방하도록 한다.

아동권리의 보장이 아동복지의 중요 과제라는 맥락에서 아동권리와 아동복지 간에는 상관관계가 있다. 과거의 아동복지 전개과정을 살펴보면, 매우 소극적이고 피동적인 보호형태를 취해 왔으며, 모든 아동들에 대한 인격적이고 권리적인 존재로서의 가치를 인식하거나 실천하지 못하고 있는 실정이다.

20세기 들어와서 아동복리회의 '아동권리선언(1924)'은 최초로 선언된 '세계아동헌장'으로 불리며 아동복지의 이념과 실천과제로서 강조하고 있다. 지금까지는 아동은 어른의 종속물에 지나지 않았지만 아동들도 그들 나름의 생각과 욕구가 있음을 강조하는, 아동으로서의 가치와 권리의 주체가 되어야 한다는 사상으로 발전하게 되었다. 따라서 자선이나 박애의 소극적인 보호에서 권리와 책임이라는 적극적인 복지가 요청되고 있으며, 오늘날 아동보호라는 말보다는 아동복지라는 말이 더 널리 사용되고 있다(김승훈, 2005). 즉, 수동적인 보호 형태에서 능동적인 권리의 주체로 인정하고 발전하고 있다.

1) 아동권리의 개념[2)]

「유엔아동권리협약」에 따르면 아동에게 적용되는 법에 의하여 조기에 성인 연령에 도달하지 않는 18세 미만에 속한 사람을 아동으로 규정하고 있다.

아동의 권리를 이야기할 때, 두 가지 상반된 개념을 염두에 두어야 한다. 하나는 아동의 보호로서, 아동의 기본적인 욕구나 필요를 충족시킬 의무를 강조하는 개념이다. 교육, 양육, 적절한 음식과 보호처, 사랑, 애정, 훈육 등에 대한 아동의 권리와 이를 실현시킬 부모와 국가의 의무가 도출된다. 다른 하나는 아동의 자율성으로서, 선

2) 윤매자 외(2017). 아동복지론(제3판). 양서원. pp.106~110. 재구성.

택과 자유를 강조하는 개념이다. 즉, 아동권리는 아동의 자격으로서 승인되는 아동 고유의 권리와 인간의 자격으로서 승인되는 인권으로 구성되어 있는데, 인간은 태어날 때부터 가지는 권리가 있다. 이는 인간의 존엄성에 근거하여, 자연적으로 가지는 천부의 권리이다. 인간의 존엄성이란 인간이 생존과 기본적 자유에 있어서 중심적 주체가 된다는 것을 의미한다. 인권은, 즉 인간의 존엄성에 따른 권리 행사는 어떠한 상황에서도 정당화가 가능하다(김정래, 2002). 반드시 국가나 실정법에 의하여 부여되거나 보장받는 것이 아니라 생득적이고 절대적인 권리임을 주장한다(김정래・최영희, 1998). 여기서 아동 고유의 권리라는 것은 아동이 가지고 있는 정신적・신체적 요구를 법적으로 승인하는 것이다. 그 내용의 원칙은 아동의 인격을 전면적으로 발달시키는 것을 목적으로 생존권을 확보한다는 의미이다(황성기, 1994). 따라서 아동권리는 인간이면 누구나 갖는 권리로서 그 주체인 아동이 자신의 권리를 가지고 권리를 향유하고, 주체로서 행사할 수 있는 권리를 말한다.

(1) 아동권리의 특성

아동이 향유・행사하는 권리는 '세계인권선언'에 천명된 모든 사람이 향유・행사하는 권리와는 다른 맥락에서 이해할 필요가 있으며, 아동권리는 「유엔아동권리협약」이 연령적으로 정의하는 18세 미만의 자가 향유・행사하는 권리임에 틀림이 없다(김정래, 2002). 아동이 누리는 두 가지 속성, 즉 보편성과 특수성을 살펴보면 다음과 같다.

보편성(universality)이란 권리의 속성이 보편적이기 때문에 누구나 예외 없이 향유할 수 있다는 것이며, 이러한 맥락에서 아동의 경우도 예외가 아니라는 뜻으로 미성년자인 아동도 성인과 똑같은 권리를 누릴 자격이 있는 것이다(김정래, 2002; 한성심 외, 2017).

특수성(distinctiveness)이란 아동만이 지니는 특수한 상황 일체를 지칭하는 것으로, 이를 향유하는 권리의 특수성을 뒷받침해 준다. 예를 들면, 장애아동에 대한 특별한 관심과 지원은 아동의 특수성에 기인하는 것이다.

(2) 아동권리의 종류

아동의 권리를 보다 현실적으로 이해하는 데에는 아동이 실질적으로 향유하고 행사하는 권리가 무엇인지를 알아야 한다. 즉, 권리의 종류를 이해하는 것이 요구되며, 아동의 소극적인 자유권, 적극적 자유권, 평등권, 복지권, 자기결정권 및 참여권의 문제를 중심으로 살펴보고자 한다[3].

① 소극적 자유권

소극적인 자유권이란 자신이 하고자 하는 바를 자의적으로 행함에 있어서 타인으로부터 방해 또는 침해받지 않을 권리를 의미한다. 소극적인 지유권이 존중되어야 하는 이유는 소극적인 자유권이 모든 권리를 향유하고 행사하는 초석이 되기 때문이다. 한 인간이 자신이 하고자 하는 일을 수행하는 데 있어서 그 일을 하는 모든 조건이 타인으로부터 방해를 받는다면, 그는 그 일을 해 보기도 전에 아무런 일도 해 볼 수 없을 것이다.

② 적극적 자유권

아동이 소극적 자유권이 수동적으로 보호되는 권리라고 한다면, 적극적 자유권은 아동이 능동적으로 행사하는 권리이다. 즉, 아동이 능동적으로 행사하는 권리란 아동 스스로 선택하고 계획하여 현재와 미래의 삶에서 요구되는 모든 것을 자율적으로 판단하여 영위하는 권리뿐만 아니라 그러한 삶을 계획할 권리 등을 총칭하는 권리를 말한다. 예를 들어, 적극적인 행동의 자유, 학문의 자유, 의사표현의 자유, 집회 및 결사의 자유, 표현의 자유로 간주되는 두발(頭髮)과 복장의 자유 등이 포함된다. 이러한 모든 적극적인 자유권이 갖는 공통점은 아동 스스로가 '선택권'을 가질 수 있다는 것이다.

---

3) 김정래(2002). 아동권리향연. 교육과학사. pp.46~52. 요약함.

③ 평등권

아동의 평등권은 두 가지 차원에서 이해할 수 있는데, 하나는 적극적인 의미에서 모든 아동은 평등하게 대우해야 한다는 의미이며, 다른 하나는 아동에 있어 평등권을 저해하는 일체의 차별로부터 보호해야 한다는 의미이다. 아동권리의 '보장'이라는 측면에서 모든 아동은 보호받아야 한다는 것을 실현시키는 것이 중요하지만 아동의 실제 생활 속에서 아동의 권리를 실질적으로 '신장'시키고, 아동의 삶을 실질적으로 개선하기 위해서 보다 현실적으로 요구되는 것은 후자에 해당한다.

④ 복지권

'복지'가 기본적 생계를 유지할 수 없는 결핍으로부터 해방을 의미하는 복지권은 이러한 결핍으로부터 벗어날 수 있는 권리를 의미한다. 아동의 평등권과 마찬가지로, 아동에게 결핍상태가 야기되는 상황이 다양하게 제기되는 한 아동의 복지권도 생활보호 대상 아동의 문제, 위탁아동의 문제 등을 포함하여 매우 포괄적으로 요구되는 권리이다. 물론 아동의 향유와 행사하는 복지권 중에 보편적인 권리로 인정할 수 있는 권리가 있다. 예를 들어, 무상 의무교육의 형태로 기본적인 교육을 받을 권리가 있다.

⑤ 자기결정권과 참여권

자기결정권(The Right to Self-Determination)은 적극적인 자유권에 속한다. 그러나 이 권리는 「유엔아동권리협약」의 3대 원칙인 '참여권'을 포함할 뿐만 아니라 '행복추구권'과 관련된 중요한 권리이다. 다시 말하면, '행복추구권'의 단초는 '자기결정권'에 있다고 해석할 수 있다. 또한 아동의 '자기결정권'을 가장 잘 표현한 것이 '참여권'이며, 아동의 '자기결정권'을 보장하는 결정적인 요인은 아동의 '참여권'을 보장하는 것이다.

한편, 아동의 참여권 제한 문제에 대해 살펴보면 다음과 같다.

첫째, 아동의 인식능력을 기초로 하여 아동의 개별적인 특성은 인정하지만 성인의 기준에 비추어 열등하고 불완전한 특성으로 해석하는 견해이다. 이러한 관점에서 수긍하기 어려운 몇 가지 문제점이 있다. 즉, 능력기준, 연령의 기준은 상대적이고 임의적이기 때문에 성인의 보호를 받아야 하는 존재로 보는 것이다. 또한 18세 미만의 모든 아동의 참여권을 무조건적으로 제한하는 것은 아동의 무능 때문이 아니라 실정법이 아동의 개인차와 다양성을 인정하지 않고 연령이라는 편의적인 잣대를 근거로 하기 때문이다.

둘째, 아동의 참여권 제한을 정당화하는 견해는 '권리'를 '의무'와 짝을 이루는 상관관계(correlatives)로 이해하여 아동이 시민으로서 의무와 책임을 다할 능력이 없기 때문에 이에 상응하는 권리와 지위를 누릴 수 없다는 인식이다.

셋째, 아동의 참여권 제한을 당연시하는 견해는 아동의 복지권과 참여권, 아동의 양육과 보호, 자기결정을 대립적으로 이해하는 관점과 밀접한 관련이 있다. 즉, 참여가 전재되지 않는 복지는 '아동 자신의 이익이 아닌' 타인의 이익을 도모할 위험성이 있으며 아동 자신의 이익을 실질적으로 도모하지 못할 가능성이 높다.

넷째, 아동의 참여권 제한을 정당화하는 견해는 권위적 간섭주의(paternalism)와 밀접한 관련이 있다. 단순히 아동의 이익을 고려한다는 명분에 따라 권위적 간섭주의가 합리화되는 점에 유의해야 한다.

2) 아동복지의 개념

아동복지는 특정 사회복지 분야를 지적하는 용어로서 사회복지의 한 실천 분야이다. 특히, 아동복지의 정의나 개념은 카두신(Kadushin)에 의한 1967년의 것이 가장 오랫동안 사용되어 왔지만(Kadushin, 1980), 그 배경에는 전통적이며 잔여적인 서비스가 거의 대부분을 차지하고 있었다. 그러나 1988년에 개정되면서 그 정의는 광범위하게 서비스체계, 정책, 제도, 가족, 아동복지의 영역 등을 포함하고 있다(문선화 외, 2009).

일반적으로 아동복지란 모든 아동의 복지와 안녕에 관여하는 것으로서 좁게는 가족에서, 넓게는 지역사회와 국가에서 이루어지는 체계적인 활동의 모든 과정을 말한다. 다시 말하면, 좁은 의미의 아동복지는 보호가 필요한 요보호아동을 중심으로 비교적 개인이나 민간단체를 중심으로 이루어지는 선별적 서비스의 활동이며, 넓은 의미의 아동복지란 모든 아동과 그 가족을 대상으로 다양한 복지 주체들이 서로 유기적인 관련 하에 체계적으로 복지 활동을 전개하는 보편적 서비스를 말한다. 오늘날 아동을 포함한 모든 국민의 복지 보장은 하나의 권리로 인식되고 있으며, 복지의 주체를 국가로 간주하고 있기 때문에 대부분의 국가에서는 넓은 의미의 아동복지 정의를 수용하고 있다.

(1) 아동복지의 필요성과 의의

아동복지의 필요성은 세 가지 관점에서 그 의의를 찾아볼 수 있다. 첫째, 아동 개인의 입장에서 한 인간으로서의 기본적인 생활에 대한 보장, 둘째, 사회적인 입장에서 국가 발전을 위한 인력의 보호, 셋째, 앞으로 발생할 수 있는 사회문제 발생에 대한 예방이다(성영혜 외, 1997).

아동의 기본적인 생활의 보장으로, 인간이 자립하여 사회적 인간으로서 생활하기까지는 장기간에 걸친 보호와 양육이 필요하다. 출생에서 36개월 미만까지의 영아기는 가장 기본적인 생존에 필요한 욕구를 혼자 힘으로 하기 어려워 부모나 양육자(타인)의 도움이 반드시 필요하다. 유아기와 학령기 아동은 기초적인 생활은 가능하지만 어떤 위험으로부터 완전히 안전할 수 없고, 노동력과 경제력이 없기 때문에 성인에게 의존적일 수밖에 없다. 청소년기는 신체적 · 지적 발달이 성인에 가까워지나 심리적 · 정서적으로 불안정하고, 사회적으로 책임 있는 역할을 기대하기에는 아직 미숙하여 여전히 사회에서 보호와 지도가 필요하다.

국가 발전을 위한 인력 보호를 위하여, 현대사회는 가족구조의 변화로 인한 가족

기능이 약화되어 아동의 보호와 양육 책임은 부모뿐만 아니라 점차 국가와 사회가 맡게 되어 가고 있다. 다시 말하면, 다양한 가치관의 변화로 부모나 가족이 아동을 제대로 양육하지 못하는 경우가 늘어나고 있으며, 부모나 가족이 어떤 사유로 아동의 보호와 양육의 책임을 다하지 못할 때, 사회가 그 부모와 가족을 도와서 아동이 기본적인 생활을 영위할 수 있도록 보장하는 것이 아동복지의 의의다.

또한 영유아기 및 아동기의 발달은 전 생애를 걸쳐서 기초가 되는 매우 중요한 시기로써, 앞에서 설명하였듯이 이 시기를 놓치면 성인기에 회복할 수 없는 부분들이 있다. 아동은 미래 사회의 주역으로서 이들을 어떻게 보호하고 양육하는가는 우리 사회의 장래와 밀접한 관련이 있다(공계순 외, 2019). 국가 인력의 보호와 육성을 위해서 아동의 심신이 건강하고 지식과 인격을 갖춘 바람직한 성인으로 성장하도록 하는 것은 미래 사회를 이끌어 갈 훌륭한 인적 자원을 확보하는 것이 된다.

사회문제의 예방을 위해서는 아동의 욕구를 충족시켜서 사전에 사회문제를 예방하고 방지해야 한다. 아동의 욕구가 적절히 충족되지 않으면 건전한 성장과 발달이 어려울 뿐만 아니라 사회문제도 야기될 수 있기 때문에 아동복지는 아동을 유능한 사회구성원으로 성장하도록 하는 사회제도로서의 의의를 가지고 있다.

(2) 아동복지의 이념

아동복지의 이념은 아동을 어떤 존재로 보고, 어떻게 이해하느냐 하는 그 시대와 사회의 아동관과 밀접한 관계가 있다. 과거에는 아동을 성인의 소유물로 보았는데, 이러한 태도로부터 아동에 대한 이해를 하면서 아동을 고유한 인권과 권리를 가진 존재이며, 심리적 욕구를 가지고 인격과 존엄성을 지닌 독립된 개체로 인식하게 되었다.

우리나라에서는 「헌법」과 「아동복지법」에서 아동복지 이념을 다음과 같이 규정하고 있다.

「헌법」 제9조에서는 “모든 국민은 인간으로서의 존엄과 가치를 가지며, 행복을 추구할 권리를 가진다. 국가는 개인이 가지는 불가침의 기본적 인권을 확인하고 이를 보장할 의무를 진다."라고 명시되어 있다. 또한 「헌법」 제32조 1항은 "모든 국민은 인간다운 생활을 할 권리를 가진다."고 규정하고 있다. 이처럼 모든 국민이 행복을 추구할 권리와 인간다운 생활을 할 권리를 가지고 있음이 헌법에 명시되어 있으므로, 아동도 자신의 행복 추구와 인간다운 삶을 누릴 권리가 있다. 또한 「아동복지법」 제1조에서 아동복지의 목적은 "아동이 건강하게 출생하여 행복하고 안전하게 자라도록 그 복지를 보장함을 목적으로 한다."고 명시되어 있다.

아동복지의 기본이념으로는 첫째, 아동은 자신 또는 부모의 성별, 연령, 종교, 사회적 신분, 재산, 장애 유무, 출생지역, 인종 등에 따른 어떠한 종류의 차별도 받지 아니하고 자라나야 한다. 둘째, 아동은 안전하고 조화로운 인격발달을 위하여 안정된 가정환경에서 행복하게 자라야 한다. 셋째, 아동에 관한 모든 활동에서 아동의 이익이 최우선으로 고려되어야 한다고 명시하고 있다(「아동복지법」 제3조).

이처럼 아동복지의 이념은 책임의 문제에 있어 부모와 가족, 국가의 책임 소재는 한 국가가 어떠한 아동복지 이념을 추구하느냐에 따라 아동복지 대상과 그 가족에 대한 개입의 내용과 수준을 결정해 왔다고 볼 수 있다. 여기서 다양한 아동복지의 이념을 국가·가족·아동의 관계 속에서 설명했던 허딩(Herding, 1991)의 분류에 따라 대표적인 아동복지의 이념을 살펴보고자 한다.

① 자유방임주의와 아동복지

자유방임주의(Laissez-Faire)는 특수한 상황을 제외하고 정부계획과 개입을 최소화한다는 것이다. 즉, 국가의 관여는 개인의 자유에 대한 억압으로 국가에 의한 조치도 구속이나 통제라고 가정하므로 아동복지에 대한 국가 역할의 최소화를 핵심으로 한다. 국가는 개인의 경제활동의 자유를 최대한으로 보장하고, 이에 대한 국가의 간섭을 가능한 한 배제하며, 아동의 부모가 아동에 대한 우선적 책임과 권리를 중시하고, 아동과 가정에 대한 불간섭주의의 입장을 취한다. 국가의 역할은 아동의 보호 조건이 성립되지 않는 경우에만 선별적으로 최소한의 개입으로 아동 생활에 대한 '최소 침해의 원칙(The Least Detrimental Principle)' 의하여 아동에 대한 조치는 양육환경과 가족 관계의 지속에 대한 아동의 욕구를 보장한다.

② 국가부권주의와 아동복지

국가부권주의(State Paternalism)는 부모 - 자녀 간에 생물학적 유대보다도 양육자와 아동 간의 심리적 유대를 강조한다. 국가부권주의는 아동보호에 있어서 부모 - 자녀 간의 심리적 결속이나 정서적 유대를 과소평가하고, 아동보호에 대한 광범위한 국가 개입을 핵심으로 한다. 국가부권주의에서는 생산성 있는 시민이 가장 건강한 시민이라고 강조하며, 아동이 발달적 욕구들을 해결해 줄 수 있는 가정에 있어야 하는데, 부모가 아동보호에 부적절한 기능을 할 경우, 국가가 가족과 아동에게 언제든지 개입하여 아동을 보다 나은 양육환경으로 옮길 수 있다고 주장한다. 이때, 국가의 역할을 아동의 복지를 증진하고 위험을 최소화하려고 하는 것으로 본다. 하지만 국가가 가정 환경에 임의적으로 개입하여 아동을 보호하는 것은 비람직하지 않은 과정이나 결과가 존재함에도 불구하고, 사람들이 입양과 위탁 보호에 대해 과잉 기대를 하게 되는 결과를 불러올 수 있다. 같은 맥락에서 양부모의 역량에 대한 우려가 생길 수 있다. 이처럼 국가부권주의는 아동에게 양질의 보호와 교육을 제공할 수 있고, 미래의 생산성 있는 시민을 양성할 수는 있지만 심리적인 측면에서 보았을 때는 또 다른 문제를 야기할 수 있다.

③ 가족중심주의와 아동복지

가족중심주의(Pro-family)는 국가가 절대적으로 보호자의 친권을 중시하고 국가적 차원에서 혈연으로 맺어진 가족을 보호하려는 관점이다. 혈연이 중심이 되기 때문에 입양과 대리보호에 대해서는 부정적이다. 즉, 생물학적 가족이 중요하다고 보고, 가능하다면 이는 보호되고 유지되어야 함을 강조하므로, 생물학적 부부 - 자녀 관계의 유지를 핵심으로 한다. 따라서 이 이념에서는 아동 최선의 이익은 친부모에게서 양육

받는 것이며, 국가가 아동에게 대리 보호를 제공하기보다는 아동에게 대리 보호가 필요하지 않도록 아동의 방임과 개입 중간에서 가족이 유지될 수 있도록 지지적・보완적 서비스를 제공할 것을 강조하는 입장이다. 국가의 역할은 가족의 유지를 위한 다양한 서비스와 지원해 주며, 부모의 권리를 보호해 주는 것이 곧 아동의 복지를 보장해 주는 것과 연결이 된다.

④ 아동권리주의와 아동복지

아동권리주의(Children's Right)는 아동을 하나의 권리주체로서 성인과 동일한 권리를 지닌 독립된 존재로 보고 그 권리를 옹호한다. 아동의 무능함과 미성숙함 그리고 법적 보호 대상이라는 아동에 대한 소극적 관점에서 아동의 권리가 정당화되는 것이 아니며, 성인과 마찬가지로 아동도 하나의 인격체라는 절대적 명제 때문에 아동의 권리가 무조건 지지 되는 것도 아니다(김정래, 2002). 다만 성인들은 아동은 의존적이고 유약하여 자기 결정을 할 수 없는 보호 대상이라고 보는 관점에 대해 비판하고, 아동중심주의를 주장하며 성인으로부터 억압을 보호하려는 입장이다.

아동복지적 관점에서 학문적으로 살펴보면, 심리학 이론과 사회학 이론에 많은 영향을 미쳐왔다. 심리학 이론에서는 아동기를 의존과 미성숙의 시기로 보았고, 사회학 이론에서는 아동이 완전한 존재로 발달하기 위해서는 사회화 과정이 필요하다고 보았다. 이러한 이유로 아동 권리적 관점에서 아동의 목소리인 참여권은 신뢰하기 어렵기 때문에 성인들이 이들을 대신하여 '아동 최선의 이익'이라는 원칙에 근거하여 선택하고 결정해야 한다. 그러므로 아동은 아동복지제도에서 수동적인 존재인 '수급자'가 아니라 적극적인 '참여자'이다. 이러한 시각은 '의존성'의 개념이 아닌 '상대적 의존성'으로 보게 하며, 아동이 자기 삶과 관련된 결정에 참여할 수 있는 능력과 참여의 기회를 제공해야 한다(한성심 외, 2017).

2. 아동발달과 아동복지

「아동복지법」에서는 아동이 건전하게 출생하여 행복하고 건강하게 육성되도록 그 복지를 보장함을 목적으로, 아동 발달은 성인과는 다른 특성인 발달적 특성 중에 의존·성장·성숙·민감성·욕구·적응 등을 지니고 있으며, 이러한 특성을 이해하기 위해 아동기의 복지환경에 대한 중요성을 강조하고 있다.

1) 아동의 개념

아동에 대한 정의는 시대적·문화적 배경과 관련 학문 분야에 따라 다르다. 현재는 아동을 정의할 때 아동의 발달적 특성이 중요한 준거로 작용하고 있으며, 이러한 발달적 관점은 법적 정의에도 그 바탕을 이루어 아동복지에 대한 사회적 책임과 역할을 설정해 주므로 이에 대한 이해가 필요하다.

(1) 발달적 관점에서의 정의

발달 심리학은 인간의 전 생애에 걸쳐 일어나는 모든 발달적 변화의 양상과 과정을 연구하는 학문의 한 분야로, 인간의 연령이 변화함에 따라 발달적 변화가 일어나는 양상을 있는 그대로 기술해 주는 현상학적 기술(phenomenal description)연구와 그러한 발달적 변화가 일어나는 원인과 과정을 추론하고 이론화하려는 발달 기제(developmental mechanism)연구에 관심을 두어 왔다. 그 결과, 발달 심리학에서는 인간의 전 생애가 보편적 특성과 욕구에 따라 다른 시기와는 질적으로 크게 구분되는, 각기 다른 연령군의 인구 집단과는 신체적·인지적·정서적·사회적으로 뚜렷하게 구분되는 보편적 특성과 욕구를 지닌 시기로 가정하고 있다. 즉, 일반적으로 아동은 영유아나 초등학교에 다니는 아이로 신체적·정신적으로 미성숙한 단계에 있는 사람을 총칭하는 말로 이해되고 있다(윤매자 외, 2017). 발달상의 구분은 학자에 따라 조금씩 다르지만,

일반적으로 적용되고 있는 발달 단계를 연령별로 구분하면 다음과 같다.

① 태아: 수정에서 출생까지(태아기)
② 영아: 출생에서 36개월 미만(영아기)
③ 유아: 만 3세부터 만 5세까지의 취학 전(유아기)
④ 아동: 만 6세부터 만 11세까지의 초등학교 시기(학령기)

(2) 법적 관점에서의 정의

우리나라의 아동 개념은 성인이라는 개념과 대비되는 개념으로 아동관련 법규의 명칭은 다양하다. 〈표 1-1〉에 제시된 바와 같이 우리나라 국내 법률에 따라 아동의 개념을 규정하고 있는데, 주로 영유아, 유아, 아동, 어린이, 소년, 연소자, 청소년, 미성년자, 형사미성년자 등 혼재되어 유사 개념으로 사용되고 있을 뿐만 아니라 각각의 법에서 규정하고 있는 아동의 연령이 다소 상의하게 규정되어 있어 아동복지 정책을 통합적으로 실시하는 데 어려움이 따르고 있다. 국제법에서는 아동을 18세 미만으로 명확하게 규정하고 있는데, 국내의 경우 법에 따라 명칭과 연령의 차이가 있어 그들의 권리와 의무에도 많은 차이를 보이고 있다.

〈표 1-1〉 국내 법률상 규정과 아동의 개념

법률	호칭	연령 구분
아동복지법	아동	18세 미만의 자
영유아보육법	영유아	6세 미만의 취학 전 아동
유아교육법	유아	만 3세부터 초등학교 취학 전 유아
청소년기본법	청소년	9세 이상 24세 이하의 자
청소년보호법	청소년	만 19세 미만의 자(단, 만 19세에 도달하는 해의 1월 1일을 맞이한 자는 제외)
청소년복지지원법	청소년	9세 이상 24세 이하의 자
아동·청소년 성보호에 관한 법률	아동·청소년	만 19세 미만의 자

법률	호칭	연령 구분
소년법	소년	19세 미만의 자
모자보건법	영유아	출생 후 6세 미만의 자
한부모가족지원법	아동	18세 미만의 자(단, 취학 중인 경우에는 22세 미만을 말함)
입양특례법	아동	18세 미만의 자
근로기준법	연소자	15세 미만의 자(단, 「초·중등교육법」에 따른 중학교에 재학 중인 18세 미만의 자 포함)
민법	미성년자	만 20세 미만의 자
형법	형사미성년자	14세 미만의 자
도로교통법	어린이	13세 미만의 자
	유아	6세 미만의 자
실종아동 등의 보호 및 지원에 관한 법률	실종아동	실종 당시 18세 미만의 자

2) 아동의 최적 발달과 발달적 기제

아동의 최적의 발달을 하기 위해 필요한 것이 무엇인가, 이는 아동 개개인에 맞는 프로그램, 프로그램의 목적, 질 높은 영유아교육을 위한 지침서 등이 아동에게 유익한 것으로 작용되었을 때, 혹은 어떤 것이든 적절한 양으로 제공되었을 때 유익하다는 가설 하에 시작한다. 아동에게 유익한 것이기 때문에 필요 이상으로 더 많이 제공한다고 더 좋은 것은 아니다. 아동의 환경에 미치는 너무 많은 영향들에 적용되기 때문에 '최적 효과의 법칙(law of optimum effect)'이라는 말을 사용한다(Katz, 1989). 예를 들어, 관찰, 주의, 애정, 자극, 독립심, 새로움, 활동의 선택 등이 있다. 이들 중에 아동에게 유익하다고 생각하나 적절한 양과 적절한 빈도와 강도로 주어질 때만 유익하다고 할 수 있다.

(1) 아동의 최적 발달을 위한 일곱 가지 조건[4)]

① 깊은 안전감(sense of safety)을 느낄 수 있어야 한다.

심리적으로 누군가와 관계가 있고 애착을 느낀다는 것, 혹은 안전감을 느낀다는 것은 단지 사랑받는 데서 생기는 것이 아니라 적절하게 자신이 사랑받고 있으며, 누군가에게 반드시 필요한 사람이며, 의미 있는 사람이라는 것을 느끼는 데 있다.

② 적절한 자존감(appropriate self-esteem)을 가질 수 있어야 한다.

자존감은 어느 특정시기인 유아기에 획득이 되어 평생 동안 유지하는 것은 아니다. 자존감의 의미 있는 성인, 형제, 친구, 그밖에 사람들의 반응에 의해 서서히 전체 성장 시기를 통해 길러지는 것이다. 예를 들면, 이웃, 민족이나 또래 집단을 통해서 지역사회에 속에서 얻게 된다.

③ 모든 아동은 삶이란 가치 있고, 비교적 만족하고, 재미가 있으며, 진실하다고 느끼고 경험할 수 있어야 한다.

즉, 아동은 활동에 참여하고, 상호작용하고, 그것들이 그들에게 진실하게 느껴져야 하며, 의미가 있고 매력적으로 느껴지도록 해야 한다.

④ 자신의 경험을 이해하도록 도와 줄 수 있는 성인이나 혹은 자신보다 나이가 많은 사람들이 필요하다.

즉, 아동의 경험에 대한 이해를 발달시키기 위하여 무엇을 알 필요가 있으며, 무엇을 알려고 원하는지, 먼저 그들의 현재의 이해가 어떤 것인지 밝힐 수 있어야 한다. 활동에 참여하는 아동에게서 일어나는 여러 가지 사실들의 발견은 아동을 위한 다음 활동의 계획에 상당히 도움을 준다.

4) Katz, L.G.(1989). Talk with teachers 와 More talks with teachers. [유아교사를 위한 제언] (이차숙 역.) 서울: 양서원. pp.91~97.

⑤ 많은 경험과 지식, 지혜를 가진 성인이 아동의 권위를 인정해 주는 것이 필요하다.

아동에게는 권위 있는(authoritative) 성인이 필요하다. 즉, 권위 있는 성인이란 아동의 삶에 상당한 힘을 행사하지만 그 힘은 따뜻함, 지원, 격려, 적절한 설명을 동반하여 행사하는 성인을 말한다. 권위(authoritativeness)의 개념은 존경심을 갖고 아동을 대하며, 아동의 생각, 느낌, 원함과 아이디어를 비록 동의할 수 없을지라도 이를 타당한 것으로 취급한다는 뜻을 내포하고 있다.

⑥ 인성적 자질을 모방할 수 있는 성인이나 나이든 아동들과 적절한 관계를 가질 수 있어야 한다.

예를 들면, 타인을 생각하고, 정직하고, 친절하고, 자신과는 다른 사람을 받아들이고, 배우는 것을 사랑하는 자질 등이 있을 수 있다.

⑦ 아동들은 무언가 가치 있는 일을 하고, 가치 있는 것을 가질 것이며, 가치 있는 것을 알며, 관심을 가질 수 있는 일에 기꺼이 나설 수 있는 성인과의 관계의 경험이 필요하다.

가치 있는 삶에 대한 타인의 견해도 존중할 수 있는 능력을 키워야 한다.

(2) 아동의 발달 기제

'발달'이란 생명이 시작되는 수정의 순간에서부터 죽음에 이르기까지의 전 생애를 통해 일어나는 모든 변화의 양상과 과정을 의미한다. 발달의 변화과정은 신체・운동・지능・사고・언어・성격・사회성・정서・도덕성 등 인간의 모든 양적인 변화와 질적인 변화의 특성을 포함한다.

수정란에서 태아, 태아에서 영아, 영아에서 유아, 유아에서 아동 등과 같이 계속적인 변화를 말하며, 이러한 변화의 양상은 매우 복잡하다. 왜냐하면 변화의 양상은 성장과 성숙, 그리고 학습(경험) 등 여러 과정의 결과로 나타나기 때문이다. 이러한 발달은 초기에 적절한 보호, 환경, 복지적 조치를 받으면 더 나은 발달을 성취할 수 있지만 그렇지 못할 경우 아동의 삶에 크게 영향을 미치며 돌이킬 수 없는 결과를 초래할 수 있다. 이와 관련된 발달 기제로 기초성, 적기성, 누적성, 불가역성 등 서로 유기적인 관련을 지니고 있어 아동복지적 함의를 담고 있다. 구체적인 내용은 다음과 같다(이소희, 2005).

① 기초성과 아동복지

아동발달의 '초기 경험'을 중요시하며, 어릴 때의 경험이 이후의 삶을 위한 초석임을 의미한다. 즉, 인생의 초기의 신체적·인지적·사회적·정서적 발달은 그의 일생을 결정하는 기초가 된다. 예를 들어, 어렸을 때 영양실조에 걸린 영아의 경우 이후 발달 장애가 더 심하다고 할 수 있다. 또한 '세 살 버릇 여든까지 간다'는 우리나라 속담에서 말하듯이 3세의 경험이 팔순까지 이어진다는 의미로, 어린 시절의 경험과 환경의 중요성을 강조하는 근거가 된다. 만 6세까지 성격의 기본적인 틀이 형성되며, 약 8세까지는 지능의 80% 정도가 거의 발달되며, 아동의 모든 경험은 성인기 행동의 여러 특성을 결정하는 원인이 된다.

② 적기성과 아동복지

인간의 발달에는 '결정적인 시기'가 있다. 즉, 발달의 각 과업은 저마다 성취하기에 가장 효과적인 적절한 시기가 있어서 그 시기에 적절한 경험을 해야 함을 의미한다. 또한 어떤 특정한 발달과업을 성취하는 데는 가정 적절한 시기가 있으며, 그 적절한 시기를 놓치면 다음 시기에 특정한 발달과업을 보충하기 어렵다는 것이다.

③ 누적성과 아동복지

아동이 성장과 발달에 한 번 결손이 생기면 다음 단계의 발달에 부정적인 영향을 끼친다. 즉, 어떤 적절한 시기에 결손이 발생하면 다음 시기의 발달에 좋지 못한 장애가 발생하며, 이러한 결손은 계속 누적되어 보다 심각한 결손으로 나타날 수 있다. 예를 들어, 에릭슨의 영아기에 신뢰감 대 불신감의 형성에서 알 수 있듯이, 수유기에 어머니와 영아 사이에 불신감이 형성되면 이후 대부분의 인간관계에 계속적으로 그 영향력이 파급된다. 즉, 모자 관계가 부모, 형제, 가족, 이웃, 친구, 집단, 상사나 동료, 국가, 인류애까지의 영향을 미칠 만큼 그 영향이 매우 크다. 또한 아동기에 공부에 실패하면 동기가 저하되고, 동기가 저하되면 학습에 실패를 맛보고, 그것이 동기 저하의 심화로 누적될 수 있다. 이러한 누적성은 신체적 · 인지적 · 사회적 · 정서적인 모든 발달 영역에 상호관련성을 가지고 작용된다.

④ 불가역성과 아동복지

'최적기에 발달'을 이루지 못하면 일생 동안 그러한 발달과업을 성취하기가 거의 불가능하게 되고, 그 시기 이후에 완전히 회복하기 어렵게 된다. 즉, 한 단계에서 잘못된 것의 영향이 이후의 단계에서 잘한다고 해서 전 단계의 잘못에 영향을 주거나 교정 또는 보충하는 데는 한도가 있다. 예를 들어, 0~6세 영양부족으로 체격이 빈약하면, 잘 먹어서 보충하기 쉬우나 신장은 보충하기 쉽지 않다. 따라서 신장은 체중보다 불가역성이 더 심하다고 할 수 있으며, 영아기에 적절한 경험과 환경을 제공하는 것이 매우 중요하다.

3. 아동권리와 아동복지

아동권리와 복지는 아동을 위한 국가의 사회복지정책과 서비스를 포함한 실천 활동이다. 아동복지분야에서 과거의 욕구 중심의 관점에서 아동권리 보장을 추구하는 관점으로 새로운 패러다임이 등장하고 있다. 현대 국가들은 '아동 최선의 이익'을 도모하기 위해 최선의 양육환경을 제공하고 바람직한 사회구성원으로 성장하도록 지원하는 것을 부모와 국가 및 사회의 공유된 책임으로 보고 있다.

1) 국가의 아동관과 아동권리

아동복지의 주체로서 아동에게도 일련의 책임이 있다는 것은 아동권리의 주체임을 주로 내세웠던 종래의 입장에서 진일보한 것인데, 아동관의 변화에 영향을 받았다고 볼 수 있다. 즉, 아동은 단순히 성인의 보호를 필요로 하는 의존적이고, 수동적인 존재가 아니라 독립된 개체로서 자신의 삶을 능동적으로 받아들이고 행동하여야 한다는 점을 의미한다.

특정 국가의 아동에 대한 관점은 그 사회의 아동에 대한 권리를 어떻게 받아들이고 이해되고 있는지에 따라 아동을 보는 시각도 달라진다.

헨드릭(Hwndrik, 1994)은 국가가 아동을 보는 시각을 '위협으로서의 아동', '희생자로서의 아동', '미래에 대한 투자' 등 세 가지로 나누어진다고 하였다. 그 내용은 다음과 같다(한성심 외, 2017; 재인용).

위협으로서의 아동이란 근대 이전의 사회에서 부족한 자원에 대해 많은 아동들이 집단의 생존을 위협하는 존재로 여기던 데에 기인한다. 17세기 영국의 엘리자베스 「구빈법」(1601년) 이 제정되던 즈음에 부랑자(pauper)들의 아동을 사회질서의 위협하는 것으로 보았다. 「구빈법」 제정 이후에는 연고가 없거나 노동력이 없는 아동을 '구빈원'에서 돌보게 되었다. 그러나 현대적인 의미에서의 아동권리 인식을 찾아보기 어렵다.

반면에, 희생자로서의 아동에 대한 국가의 시각은 학대와 방임의 대상이 된 아동에게서 비롯되었고, 이들은 적절한 양육환경을 박탈당한 희생자로 보았다. 이 시각은 비행아동과 범죄청소년 등 사회를 위협하는 아동들도 부모의 학대나 방임으로 피치 못할 결과를 파악하였다.

아동복지에 대한 책임이 사회나 국가로 많이 이양되긴 하였으나, 자녀 양육에 대한 1차적 책임은 부모에게 있다는 시각의 아동복지 정책은 요보호아동을 대상으로 한 소극적인 아동권리가 반영되었고 선별적 복지정책으로 나타나게 되었다.

또한 미래에 대한 투자의 대상으로 보는 관점이다. 아동은 개별화된 존재이며 어른과 다른 독특한 발달시기에 있다고 본다. 아동의 '개별화'는 아동에 대한 '사회적 투자'의 중요성을 강조하는 근거가 되었고(이재연 외, 2018), 21세기 아동을 대상으로 하는 사회정책의 핵심은 인적 자본(human capital)에 대한 투자이다. 즉, 아동은 현재를 살아가는 시민이고, 미래의 역군으로서 투자의 대상뿐만 아니라 사회적·정치적·법적인 권한을 가지고 있는 사회구성원이며, 시장경제체계에 경쟁력을 갖출 수 있도록 인적 자원으로써 직접적이고 전략적으로 투자하는 것이 더 중요하다고 보았다.

따라서 아동권리에 대한 이해와 경제학에서의 아동 투자의 중요성에 대한 발견은 아동이 생산적이고 사회 질서를 존중하는 성인으로 성장하는 데 아동기의 투자가 핵심적 기능을 할 수 있음을 보여 준다(이재연 외, 2018).

2) 정책 대상자로서의 아동권리

'인권'은 인간이 인간답게 살아가기 위해 누구나 마땅히 누려야 할 권리를 가지고 있으며, 존엄성을 지니고 태어난 인간은 누구나 자유롭고 평등하며 이는 침해될 수 없고, 양도할 수 없는 권리의 의미가 담겨 있다.

20세기 들어와서 비로소 아동의 권리는 교육을 받을 권리를 포함하여 인간으로서의 기본권을 가지고 있는 사람으로 여겨지기 시작했다. 1924년 국제연맹선언에서는 '인류는 아동에게 최고의 것'을 주어야 한다고 선언하였다. 또한 세계 아동권리선언(1959)에서도 '아동은 가능한 한 양친의 보호와 책임 아래서 자라날 권리가 있다'고 선언한 바 있다. 부모의 양육책임 범위는 매우 광범위하다. 궁극적으로는 이상적인 아동발달을 목표로 하는 일련의 내용이 포함되겠지만, 적어도 기본적인 사회생활을 유지할 수 있는 범위 내에서의 양육책임이 포함되어진다. 또한 유엔은 1989년 「아동권리협약」을 채택하였다.

이 협약에서는 아동은 교육을 받을 권리, 부모와 자녀양육의 책임이 있는 합법적인 후견인을 제공받을 권리 등이 포함된다. 또한 아동은 생존권, 보호권, 발달권, 참여권을 기본권리로써 누릴 수 있을 뿐만 아니라 알고 싶은 것에 대한 정보를 충분히 제공받아 경험할 기회를 가질 수 있어야 한다. 이처럼 아동의 권리를 실혈하기 위해서는 아동 최선의 이익을 도모하기 위한 범주에서 아동복지 정책을 결정해야 한다.

예를 들면, 우리나라의 아동복지관계법에서 부모와 가정의 책임을 규정하고 있다. 즉, 「아동복지법」(제 3조 제 2항)에서는 "모든 보호자는 아동을 건전하게 육성할 책임을 진다"고 명시하고 있으며, 「영유아보육법」(동법 제3조 제 2항)에서 "모든 보호자는 영유아를 건전하게 보호할 책임을 진다"고 명시하고 있다.

국가는 법률에 따라 아동권리와 복지를 실현하기 위해 가능한 최대한 예산을 확보하고, 아동권리의 이행수준에 대하여, 그리고 아동권리의 침해에 대해서도 점검해야 한다. 아동을 온전한 시민으로 여기고 그 권리를 보장하려면 각국은 아동을 주요 정책 대상자로 삼아야 한다(이재연 외, 2018).

3) 잔여적 · 선별적 복지와 아동권리

전통적으로 복지를 미시적 관점과 거시적 관점으로 구분해서 보았다. 오늘날은 잔여적 복지(the residual)와 제도적 복지(the instoutional)의 두 가지 개념이 보편화되었다. 이 서로 상충되는 견해를 윌렌스키와 르보(Wilensky & Leveaux)가 사회정책의 목표 등을 기준으로 잔여적 복지국가와 제도적 복지국가로 대별하는 2분 유형론을 제시했다. 먼저 잔여적 복지국가는 초기 산업사회에서 나타난 유형으로서 가족 또는 시장과 같은 공급구조가 제 기능을 발휘하지 못하는 경우 탈락한 사람에 대한 일시적 · 한정적 · 보완적 지원을 추진하는 것으로, 그 대상은 취약계층 등의 선별층에 의해 한정한다. 이는 빈곤의 책임을 개인에 한정하며 자발적인 민간 활동을 통해 이들 문제의 해결을 유도함에 따라, 복지욕구의 충족기제는 대개 가족 및 시장이 된다. 즉, 빈민과 같은 선별층에 사회적으로 급여를 제공하는 선별주의를 택하고 있는 것이다.

또한 제2차 세계 대전 이후 영국에서는 '요람에서 무덤까지' 국민의 건강과 복지에 대하여 책임을 지는 복지국가임을 자랑으로 내세웠다. 베버리지(베버리지 보고서)는 이 원칙을 사회보험과 공공부조에 적용하였으나, 학교급식을 저소득층 자녀들에게만 선별적으로 무료로 급식한 데서 무료급식 아동들의 낙인의식(stgma)이 문제로 제기된 것이다. 선별주의에 가장 큰 단점인 낙인감으로 나이가 어린 영유아・아동에게도 외형적으로 남이 모르게 도와준다고 해도 스스로에 대한 자격지심(自激之心)까지 없앨 수 없다. 심리・정서적으로 손상을 입기 쉬운 약자에게 보편적 복지를 적용의 필요성이 제기되었다.

4) 제도적・보편적 복지와 아동권리

제도적 복지국가는 현대 산업사회에서 나타나는 유형으로서 소득의 재분배기능을 통해 전체 국민들의 삶의 질을 지속적으로 지원하는 것으로 설명할 수 있다. 이는 빈곤의 책임을 사회로 보며 높은 수준의 국가 역할을 통해 복지문제를 지정함에 따라, 복지 욕구의 충족 기제는 국가의 사회복지정책에서 비롯된다. 다시 말하면, 아동이 적절하게 성장하기 위해서는 아동과 가족의 보편적인 욕구가 충족되어야 한다. 즉, 사회는 개인이 가지고 있는 잠재력을 최대로 발휘할 수 있도록 함으로써 성장과 발달을 도모할 수 있도록 모든 기회를 마련해 주어야 한다. 하지만 현대사회는 가족구조와 그 기능이 약화되고 있고, 이혼율이 증가하고 있으며 재혼 등 복합가족과 조손가족 등이 증가하고 있으며, 아동학대 및 방임, 가정폭력 등이 발생하고 있어 가족의 위기가 사회문제로 제기되고 있으므로 아동의 기본적 권리보장을 위해서는 아동복지제도의 새로운 구축을 사회적 책무로 보는 것이다(한성심 외. 2017).

[생각해 보기]

1. 각 법률에서 정의하고 있는 아동의 개념이 실제적인 법 적용과정에서 문제를 일으킨 사례에 대해 조사해 봅시다.

2. 아동의 참여권을 존중하기 위한 방안으로 어떠한 것들이 있는지 생각해 봅시다.

3. 아동이 소외되고 있는 현장이 어떠한 곳인지 생각해 보고 아동권리 증진을 위한 대책을 논의해 봅시다.

children's right & welfare | chapter 02

아동권리와 복지의 내용과 분류

우리나라의 아동에 대한 명칭은 영아, 유아, 영유아, 어린이, 아동, 소년, 청소년 등 다양하게 불리고 있으며, 법률상의 목적에 따라 그 연령을 다르게 규정하고 있다. 그러나 「아동복지법」상에서의 아동의 정의는 18세 미만의 자를 말하며, 이는 국제적으로 널리 통용되고 있는 「유엔아동권리협약」의 아동의 연령과 일치한다. 다시 말하면, 18세 미만인 자의 신체적 · 정신적 · 사회적으로 건전한 성장과 발달을 위하여 사회적인 보호와 책임이 필요하다는 점에서 청소년 역시 아동의 범주에 포함하고 있다. 즉, 「청소년기본법」에서 청소년이란 9세 이상에서 24세 미만인 자를 말한다고 명시되어 있다.

한편, 우리는 단순히 인간이라는 이유 하나만으로 누리는 기본적인 인권이 있으며 또한 권리를 가지고 있다. 인간이 세상에 태어나 성장해 가면서 바라는 것, 희망하는 것, 요구하는 것들이 개념화된 것이 바로 권리이다. 이러한 권리는 성인만의 전유물이 아니며, 아동도 마찬가지로 존엄한 인간으로서의 권리를 가지고 있으며, 권리의 주체이다. 또한 아동복지의 서비스의 분류에 있어서는 서비스를 제공하는 장소, 서비스가 수행되는 주 기능, 서비스가 수행되는 방어선의 위치에 따라 다르게 분류될 수 있다. 따라서 이 장에서는 아동복지의 대상 및 서비스 분류, 아동권리와 복지의 유형, 아동권리와 복지의 기본전제와 원칙에 대해 윤매자 외(2017)의 내용을 현재 「아동복지법」 개정에 따라 내용을 변경하고, 정리 요약하여 살펴보기로 한다.

1. 아동복지의 대상 및 서비스 분류

아동복지의 대상은 18세 미만의 모든 아동과 부모, 가족이 포함된다. 아동복지의 대상을 선별주의와 보편주의 원칙에 의거하여 구분하면, 보호를 필요로 하는 요보호아동과 일반아동으로 구분될 수 있다. 오늘날 현대에 도달할수록 그 대상의 범위가 증가하여 아동이 특수한 장애를 가지고 있거나 아동 자신은 문제가 없더라도 문제의 환경에 노출되어 있는 아동뿐만 아니라 아동이 속한 가정에서 제공되는 보호 이외의 다른 특별한 보호를 받지 않고 생활할 수 있는 모든 아동을 대상으로 보편적 아동복지를 실천하는 것을 강조한다.

1) 아동복지의 대상

아동복지의 대상은 「아동복지법」에 근거하여 18세 미만의 아동은 모두 아동복지의 대상이 된다. 즉, 18세 미만의 모든 아동과 부모, 가족이 아동복지의 대상이라 할 수 있다. 아동복지의 대상에 부모와 가족이 포함되는 것은 발달단계 특성상 아동의 건강한 발달과 성장을 위해서는 보호와 양육의 일차적인 역할을 담당하는 보호자가 필요하기 때문이다. 따라서 아동복지서비스는 아동중심적인 동시에 가족친화적인 서비스로 제공되어야 한다.

아동복지의 대상을 구분하는 방법으로는 아동의 연령이나 문제에 따라 구분할 수 있고, 사회복지서비스 또는 급여의 할당 원칙에 의해 선별주의와 보편주의에 따라 구분할 수 있다. 선별주의의 경우, 자신의 욕구를 스스로 충족시키는 것이 불가능한 한계 집단에게 집중적으로 급여가 제공되는 것으로 아동복지의 대상체계는 요보호아동과 그 가족이 된다. 욕구를 충족하지 못한 대상자에게 우선적이고 집중적인 서비스를 제공함으로써 공적 자원을 효율적으로 활용할 수 있다. 보편주의의 경우, 아동복지의 대상체계는 아동과 부모, 가족이라 할 수 있으며, 낙인의 문제를 최소화하고 사회 통합을 극대화할 수 있다는 장점을 가진다. 여기서는 보편주의와 선별주의에 입각하여 아동복지 대상을 요보호아동과 일반아동으로 구분하여 살펴보고자 한다.

(1) 요보호아동

「아동복지법」 제2조 2호에 따르면 '보호를 필요로 하는 아동'은 보호자가 없거나 보호자로부터 이탈된 아동 또는 보호자가 아동을 학대하는 경우 등 보호자가 아동을 양육하기에 부적절하거나 양육할 능력이 없는 경우의 아동으로 규정하고 있다. 즉, 요보호아동이란 욕구를 충족시키거나 문제를 해결할 가정이 부재한 경우나 개별가정의 능력으로 해결할 수 없는 경우가 발생된 상황에 처한 아동을 의미한다.

장인협과 오정수(2001)의 요보호아동의 분류를 살펴보면 다음과 같다.

① 양육환경의 보호가 필요한 아동이다. 다양한 가족구조의 변화로 인해 가족 기능의 약화 또는 가족의 부재로 인한 건강한 아동 양육이 어려운 아동들로 구체적으로 빈곤가정 아동, 한부모가정 아동, 다문화가정 아동, 조손가정인 부모부재 아동 등이 포함된다.

② 신체적 · 정신적 · 정서적으로 발달상의 문제나 장애를 지닌 아동이다. 자신들이 가진 독특한 심신상의 장애로 인한 정상적인 사회 참여에 제한을 받고 독립적인 인격체로서의 존엄성을 침해당하고 있는 경우가 이에 해당된다. 「장애아동복지지원법」(2011. 8. 5. 제정)에서 장애아동이란 18세 미만의 사람 중 「장애인복지법」 제32조에 따라 등록한 장애인을 말한다. 또한, 6세 미만의 아동으로서 장애가 있다고 보건복지부장관이 별도로 인정하는 사람을 포함한다. 장애아동

은 "신체적 · 정신적 장애로 인하여 장기간에 걸쳐 일상생활 또는 사회생활에 상당한 제약을 받는 자"로 정의하고 있다.

③ 사회적으로 법적인 보호가 필요한 아동이다. 우범소년으로, 가출아동, 비행아동 등이 포함된다.

④ 특별보호를 요하는 아동이다. 부모나 그 밖에 성인으로부터 학대와 유기된 아동, 미혼모의 아동 등이 포함된다.

이상에서 살펴본 바와 같이 가정환경상의 문제를 지닌 빈곤가정의 아동, 한부모가정 아동, 조손가정인 부모부재 아동, 부부갈등이나 학대와 같은 병리적인 문제를 가지고 있는 가정의 아동이 요보호아동의 범주에 포함될 수 있다. 또한 선천적이든 후천적이든 신체적 · 정신적 능력의 결함으로 인해 스스로 생활하는 데 불편함을 경험하는 발달상의 문제가 있는 아동, 사회적으로 보호받지 못하는 아동도 포함된다. 요보호아동 발생 유형 및 보호 내용은 〈표 2-1〉과 같다.

〈표 2-1〉 연도별 보호조치 아동의 발생원인 (단위: 명)

	2013	2014	2015	2016	2017
합계	6,020	4,994	4,503	4,592	4,121
유기*	285	282	321	264	261
미혼부모 · 혼외자	1,534	1,226	930	856	850
미아	21	13	26	10	12
비행, 가출, 부랑	512	508	360	314	229
학대	1,117	1,105	1,094	1,540	1,437
부모 빈곤, 실직	338	308	279	290	216
부모 사망	545	450	301	286	276
부모 질병	133	65	122	126	86
부모 이혼 등	1,535	1,037	1,070	906	754

* 2017년부터 기아(유기)를 유기로 변경함.
출처: KOSIS 국가통계포털(2018). 요보호아동현황보고.

(2) 일반아동

일반아동이란 아동이 속한 가정에서 제공되는 보호 이외의 다른 특별한 보호를 받지 않고 생활할 수 있는 아동을 의미한다. 우선적으로 사회적 보호와 책임이 필요한 요보호아동과는 명확히 구분되는 일반아동의 경우, 현재 심각한 문제가 없다는 개념이므로 앞으로도 문제를 경험할 가능성이 전혀 없다는 의미는 아니다.

일반아동은 단지 뚜렷한 문제를 지니고 있지 않다는 것이지, 그들의 기본적인 욕구와 현재보다 더 나은 상태를 위한 욕구를 가지고 있기 때문에, 아동복지서비스가 이러한 다양한 욕구를 충족시켜 주어야 한다. 또한 요보호아동이 경험하는 문제의 예방 차원에서 아동복지서비스의 필요성은 일반아동에게서도 충분히 찾아볼 수 있기 때문에, 아동의 건강한 발달과 성장을 위해 모든 가족에게 제공되어야 할 다양한 아동복지서비스의 대상은 일반아동이라고 할 수 있다. 일반아동을 위한 대표적인 아동복지서비스는 아동 수당, 무상교육, 무상급식, 육아휴직 등의 다양한 보육서비스이다.

2) 아동복지서비스 분류

아동복지서비스는 아동의 욕구가 무엇인지 파악하여 그 욕구를 충족시킬 수 있는 서비스를 제공하는 것이라고 할 수 있다. 아동과 아동을 포함한 가족의 욕구를 충족시키기 위한 아동복지서비스는 대상, 장소, 그 기능에 따라 다양하게 분류할 수 있으며, 대상에 의한 분류는 요보호아동과 일반아동으로 분류될 수 있다. 아동복지서비스의 장소에 따른 분류는 아동이 가정 내에 머물면서 필요한 서비스를 제공받는 재가서비스와 가정을 떠나 다른 가정이나 시설에 머물면서 서비스를 제공받는 가정외서비스로 분류될 수 있다. 아동복지서비스의 기능에 따른 분류는 아동복지서비스가 가정의 역할 수행에 어떤 기능을 하는가에 따라 카투신(Kadushin)은 지지적 서비스, 보충적 서비스, 대리적 서비스로 분류하였다.

(1) 장소에 따른 분류

아동복지서비스를 직접적으로 제공받는 아동이 어떠한 장소에서 생활하고 있는가에 따라 분류하는 방법으로 아동이 원가정에서 생활하면서 제공받는 서비스인 재가서비스(in-home service)와 원가정을 떠나 아동복지시설이나 위탁가정에서 생활하면서 받는 가정외서비스(out of service)로 분류할 수 있다(장인협 · 오정수, 2001).

① 재가서비스

재가서비스는 가족의 구조적 결손은 없지만 가족의 심각한 스트레스나 역기능의 위험 요소를 가지고 있을 때, 제공하는 서비스로 한부모가정이나 조손가정과 같이 구조적 부재를 경험하면서, 가족 기능의 원활한 수행이 어려운 경우에 제공한다. 또한 아동의 양육과 발달에 가정이 일차적인 책임을 감안할 때, 원가정의 기능 중 부족한 부분을 지지하거나 보충적 서비스를 제공함으로써 원가정의 해체나 붕괴를 막아 주는 기능을 수행한다.

② 가정외서비스

아동이 원가정을 떠나 일정한 기간 동안 아동보호시설 또는 위탁가정 등에서 생활하면서 제공받는 양육 및 보호서비스를 의미한다. 또는 원가정에서 생활하지만 특정 시간 동안만 가정 밖의 기관에서 양육과 보호를 받는 경우로서 취업모 가정의 경우, 어머니가 직장에 있는 동안 어린이집 또는 유치원, 학원 등에서 아동이 보호와 교육 서비스를 제공받는 것을 말한다.

(2) 기능에 따른 분류

아동이 속해 있는 원가정에 대해 서비스가 수행하는 기능이 분류의 기준이 된다. 이에 카투신은 아동복지의 기능을 지지적 서비스, 보충적 서비스, 대리적 서비스로 분류하였다. 이는 아동 양육의 일차적인 책임은 부모와 가정에 있다는 것을 전제로 하고 있다. 아동 양육을 하는 데 부모가 역할을 할 수 있도록 국가와 아동복지 관련 기관과 전문가들이 지지하고, 이를 수행하기 어려울 때 부모의 역할을 보충하는 것은 원가정에서 아동이 생활하는 것이고, 원가정을 떠나 입양이나 가정위탁인 경우 대리하는 기능을 가지고 있다. 구체적으로 살펴보면 다음과 같다.

① 지지적 서비스

부모와 아동관계의 긴장 해소를 위한 지지적 서비스(supportive service)는 가족과 부모 - 자녀관계 체계가 구조적으로 손상되지 않았지만 스트레스에 노출될 경우 초기문제를 다루는 1차 방어선 역할을 한다. 즉, 지지적 서비스는 아동이 속해 있는 원가정의 구조를 침해하지 않으면서 그 가정을 원활하게 수행할 수 있도록 부모와 아동의 능력을 지지하고 강화하는 서비스이다. 부모가 아동 양육에 대한 정보와 기술이 부족한 경우, 부모 - 자녀관계나 가족관계가 원만하지 못할 경우, 부모의 양육 기능을 지지・강화해 주는 서비스이다. 즉, 아동의 일차적인 방어선은 가정이다. 가정이 아동의 기본적인 욕구를 충족시키지 못하여 위험에 처하거나, 부모와 자녀의 역할 관계에 장애가 있을 경우, 가정의 사회적 기능을 회복・유지・강화하는 서비스이며, 예방과 치료의 효과를 동시에 볼 수 있다. 예를 들면, 부모교육, 아동상담과 교육서비스, 지역사회 중심의 아동복지사업, 미혼부모, 한부모를 위한 서비스 등 대부분의 아동복지사업은 이에 속한다고 할 수 있다.

② 보충적 서비스

부모의 역할을 보완해 주는 보충적 서비스(supplementary service)는 부모의 보호와 양육의 질이 부적절하거나 제약되어 있을 때, 이를 보충할 수 있도록 도와주는 역할을 하는 서비스이다. 즉, 부모의 실업, 만성 질병, 장애뿐만 아니라 가족의 재정적 곤란 등을 보완하는 데 목적이 있다. 즉, 보완적 서비스로는 경제적 지원, 가사조력서비스, 보육서비스, 학대 및 방임을 방지하기 위한 아동보호서비스 등이 있다. 부모의 역할이 영구적으로 수행되기 어렵거나 일시적으로 부모의 역할 수행이 힘들 때 제공된다. 부모의 역할 중 일정 부분을 대신 수행하는 서비스이며 1차 및 2차 방어선으로 아동이 가정과 부모로부터 분리되지 않고 가정에서 부모와 생활할 수 있도록 보장하는 서비스이다.

보충적 서비스가 제공되는 기간에는 가족은 친부모와 서비스 제공기관이 수행하는 보충적 부모가 함께 있는 구조를 갖게 될 뿐만 아니라, 가족의 사회적 체계 안으로 들어와 제공된다는 점에서 지지적 서비스와 대별된다. 즉, 보충적 서비스 지원을 위한 소득보충서비스(사회보험제도, 공적 부조: 아버지 부재에 대응하는 서비스), 가정봉사원 파견서비스(아동 보호, 가사 유지와 관련: 어머니의 역할 부재에 대응하는 서비스), 보육서비스, 장애아동이나 비행아동을 위한 복지서비스 등이 있다(공계순 외, 2019).

③ 대리적 서비스

부모의 역할을 대리해 주는 대리적 서비스(substitutive service)는 부모이혼, 사망, 유기, 등으로 부모의 역할 전부가 상실되었을 경우 아동에게 부모를 대신하여 제공되는 서비스로서, 아동이 속한 원가정이 완전히 해체되거나 일시적 또는 영구적으로 부모 중 누구도 아동에게 보호, 양육의 기능을 수행할 수 없을 경우에 제3의 가정이나 시설이 기능을 대신하여 서비스를 제공하는 것을 말한다(공계순 외, 2019).

대리적 서비스의 대표적인 서비스는 입양서비스, 가정위탁서비스, 시설보호서비스, 공동생활가정(그룹홈)서비스 등이 포함된다.

입양서비스는 법적·사회적 관계에 따라 영원한 친자관계를 맺는 것이며, 친부모가 가지고 있던 아동의 현재와 미래에 대한 모든 권리와 의무가 소멸된다. 따라서 행정적·법적 권한에 따라 혈연관계가 없는 타인에게 양육의 권리와 의무가 이양되는 것을 말한다.

가정위탁서비스는 자신의 가정에서 도저히 양육하기 어렵거나 시설보호가 불가능하거나 바람직하지 못할 때, 일정기간 동안 타인의 가정에서 제공하는 대리보호를 의미하고 계획된 기간이 지나 위탁의 사유가 된 상황이 해소되면, 다시 친부모의 가정으로 돌아갈 수 있다.

시설보호서비스는 제3차 방어선으로 아동복지사업의 최후의 대책으로 대리적 서비스를 아동에게 제공한다. 소규모 양육시설인 공동생활가정(그룹홈)에서부터 대규모 양육시설에 이르는 다양한 형태를 가지고 있다. 아동이 받을 수 있는 최후의 긴급피난처, 쉼터, 그룹홈, 아동양육시설, 아동치료보호시설 등이 있다.

지지적 서비스	보충적 서비스	대리적 서비스
아동의 욕구를 충족시키기 위한 부모의 능력을 지지, 강화함	부적절하거나 제한된 부모의 보호를 보상하거나 아동이 받아야 할 보호를 보충함	아동의 개별적 욕구에 따라 부모의 보호를 부분 또는 전체를 대신함
↓	↓	↓
• 아동상담소, 가족상담소, 지역사회복지관에서 제공하는 상담서비스 • 부모교육서비스 • 학대·방임 아동을 위한 서비스 • 미혼부모·한부모를 위한 서비스	• 소득보충서비스(사회보험제도, 공적부조) • 가정봉사원 파견 • 부모 부재에 대응하는 서비스 • 보육, 장애아동, 비행아동을 위한 복지서비스	• 입양서비스 • 가정위탁서비스 • 시설보호서비스(긴급피난처, 쉼터, 그룹홈, 아동양육시설, 아동치료보호시설)

[그림 2-1] Kadushin의 아동복지서비스 유형 분류

출처: Kadushin & Martin(1998). 재구성

2. 아동권리와 복지의 유형

우리나라 「아동복지법」체계에서 운영하는 아동복지시설과 기관의 유형을 살펴보면, 요보호아동을 대상으로 하는 생활시설은 보호자가 없거나 보호와 양육이 어려운 경우에 아동양육시설, 아동일시보호시설, 아동보호치료시설, 아동직업훈련시설, 아동자립지원시설, 아동단기보호시설, 공동가정시설(그룹홈) 등이 있고, 일반가정에서 아동을 일시적으로 보호하거나 돌봄이 필요한 경우 이용하는 시설로는 아동상담소, 아

동전용시설, 아동복지관, 지역아동센터가 있다. 아동복지시설의 생활시설과 이용시설의 유형은 〈표 2-2〉와 같이 제시한다.

〈표 2-2〉 아동복지시설의 생활시설과 이용시설

종류	유형	목적
생활시설	아동양육시설	• 보호를 필요로 하는 아동을 입소시켜 보호, 양육하는 것을 목적으로 하는 시설(예: 보육원)
	아동일시보호시설	• 보호를 필요로 하는 아동을 일시 보호하고 아동에 대한 향후의 양육대책 수립 및 보호 조치를 행하는 것을 목적으로 하는 시설(예: 아동쉼터, 학대 피해아동)
	아동보호치료시설	• 불량행위를 하거나 불량행위를 할 우려가 있는 아동으로서 보호자가 없거나 친권자나 후견인이 입소를 신청한 아동 • 가정법원, 지방법원소년부지원에서 보호위탁된 아동을 입소시켜 그들을 선도하여 건전한 사회인으로 육성하는 것을 목적으로 하는 시설(예: 샘터학교)
	아동직업훈련시설	• 아동복지시설에 입소되어 있는 만 15세 이상의 아동과 생활이 어려운 가정의 아동에 대하여 자활에 필요한 지식과 기능을 습득시키는 것을 목적으로 하는 시설(예: 충애직업학교)
	아동자립지원시설	• 아동복지시설에서 퇴소한 자를 취업준비기간 또는 취업 후 일정기간 보호함으로써 자립을 지원하는 것을 목적으로 하는 시설(예: 아동자립지원센터)
	아동단기보호시설	• 일반가정에서 아동을 보호하기 곤란한 일시적 사정이 있는 경우 아동을 단기간 보호하며, 가정의 복지에 필요한 지원 조치를 제공하는 것을 목적으로 하는 시설(예: 나래교실, 지적장애를 가진자 등)
	공동생활가정	• 보호를 필요로 하는 아동에게 가정과 같은 주거여건과 보호를 제공하는 것을 목적으로 하는 시설(예: 한울타리, 미혼모자 · 모녀 공동생활가정 등)
이용시설	아동상담소	• 아동과 그 가족의 문제에 관한 상담, 치료, 예방과 연구 등을 목적으로 하는 시설
	아동전용시설	• 어린이공원, 어린이놀이터, 아동회관, 체육, 연극, 영화, 과학실험전시시설, 아동휴게숙박시설, 야영장 등 아동에게 건전한 놀이 · 오락 기타 각종 편의를 제공하여 심신의 건강 유지와 복지 증진에 필요한 서비스를 제공하는 것을 목적으로 하는 시설
	아동복지관	• 지역사회 아동의 건전 육성을 위하여 심신의 건강 유지와 복지 증진에 필요한 서비스 제공하는 것을 목적으로 하는 시설
	지역아동센터	• 지역사회 아동의 보호, 교육, 건전한 놀이와 오락의 제공, 보호자와 지역사회의 연계 등 아동의 건전 육성을 위하여 종합적인 아동복지서비스를 제공하는 것을 목적으로 하는 시설 다만, 18세 미만 학교에 다니지 않는 자도 포함

출처: 「아동복지법」(2019) 재구성.

또한 「아동복지법」에서 아동복지시설은 고유한 업무 이외에 아동가정지원사업, 아동주간보호사업, 아동전문상담사업, 학대아동보호사업, 공동생활가정사업, 방과 후 아동지도사업 등을 수행하고 있다. 구체적인 내용은 〈표 2-3〉과 같다.

〈표 2-3〉 그 밖에 아동복지사업의 유형

유형	목적
아동가정지원사업	지역사회 아동의 건전한 발달을 위하여 아동, 가정, 지역주민에게 상담, 조언, 정보를 제공하는 사업
아동주간보호사업	부득이한 사유로 가정에서 낮 동안 보호를 받을 수 없는 아동을 대상으로 개별적인 보호와 교육을 통하여 아동의 건전한 성장을 도모하는 사업
아동전문상담사업	학교 부적응아동 등을 대상으로 올바른 인격 형성을 위한 상담, 치료, 학교 폭력 예방을 실시하는 사업
학대아동보호사업	학대아동의 발견, 보호, 치료와 아동학대의 예방 등을 전문적으로 실시하는 사업
공동생활가정사업	보호를 필요로 하는 아동에게 가정과 같은 주거여건과 보호를 제공하는 사업
방과 후 아동지도사업	저소득층 아동을 대상으로 방과 후 개별적인 보호와 교육을 제공하는 사업

출처: 아동복지법(2019). 재구성.

참고로 2017년도 우리나라에서 발생하는 요보호아동의 유형을 살펴보면 〈표 2-4〉와 같다. 빈곤·실직·학대 등의 이유가 1,653명으로 가장 많았고, 그 다음으로 미혼모가 850명을 차지하고 있다. 그리고 비행·가출이 229명, 기아가 261명, 미아는 12명으로 나타났다. 이러한 요보호아동에 대한 보호내용을 살펴보면 〈표 2-5〉와 같다. 보호유형별 요보호아동 현황에서 시설보호가 2,421명으로 가장 많았고, 그 다음으로 가정위탁이 990명을 차지하였고, 입양이 285명, 소년소녀가정이 2명으로 나타났다. 2017년도는 전체적으로 발생유형 및 보호유형 모두가 전년도에 비해 감소한 것을 알 수 있었다.

〈표 2-4〉 발생유형별 요보호아동 현황

단위: 명

유형	2013	2014	2015	2016	2017
발생유형 계	6,020	4,994	3,010	3,274	3,005
빈곤・실직・학대	3,668	2,965	1,373	1,830	1,653
비행・가출	512	508	360	314	229
미혼모	1,534	1,226	930	856	850
기아	285	282	321	264	261
미아	21	13	26	10	12

출처: KOSIS 국가통계포털(2018). 요보호아동현황보고.

〈표 2-5〉 보호유형별 요보호아동 현황

단위: 명

유형	2013	2014	2015	2016	2017
보호유형 계	6,020	4,994	4,127	4,167	3,698
시설보호	3,257	2,900	2,682	2,894	2,421
가정위탁	2,265	1,688	1,206	1,024	990
입양	478	393	239	243	285
소년소녀가정	20	13	0	6	2

출처: KOSIS 국가통계포털(2018). 요보호아동현황보고.

3. 아동권리와 복지의 기본전제와 원칙

아동복지가 실현되기 위해서는 아동의 건전한 성장과 발달에 필요한 욕구가 최우선으로 충족되어 아동이 지니고 있는 잠재 능력을 최대한으로 발휘할 수 있도록 하는 기본 요소가 갖추어져야 한다. 아동복지의 실현을 위해서 필요한 기본 요소는 여러 학자들이 제시하기도 하였으며, 아동권리에 관한 선언이나 권리에 관한 법률에 따라서 발전되어 온 모습을 볼 수 있으며, 그 동안 제시된 내용들을 바탕으로 아동복지의 전제조건과 제 원칙에 대해 구체적으로 알아보기로 한다.

1) 아동권리와 복지의 기본전제

아동은 건강하게 태어나 성장하고 발달하며, 자신이 지닌 잠재 능력을 최대한 발휘할 수 있도록 지원받을 천부적인 권리를 가지고 있다. 아동복지는 이러한 아동권리를 보장하기 위해 접근해야 하며, 아동의 다양한 욕구를 충족시킬 수 있도록 지원하며, 아동복지가 실현될 수 있도록 전제조건과 제 원칙이 필요하다. 즉, 아동발달에 방해받는 상황에 처한 아동에게 우선적으로 관심을 갖고, 아동복지사업 전개 시에는 기본적으로 고려할 요인들이 있으며, 이를 아동복지의 기본전제로 하며, 아동복지사업을 계획하고 고려할 때 기준으로 삼아야 할 원칙이 있다.

특히, 1924년 유엔이 발표한 '아동권리헌장'과 1959년 '아동에 관한 권리선언'에서는 아동의 권리를 정상적인 신체적 · 정신적 발달, 빈곤으로부터 보호, 특별한 욕구를 지닌 아동에 대한 특별 지원, 위험으로부터 우선적 보호, 착취로부터의 보호, 의무교육 등에 대하여 규정하고 있다.

한편, '대한민국어린이헌장'에도 인간의 존엄성 존중, 건전한 가정에서의 보호, 영양, 질병의 예방과 치료, 평등한 교육, 문화, 놀이와 오락에 대한 권리, 유해 환경과 학대로부터의 보호, 장애아동에 관한 보호 등이 포함되어 있다. 또한 장인협 · 오정수(2001)는 아동복지의 기본전제로 안정된 가정생활, 경제적 안정, 보건과 의료보호, 교육, 놀이와 문화, 노동으로부터 보호, 특수한 욕구를 가진 아동에 대한 보호 등을 제안하였다.

이러한 내용을 종합하여 아동복지에서 기본적으로 추구해야 할 조건들을 제시해보면, 건강한 가정과 부모, 경제적 안정, 교육을 받을 권리, 건강과 안전, 놀이와 문화, 아동의 노동 보호, 특수한 욕구를 가진 아동의 보호 등의 내용이 있으며 이를 윤매자 외(2017) 중심으로 살펴보기로 한다.

(1) 건강한 가정과 부모

부모와 가정은 아동복지에 일차적인 책임을 지며 직접 또는 간접적으로 영향을 미친다. 가정은 아동의 건전한 성장을 위한 최적의 장소로서, 아동은 일차적으로 부모와 가족으로부터 생존에 필요한 생리적 욕구를 충족하며, 정서적인 인간관계를 경험하고, 사회화의 기초를 형성하는 곳이다. 따라서 긴급하거나 부득이한 경우가 아니면 아동은 가정에서 이탈되어서는 안 되며, 가정이 없는 아동에게는 적어도 가정과 비슷한 환경을 만들어 주어야 한다. 또한 부모와 가정은 가족구성원의 양육과 보호, 사회화, 정서적 발달은 물론이고, 인격 형성에 있어서도 중요한 역할을 수행하는 체계적인 관점에서 아동의 건강한 성장과 발달에 가장 중요한 요인이 될 수 있다. 따라서 국가와 사회는 다양한 가족복지서비스를 통해 건강한 가정의 육성과 바람직한 부모역할 수행을 지원하여 아동의 건강한 성장과 발달, 안녕을 도모해야 하며 부모 및 가정은 아동복지의 우선적인 기본전제가 된다.

(2) 경제적 안정

빈곤은 아동의 권리를 제한하며 아동복리에 직접적인 위험이 될 수 있다. 아동의 성장과 발달은 가정생활의 경제적 여건에 상당히 좌우된다. 경제적 불안정으로 가족이 해체되기도 하고, 부모의 자녀 양육방식에 부정적인 영향을 끼치며, 아동의 기본적 욕구인 의식주도 해결하기 어려울 수 있다. 빈곤한 가정의 아동은 영양실조에 걸리거나 비위생적 환경으로 질병에 걸리기 쉬우며, 질병에 걸리더라도 제대로 치료받지 못한다. 또한 빈곤가정은 부모의 교육에 대한 관심 부족과 교육기회의 박탈로, 지능 발달이나 학업 성취도가 저조할 수 있고, 욕구 충족의 좌절로 우울한 증상이나 비규범적인 행동이 나타나기도 한다. 따라서 국가와 사회는 다양한 사회보장제도인 공공부조, 사회보험, 사회복지서비스 등을 통하여 경제적 안정에 도움이 되도록 지원해야 하며, 부모에게 취업 훈련과 알선을 통하여 고용의 기회를 확대해야 한다. 또한 「유엔아동권리협약」에서 지적된 아동이 필요로 하는 인적·물적 자원의 제공과 이를 사용할 권리인 제공(provision)받을 권리 침해를 가져올 수 있기 때문에 경제적 안정은 단순히 재정적인 측면뿐만 아니라 가족의 유지, 아동의 신체·인지·정서·사회성 발달에도 큰 영향을 끼치는 것이므로 아동복지의 기본 전제조건이 된다(한성심 외, 2017).

(3) 교육을 받을 권리

교육을 받을 권리는 중요한 생존권 중 하나이다. 우리나라 「헌법」 제27조에는 "모든 국민은 능력에 따라 균등하게 교육을 받을 권리를 가진다."라고 명시하고 있다. 따라서 모든 아동은 타고난 잠재력을 최대한 계발하여 능력을 발휘할 수 있도록 사회적으로 교육을 받을 수 있는 기회가 주어져야 한다. 교육은 아동의 성장과 발달을 돕는 다양한 지식과 자원을 제공하며, 올바르게 성장하도록 이끌어 준다. 모든 국민은 능력에 따라 균등하게 교육을 받을 권리가 있고(제31조 1항), 모든 국민은 자녀에게 초등교육과 법률이 정하는 교육을 받게 할 의무를 가진다(제31조 2항)고 명시하고 있다. 아동의 발달에 맞는 교육기회가 박탈될 경우, 아동의 욕구 충족이 이루어지지 않을 뿐만 아니라 사회적으로도 능력 있고 자질을 갖춘 인적 자원이 부족해진다. 따라서 국가와 사회는 모든 아동에게 적절한 공교육서비스를 지원하여 아동의 능력과 잠재력의 계발과 성장을 도모해야 한다. 이는 다음에서 제시하는 놀이와 문화의 전제와 함께 아동의 기본권 중 발달권을 보장하는 것과 관련이 있다.

(4) 놀이와 문화

아동은 놀이를 통해서 여러 가지 경험과 성장 발달을 이룬다고 해도 과언이 아니다. 아동은 즐겁게 뛰어노는 가운데 건강해지며 각 신체기관이 조화롭게 발달하고, 놀이를 통해서 실제 사물을 탐색하고 더 나아가 추상적이고 자유롭게 사고할 수 있는 능력과 잠재력을 키운다. 또한 놀이를 통해 신체적·지적·정서적·사회적 관심을 추구할 기회를 일찍부터 주어야 하고, 아동이 지닌 가능성과 잠재 능력을 발달시킬 수 있는 기회를 제공해야 한다. 따라서 국가와 사회는 모든 아동에게 다양한 놀이와 문화 활동을 지원하여 아동의 건전한 성장을 도모하는 데 노력해야 한다. 놀이의 탐색에 있어서 한성심 외(2017) 연구를 살펴보면 다음과 같다.

① 성인기에 필요한 지식과 기술을 연마시킨다.
② 주변 세계에 대한 통제력을 발달시킨다.
③ 무의식적 충동을 표현함으로써 억압된 감정을 해소하고 불안감을 감소시킨다.
④ 새로운 학습 가능성을 수용하면서 이미 습득한 학습을 통합하는 인지적 발달을 촉진시킨다.
⑤ 협상하기, 협동하기, 타인의 생각과 검정을 이해하기 등 중요한 사회적 기술을 습득할 수 있는 기회를 제공한다.
⑥ 아동의 정서적 관심이나 문제를 탐색하고 극복하도록 해 준다.

또한 「유엔아동권리협약」(1989) 제31조에 국가는 '휴식과 여가를 즐기고 자신의 연령에 적합한 놀이와 오락 활동에 참여하며 문화생활과 예술 활동에 자유롭게 참여할 수 있는 아동의 권리를 인정하며, 문화적·예술적 활동에 마음껏 참여할 수 있는 아동의 권리를 존중하고 증진시키며, 문화·예술·오락 및 여가활동을 위해 적절하고 균등한 기회 제공을 촉진해야 한다'고 명시되어 있다.

(5) 건강과 안전

아동이 건강하게 출생하여 행복하고 안전하게 자라도록 지원하는 것은 아동 개개인의 생존과 직결될 뿐만 아니라 인류와 한 국가의 존속과 관련되어 있다는 점에서 아동복지의 기반이 되는 요인이다. 또한 아동의 건강은 어머니의 건강과 밀접한 관련이 있으며, 이로 인해 모체의 영양, 질병, 심리 상태 등에 따라 영향을 받으므로 건강한 자녀의 출생을 위해서는 태아기 때부터 모자보건을 위한 특별한 대책이 필요하다. 아동의 건강 유지와 영양공급은 부모가 어떤 상황에 처해 있든 아동에게 보장되어야 할 기본 권리이며, 건강한 사회구성원으로 자라도록 하기 위한 필요조건에 해당된다.

(6) 노동으로부터의 보호

모든 아동은 연소노동이나 유해환경으로부터 보호받아야 한다. 「유엔아동권리협약」(1989) 제32조에 당사국은 경제적인 착취를 비롯해 위험하거나, 교육을 방해하거나, 건강이나 신체적 · 지적 · 사회적 · 정신적 · 도덕적 발전에 유해한 모든 노동으로부터 보호 받을 아동의 권리를 인정한다. 또한 동법(제32조)의 이행 보장을 위해 입법적 · 행정적 · 사회적 · 교육적 조치를 강구해야 한다. 이러한 목적을 달성하기 위해, 또한 여러 국제 문서의 관련 규정을 고려해서 당사국은 특히 다음의 규정들을 확립해야 한다고 명시하고 있다.

① 단일 또는 복수의 최저 고용연령 규정
② 고용시간 및 고용조건에 관한 적절한 규정
③ 효과적인 실시를 위한 적절한 처벌 규정

또한 아동의 노동은 교육권이나 여가와 문화 활동의 권리를 침해하며, 인지 및 사회성 발달에 문제를 초래하므로, 세계 각국은 물론 우리나라에서도 「아동복지법」과 「근로기준법」 등을 통해, 15세 미만 근로자의 채용 금지, 보건상의 유해하고 위험한 사업에 여자 18세 미만자의 채용 금지, 15세 이상 18세 미만자의 1일 7시간, 1주일 40시간 초과근무 금지 등이 명시되어 있다(「근로기준법」 제69조). 따라서 아동을 노동착취로부터 보호하기 위해서는 일하는 아동, 아동의 가족, 지역사회뿐만 아니라 국가적인 차원, 더 나아가 국제적인 차원에서 경제적 · 사회적 · 문화적 접근이 필요하다. 또한 아동의 노동을 근절하기 위해서 경제적 발전이 이루어져야 하며, 아동노동의 유해성에 대한 대중의 인식이 필요하다(윤매자 외, 2017).

(7) 특수한 욕구를 가진 아동에 대한 보호

아동복지가 모든 아동의 복지를 실현하기 위한 것이므로, 특수한 욕구를 가진 아동에 대해서는 사회적으로 특별한 보호가 마련되어야 한다. 신체적 · 지적 · 사회적 · 정신적 · 심리적 · 정서적 · 발달적 · 행동적 장애를 가진 아동에 대해서는 조기 발견과 함께 특수 보호와 치료의 기회가 있어야 하고, 저소득층의 아동에 대해서는 교육이나 보건 면에서 특별한 고려가 있어야 한다. 또한 사회 · 문화적으로 소수 집단에 속하는 외국인 노동자나 북한 이탈 가족, 다문화 가족의 아동이 겪는 사회 · 심리적 문제에 대해서도 대책을 마련하여 이들이 잘 적응할 수 있도록 해야 한다. 따라서 국가와 사회는 특수한 욕구를 가진 아동에게 관심을 확대해야 함을 강조하고, 다양한 사회복지적인 대책을 제공하여 특수한 욕구를 가진 아동들의 사회 적응을 도모해야 한다.

2) 아동권리와 복지의 원칙

아동이 가지고 있는 당면한 문제를 해결하고, 건전한 성장과 발달을 도모하기 위해 아동복지 정책과 사회서비스를 마련하고 수행할 때는 앞에서 설명하였듯이 전제조건이 확보되어야 하며 기본적으로 고려해야 할 원칙이 있다(윤매자 외 2017). 이에 대해 장인협 · 오정수(2001)는 권리와 책임의 원칙, 보편성과 선별성의 원칙, 개발성의 원칙, 포괄성의 원칙, 전문성의 원칙을 제시하고 있으며, 김성경 외(2009)는 위의 다섯 가지 원칙에 '예방성과 치료성'을 추가하여 제시한 바가 있다. 다음은 장인협 · 오정수(2001)의 원칙을 근간으로 하여, 김성경 외(2009)가 제안한 추가적인 아동복지의 제 원칙에 대해 설명하고자 한다.

(1) 권리와 책임의 원칙

아동을 위한 원칙적인 대책의 방향은 아동의 측면과 부모의 측면, 사회 측면에서 각각의 권리와 책임의 확립에 기반을 두어야 한다. 이러한 세 가지 측면은 계속적인 균형과 유지, 아울러 적절한 상호관계를 유지해야 한다. 이는 어느 한 부분의 권리 상실이나 부적응, 지나친 요구 등이 야기될 때, 아동복지에 많은 문제점이 도출될 수 있기 때문이다.

① 아동의 권리와 책임

모든 아동은 한 인간으로서 부모와는 상관없이 독자적 권리와 책임을 가지고 태어난다. 아동의 부모로부터 의식주를 제공받아 생존하고 신체적・정신적으로 건강하고 위생적인 삶을 보장받아야 하며, 적절한 교육과 문화적 혜택을 누리면서 성장하고 발달할 권리를 가지고 있다. 이는 아동권리에 관한 선언이나 법률에 나타나 있는데, 국제적으로는 「아동권리에 관한 제네바선언」(1924)에서 비롯하여 「아동권리선언」(1959), 「유엔아동권리협약」(1989) 등이 있으며, 우리나라는 「어린이헌장」(1957, 1988), 「청소년헌장」(1998), 「아동권리헌장」(2015)에 이르기까지 아동에 관한 모든 권리선언에 천명하고 있다. 이러한 법률들은 아동복지의 이념적 기반이 되므로 아동복지사업을 전개하는 데 가장 중요시되어야 한다. 또한 아동은 성인들과 마찬가지로 권리를 가지고 있는 동시에 책임도 함께 가지고 있다. 아동은 스스로 양육하는 성인들의 합리적인 요구와 기대를 받아들여 책임감을 발달시켜야 하며, 스스로 자신의 발달을 촉진하고자 하는 능동적인 노력이 필요하다.

② 부모의 권리와 책임

아동의 보호와 양육에 대한 일차적인 책임은 부모에게 있다. 부모는 아동이 생활하는 제반 환경을 마련하고 긍정적인 상호작용을 통하여 신체・인지・사회・정서 등 직접적으로 아동에게 영향을 미친다. 즉, 부모는 자녀에게 재정적 지원, 신체적 보호에 대비하거나 대처하는 일, 정서적 보호, 기타 광범위한 부모의 책임과 권리를 감당하게 하고, 국가와 사회는 사회생활의 질서를 유지하고 아동의 복지를 증진시키기 위한 권리와 책임을 가질 때, 아동복지 대책이 효과성과 효율성을 가질 수 있음을 의미한다. 부모의 책임을 제대로 수행하지 못하면 아동에게 많은 갈등과 부적절한 양육으로 아동 최선의 이익을 위하여 부모의 권리가 제한당할 수 있다.

③ **국가와 사회의 권리와 책임**

국가와 사회는 아동복지를 증진시키기 위한 권리와 책임을 가지고 있다. 국가는 제반 권한을 행사하며, 입법 권한과 실질적인 대책을 마련하고 수행해야 할 권리와 책임을 갖는다. 예를 들어, 의무교육을 통해서 아동의 교육권을 보장하고, 통제력을 행사하여 아동에게 유해환경에 노출되지 않도록 보호하는 법률을 제정하고 시행함으로써 아동을 보호할 수 있다. 또한 부모가 양육의 의무를 제대로 수행하지 못하고 아동에게 해를 끼칠 때에는 부모의 권리를 제한하고 위탁가정이나 아동복지시설의 대안적 보호 조치를 통해 아동의 기본권을 보장받도록 한다.

(2) 보편성과 선별성의 원칙

아동복지사업에서 아동보호와 육성을 도모하기 위해 보편주의와 선별주의가 동시에 적용될 수 있다.

① 보편주의는 사회체계가 불완전하고 불공평한 데서 발생되고, 사회문제를 예측할 수 있고, 공공의 노력으로 예방할 수 있다고 본다. 사회문제가 어느 특정 계층에서 발생하는 것이 아니라 모든 아동을 대상으로 성별이나 부모의 사회 계층적 지위 등에 상관없이 모든 아동을 대상으로 급여나 서비스를 제공하는 것으로, 영국의 아동 수당(Child Benefit), 국민보건서비스(National Health Service), 기타 여러 국가에서 실시하고 있는 가족수당, 무상의무교육 등을 예를 들 수 있다. 보편주의에 의한 제도는 대체로 일반 조세로 재정이 충당된다. 이러한 재정 방법은 누진적 조세구조를 통해 이루어지는 경우, 소득 계층 간의 소득재분배 효과가 나타난다(윤매자 외, 2017).

② 선별주의는 자발적이든 비자발적이든 간에 개인의 결함으로 파생되는 문제를 보완하거나 해결하기 위하여 사회로부터 최소한의 보호를 받지 않거나 기본욕구가 충족되지 않는 아동들에게 급여나 서비스를 제공하는 것을 말한다(공계순

외, 2019). 선별주의 원칙에 의한 급여와 서비스의 성격은 시혜적이고, 범주적(categorical)이며, 열등처우(less eligibility)의 원칙이 불가피하며, 낙인 효과에 의한 수치감을 초래할 수 있다(윤매자 외, 2017).

사회복지의 발달사를 통해 볼 때, 사회복지의 모습은 선별적 복지에서 보편적 복지로 이행되는 바, 앞으로 아동에 대한 대책은 보호와 치료 중심으로 보충적인 성격에서 벗어나 예방과 개발중심의 방향으로 지속적으로 모든 아동을 대상으로 이루어져야 한다(공계순 외, 2019).

(3) 개발성의 원칙

아동복지에서 개발 기능의 원칙은 문제 발생 후, 사후 대응이나 대책적인 기능이 아니라 예방적이며, 의도적 변화를 가져올 수 있는 개발 지향적인 아동복지체계를 구축해야 한다.

아동복지의 대상인 아동의 변화를 유도하고, 아동의 잠재 능력을 최대한으로 발휘할 수 있도록 제도적 변화뿐만 아니라 국가 전체의 욕구와 문제해결을 위한 것으로, 경제개발과 사회개발의 제 조건을 향상시키고 창조하는 기능의 수행까지 포괄하는 것이다. 이러한 개발적 기능의 원칙은 많은 사회문제들이 사회구조나 사회경제적 변천 과정에서 일어난다는 인식에서 비롯되고 있다. 따라서 보다 적극적으로, 전체적 또는 다양한 접근을 통하여 사회문제를 야기하는 사회구조나 조건에 바람직한 변화를 초래하여 국가의 발전을 촉진함으로써, 아동에게 국가 발전에 능동적으로 참여와 자립, 사회적 기여를 창출할 수 있는 기회를 제공하는 것이다(표갑수, 2000). 다시 말하면 개발 과제에는 경제적 성장, 욕구 발견, 사회계획, 지도자 계발, 시민 참여, 기관과 집단 간의 조정과 협력, 인력의 훈련과 감독 등에 관여하는 일 등이 포함된다(한성심 외, 2017).

오늘날 아동 문제가 발생되는 현실은 예방 대책의 부재와 경제 발전 과정에서 야기되는 제 문제에 대한 적극적인 개발 기능의 결여 때문이다. 따라서 앞으로는 아동을 위해 보다 적극적이고, 예방적이며, 의도적으로 변화를 가져올 수 있는 개발 기능이 수행되어야 하겠다(윤매자 외, 2017).

(4) 포괄성의 원칙

포괄성의 원칙이란 아동이 하나의 인격을 가진 전인적인 존재인 만큼 이들이 건전하고 건강하게 성장과 발달을 도모하기 위해 아동복지의 기본조건인 안정된 가정생활, 경제적 안정, 교육, 건강, 노동의 보호, 놀이와 문화, 특수한 욕구를 가진 아동의 보호 등에 대한 프로그램이나 서비스는 포괄적이고 통합적 관점으로 접근해야 한다는 것이다. 아동의 신체・인지・사회・정서발달 등은 각각의 발달이 분리된 것이 아니라 상호 역동적으로 관련되어 있으므로 아동의 욕구에 대해 통합적인 관점으로 접근하여야 한다. 이를 위해서 예방 조치와 함께 아동 문제를 조기에 확인하고, 진단하여 치료할 수 있는 아동복지 실천체계의 구축이 요구된다는 것을 의미한다.

(5) 전문성의 원칙

전문성의 원칙은 아동복지의 성과를 좌우하는 중요한 원칙이다. 이는 아동의 건전한 성장과 발달을 위해서는 아동을 위한 전문기구와 전문적 인력이 필요하다는 것이다. 산업화・도시화・정보화 시대로 오늘날 우리가 당면한 아동들의 문제와 욕구는 점점 다양해지고 이를 충족시키기 위해서 전문 지식과 기술을 지닌 전문가의 의해서 아동복지사업이 이루어져야 한다.

최근의 심각한 사회문제는 매우 다양한 문제들이 복잡하게 얽혀 있는 만큼, 아동복지를 실천하는 데 있어 전문인력의 양성과 배치를 통해, 아동복지 대책에 효과성과 효율성을 높여야 한다. 따라서 아동복지사업을 효율적으로 전개하기 위해서는 사회복지, 아동복지, 아동학, 유아교육학, 보육학, 심리학 등을 이수한 전문인력의 활용이 아동복지 정책과 사업 분야에 반영되어야 하며, 이 밖에 아동복지 정책 개발과 다양한 프로그램 기획하고 실천할 수 있도록 아동복지 전문가를 양성하고, 체계적인 보수교육을 통한 전문인력이 투입되어야 한다.

(6) 예방성과 치료성의 원칙

예방성과 치료성의 원칙이란, 아동복지를 추구하는 데 있어 가장 바람직한 것은 아동의 문제를 사전에 방지하고, 동시에 만일 문제가 발생할 경우에는 확인된 문제해결을 위해 최선의 조치를 실시해야 한다는 것이다(김성경 외, 2009).

[생각해 보기]

1. 우리나라에서 아동권리 중 가장 시급하게 실현되어야 할 영역은 무엇이라고 생각하는지 논의해 봅시다.

2. 아동복지의 필요성을 현대사회의 특성과 관련하여 생각해 봅시다.

3. 아동에게 휴식과 오락, 그리고 놀 권리가 있는지에 대해 논의해 봅시다.

children's right & welfare | part

02

아동권리와 복지의 역사

국제사회에서 아동의 삶의 변화의 기제로 등장한 「유엔아동권리협약」은 아동의 타고난 권리를 보장하고 있으며, 아동의 무한한 가능성을 지닌 존재로서 인식하는 국제사회의 약속이다. 아동기의 중요성 인식과 함께 협약 채택의 역사적인 배경에 대해서 알아보기 위하여 제2부에서는 아동권리와 아동복지의 발달사를 전반적으로 살펴보고, 국내외 아동복지의 발달과정과 특징을 설명하고 아동권리의 소중함을 인식하고자 한다.

children's right & welfare | chapter 03

아동권리와 복지의 발달

급변하는 사회 변화 속에 살고 있는 아동들은 자신들이 알아야 할 것들이 너무 많이 있다. 21세기는 급변하는 변화에 대한 불확실한 상황은 과거보다 많아졌고, 부모의 작업들은 더 다양해지고 있어 아동들은 양부모님과 함께 사랑을 받으며 살아가는데 어려움이 있다. 잦은 주거지 이동과 이웃과의 관계단절 등이 아동기의 불안정성을 증가시켰다(이재연 외, 2018; 재인용). 이 장에서는 아동권리와 복지와 관련된 발달사를 살펴보고, 우리나라와 외국의 아동권리와 아동복지의 발달과정 및 특징에 대해 알아보고자 한다.

1. 아동권리와 복지 발달사

아동권리는 아동복지의 이념을 뜻하는 것으로 아동을 어떤 존재로 보고, 어떻게 이해하느냐에 하는 그 시대의 사회에서 바라보는 아동관과 밀접한 관련성이 있다고 본다. 서구사회에서 고대나 중세에는 아동이 '작은 성인(the small adult)'으로 호칭되었으며, 7세 이후에는 어른과 다를 바 없는 성인의 '축소물(miniature adults)'로 보았다. 아동기를 인정하지 않았으며 본성이 약하다고 하여 비인격적으로 다루어졌는데, 산업화 이후 과학적 접근을 통하여 아동을 심리·발달적 욕구 및 존엄성을 지닌 독립된 인격체로 인식하게 된 것이다(한성심 외, 2017).

1) 아동권리에 기반한 아동기의 이해

아동을 하나의 인격체로 인식한 것은 사상적인 측면에서 18세기의 계몽사상에서 비롯되었다. 고대나 중세에는 아동을 성인의 작은 모습으로 보아 관념적으로 아동기는 인정하지 아니하였으며, 본성이 약하다고 하여 비인격적으로 다루어졌다. 이는 아동과 아동기에 대한 이해의 부족에서 비롯되었다고 볼 수 있다. 따라서 권리의 주체로서 아동은 근대적인 개념이라고 할 수 있다(노난경, 2005). 다음은 아동이 권리의 주체임을 이해하기 위하여 이재연 외(2018) 참고로 하여 요약한 내용이다.

(1) 독립된 '존재(being)'로서의 아동

아동을 하나의 '인격적인 존재(be)'로 보는가, 아니면 성장과정에 있는 '되어 가는(becoming)' 상태로 보는가? 이 논란은 오래 전부터 있었다. 아동을 '성인의 축소물'로 보고 사회적으로 인정된 지위를 가지지 못하였다. 아동에 대한 태도는 대체로 종교와 문화에 의해서 결정되었다. 청교도 교리는 아동을 제거해야 만 할 '원죄'를 갖고 태어난 선천적으로 사악한 존재로 간주하였다(이재연 외, 2018).

르네상스 시대의 인권사상의 확립에 공헌한 것은 로크(John Locke)를 중심으로 한 자연법사상이라 할 수 있다. 그는 자연의 상태를 자유상태이지만 방종의 상태는 아니라고 보고, 자연의 질서를 지배하는 자연법은 이성이라고 하였다. 자연 상태와 인간의 자연권에 대한 언급에서 "인간은 본질적으로 자유롭고 평등하며, 각자 스스로의 신체와 행위 및 재산을 처리할 수 있는 권리가 있다"고 하였으며, 로크는 '태어나면서부터의 평등'이라는 말은 같은 연령층 내에서의 '수평적 평등'인 것이며, 아이들과 어른들 사이의 '수직적 평등' 을 의미하는 것은 아니었다. 자유 · 평등 · 이성에 대한 그의 사상은 힘과 능력에 의한 권리가 아닌 '아동 그 자체의 존엄성'에서 비롯되는 아동인권의 실체를 보여 주지 못하는 한계가 있었다(노난경, 2005).

(2) '권리 주체자'이자 '보호의 대상자'인 아동

「아동권리협약」은 아동을 보호 대상자이자 동시에 권리의 주체라고 천명하였다(이재연 외, 2018). 이에 근거하여 아동이 자신의 생존권과 발달권을 당연히 보장받을 수 있어야 하며, 각종 위험으로부터 보호받아야 하는 보호권과 동시에 자신의 의사를 말할 수 있어야 하는 참여권을 가지고 있다는 것을 세계 각국들이 만장일치로 찬성한 바 있다. 따라서 아동이 '무능'으로 인해 비록 아동이 의무이행 능력이 없는 존재라 하더라도 권리의 주체임을 부정하는 준거가 될 수 없다(김정래, 2002). 이것은 아동이 인격체로서의 존엄성을 가질 수 없다는 주장과 일맥상통하는 측면이 있다(김정래, 2002). 이 협약은 아동의 삶의 질을 향상하기 위해 아동에 대한 보호를 확대시켜야 한다는 기존의 주장에서 나아가 아동의 자율성을 인정하는 것이 중요하다는 방향으로 전환하였다(Freeman, 1992). 아동의 자율성은 아동에게 최선의 이익을 보장해 주고, 차별금지, 의사 표현 및 실질적 참여가 중요한 근본이 된다. 따라서 아동권리는 인간이면 누구나 갖는 권리로서 그 주체인 아동이 자신의 권리를 가지고 권리를 향유하고, 주체로서 행사할 수 있는 권리를 말한다(윤매자, 2010).

하지만 「아동권리협약」에서 아동이 '권리의 주체'라는 시각을 강조하는 것은 독자적인 존재로서 아동이 가진 가치를 인정해야 함과 동시에 아동이 어른과는 다른 역량을 기지고 있음을 전제로 하며, 아동기에 대한 가장 일반적인 관점 중의 하나는 어떤 도움 없이 혼자서 의식주의 욕구를 채울 수 없는 성장과 성숙의 시기라고 보는 것이다(이재연 외, 2018).

아동 발달을 성장과 성숙, 경험으로 보는 시기인 만큼 신체·인지·정서·사회성 발달이 이루어지기 때문에 아동에 대한 능력의 개념에서부터 법적, 의학적 맥락에서의 역량이 다양하며, 사회적 능력은 문제해결 행동, 균형 잡힌 의견, 효과적인 사회적 상호작용 등과 같은 역량을 말하며, 이러한 능력이 아동을 '유능한 존재'로 보는 기준이 되기도 한다(이재연 외, 2018). 또한 가족 내에서 혹은 사회에서 아동의 지위는 아동에 대한 관점의 변화와 함께 변화되어 왔다. 이러한 아동기에 대한 인식의 변화를 정리하며 다음과 같다.

〈표 3-1〉 아동기에 대한 과거와 최근의 인식

전통적 입장	최근의 입장
무능함	유능함
가치 있는 결정을 내릴 수 없음	가치 있는 의사결정 가능함
불완전한 성인	성인을 기준으로 하여 아동의 사고기능을 '부족'하다거나 '미숙'하다고 보지 않고, 아동 자신의 능력의 관점으로 봄
논리와 경험의 결핍으로 인해 자신과 다른 사람에게 위험함	유용하게 공헌할 수 있는 시민으로 봄

출처: 이재연 외(2018). 아동권리와 복지. 창지사. p.40.

(3) '참여의 주체'로서의 아동

민주사회에서 참여권이란 한 개인이 처한 생득적 신분이나 지위에 관계없이 자신에게 중요하다고 생각되는 것을 자신의 목적과 관심에 따라서 스스로 결정할 수 있다는 것을 뜻한다(김정래, 2002). 또한 참여권은 하나의 인격체로서 권리 행사의 주체로서, 여러 가지 상황에 참여할 수 있는 권리이다. 즉, 아동은 자신의 권리를 표현할 자유와 자기생활에 영향을 주는 일에 대하여 말할 수 있는 권리를 갖는다(윤매자, 2010).

2) 아동복지의 발달 배경

외국과 우리나라 아동복지의 변천과정을 살펴보고자 한다. 이를 통해 아동의 지위와 처우가 시대별로 어떻게 달라지고 있는지, 아동복지의 중요한 서비스가 어떻게 시작되었는지를 알아보고자 한다. 중세 이전에는, 성인의 소유물로 취급받고 산업혁명 시기에 값싼 노동력의 착취를 위해 이용되었던 아동이 근대사회에 들어와서는 고유의 인격체로, 나아가 권리의 주체로서 인정받게 된 외국의 아동복지 변천 과정을 알아보고 이에 우리나라의 아동복지 역사를 되돌아봄으로써 중요한 아동복지 정책과 그 형성과정을 확인하고 현재의 아동복지제도가 나아갈 방향에 대해 살펴보고자 한다.

2. 아동권리와 국내외 아동복지의 발달과정 및 특징

아동복지에 대한 관심은 아동 문제를 해결하기 위한 대안으로 시작되었으며, 아동복지서비스와 제도는 20세기 전후의 사회적 변화와 밀접하게 연관되어 있다. 아동의 법적인 보장을 받는 권리로 전환되었으며, 카두신과 마틴(Kadushin & Martin)은 이러한 시대적 분위기를 여덟 가지로 정리하고 있다(Kadushin & Martin, 1998).

첫째, 인본주의 이념과 함께 발전하였다. 기존의 아동 문제의 해결 방법을 거부하는 움직임이 증대하였으며, 기독교의 생명 존중 사상과 18세기 이후의 계몽주의는 아동의 복지를 개인적 의무에서 종교적 또는 시민적 의무로 인식하는 원동력이 되었다.

둘째, 인도주의적 이념이 강화되고 사회적 책임이 확대되었다. 지원할 수 있는 산업혁명을 토대로 한 경제 발전과 아동의 문제를 사전에 예방해야만 미래의 사회적 짐을 줄일 수 있다는 인식과 더불어 투표권이 빈민에게까지 확대되어, 이들의 욕구와 이익에 관심을 기울일 수밖에 없는 정치적 상황이 아동복지 발전에 기여하게 된 계기가 되었다.

셋째, 아동기는 인간의 성장과정에서 중요한 시기이다. 아동을 개인적 기질, 독특한 욕구와 능력을 가진 집단으로 인식하기 시작하였다. 평균 수명의 연장이나 경제 발전에 힘입어 아동에 대한 관심의 증가로, 부모에게 아동기가 중요한 시기로 인식되면서 아동의 다양한 욕구를 충족시키기 위해 아동복지서비스에 대한 필요성이 크게 증가하였다.

넷째, 가족과 이웃의 기능 쇠퇴와 사회제도의 전문화가 요구되었다. 즉, 과거에는 부모가 감당하지 못하는 아동복지 문제를 이웃이나 친인척, 지역사회 구성원들이 상호원조를 통해서 해결해 왔으나 산업화와 도시화는 전통적 가족 기능을 상실하게 하였고, 사회원조 기능을 하던 종교단체나 직장조합도 각각 종교와 직장의 문제와 관련된 기능에 집중하면서 아동복지에 관한 문제만을 전담할 수 있는 제도와 법이 필요하게 되었다.

다섯째, 사회 내에서 가족과 아동이 차지하는 지위가 향상되었다. 과거에는 가족보다도 국가, 사회, 교회, 군대, 동료 집단 조합, 직업 등에 일차적인 관심과 충성심을 보여야 했지만, 현대에 와서는 가족이 그 무엇보다 중요한 삶의 중심이 되었고, 그 결과 가족구성원인 아동의 중요성도 함께 증가하여 아동복지의 발전에 기여하게 되었다.

여섯째, 사회가 저출산과 고령화로 변화하면서 부모와 자녀의 정서적 애착관계가 보다 강화되었다. 과거에 비해 의료기술의 발달로 자녀의 사망에 대한 두려움이 없어지고, 아동과 깊은 정서적 애착관계를 형성할 수 있도록 보다 신중하고 계획된 출산을 하게 되면서 아동의 가치를 더 존중하게 되었다.

일곱째, 과학적 지식의 진보는 아동복지 학문과 전문직을 탄생시켰다. 프로이트(Freud) 이후, 여러 학자들은 아동기를 연구의 대상으로 주목하기 시작했고, 궁극적으로는 아동발달과 아동복지와 관련된 새로운 학문과 전문직이 개발되기에 이르렀다. 그 결과 아동기의 중요성을 강화시키는 역할을 하였으며, 아동기 연구가 아동복지와 관련하여 새로운 학문과 전문직을 발전시키는 데 기여하였다.

여덟째, 아동의 법적 지위가 향상되었다. 즉, 과거에는 자녀를 성인의 소유물로 여겼으나 다양한 사회 변화에 따라 아동이 특별한 관심을 받게 되면서, 1954년 11월 국제연합 총회에서 아동권리선언이 채택되었으며, 더 나아가 아동의 권리에 관한 국제협약(1989)이 유엔 총회에서 만장일치로 채택되어, 아동을 단순히 보호를 필요로 하는 대상이 아니라, 권리의 주체로서 인정하고 아동 최선의 이익이 일차적인 기준이 되어야 함을 법적으로 명시하여 아동의 법적 지위를 높여 놓았다. 이 법은 강제성은 없지만 국내법과 동일한 효력을 발생하므로 많은 국가들은 아동복지서비스와 아동복지제도를 개선시키는 데 크게 기여하는 계기가 되었다.

1) 외국 아동복지의 발달사[5)]

외국의 아동복지제도와 아동복지서비스에 대한 발전과정을 살펴보는 것은 우리나라보다 앞서 아동복지에 관심을 가지고 아동복지의 선행 경험을 한 국가의 제도가 우리나라의 아동복지를 발전시켜 나가는 데 유익한 참고가 될 수 있다는 점에서 의미가 있다. 따라서 선진국 중에서 가장 진보된 복지국가의 형태를 띠고 있는 미국, 영국, 스웨덴, 일본의 아동복지의 발달사를 살펴보고자 한다.

(1) 영국

영국의 아동복지가 제도적으로 확립된 것은 1948년 「아동법」의 제정부터라고 볼 수 있다. 영국은 1601년 엘리자베스 「구빈법」의 제정으로, 아동보호의 원칙이 세워졌다. 그러나 엘리자베스 「구빈법」의 표면적 의미는 아동보호였으나, 그 이면에는 아동의 노동력을 확보하고자 하는 의미도 있었다. 엘리자베스 「구빈법」에는 요보호아동을 양육할 의사가 있는 사람에게 무료나 유료로 아동을 위탁시킬 수 있다는 조치가

5) 윤매자 외(2017). 아동복지론(제3판). 양서원. pp.89~106. 인용 및 재구성.

마련되었으며, 일할 수 있는 아동·청소년은 도제(apprentice)로 보내 기술을 연마하든지 가사를 돕게 하였다. 이 법이 갖고 있는 아동복지의 의의는 아동복지에 대한 국가의 책임을 최초로 규정함과 빈곤아동을 위해 위탁보호제도와 도제제도를 마련하였다는 점이다(표갑수, 2000에서 재인용). 또한 1945년에는 「가족수당법」을 제정하였고, 1974년에는 모든 아동을 대상으로 아동 수당을 지급하였다.

영국은 아동보호와 양육에 관련된 법이 분산되어 있었으나, 1989년에 입법화되고 1991년 10월 14일 효력을 발생한 영국 「아동법(The Children Act)」은 부모의 이혼에 따른 아동의 보호, 요보호아동과 가정에 대한 지원 등을 포함한 제반 관련법을 한곳에 모은 법이다. 「아동법」에서 부모는 자녀 양육의 책임을 지며, 법원이나 지방정부에서 아동보호를 담당하게 될 경우에는 아동의 최선의 이익이 우선적으로 고려되어야 하고, 아동의 의견이 존중되고 미래에 대한 의사결정에 참여할 수 있어야 한다. 아동이 가정을 떠날 수밖에 없을 경우, 지방정부는 아동보호시설이 아닌 대리가정에서 보호될 수 있어야 한다는 "아동의 권리에 관한 국제협약"의 원칙을 포함하고 있다. 또한 영국의 아동복지는 병원, 보건소, 학교보건서비스 등에 의한 아동 출생 전후의 종합적인 건강보호로부터 시작된다(이배근, 2006).

① 아동복지제도

아동복지제도는 1948년 「아동법」에서 시작되었으며, 1989년에는 모든 아동관련 법들을 「아동법」으로 종합함으로써 최근 아동복지제도의 근간이 되고 있다. 아동복지제도는 크게 맞벌이부부 자녀들을 위한 양육서비스, 아동학대나 비행 등의 예방서비스와 요보호아동을 위한 시설 보호, 가정위탁 보호 등의 대리적 서비스로 구분한다. 지방사회복지국이 담당하고 있는 예방서비스의 프로그램은 빈곤, 아동학대, 맞벌이부부에 의한 아동방임 등의 이유로 위험에 처한 아동과 가정에 대한 현금 및 현물급여 등의 사회보장급여를 통하여 요보호아동이 되지 않도록 예방하며, 예방사회복지국의 보호프로그램에는 부모나 아동후견인이 아동을 적절하게 보호할 수 없다고 판단될 경우, 지방자치당국에서 아동을 보호하는 임의적 보호와 소년재판소의 보호수속 절차와 형사수속 절차와 같은 강제적 보호제도도 있다.

② **아동복지서비스**

가. 아동 수당

아동을 가진 가정에 대한 가장 보편적이고도 일반적인 경제적 지원에는 아동 급여(Child Benefit)가 있다. 아동 수당은 가정의 경제적 수준이나 기여 여부에 관계없이 모든 아동에게 주어지는 소득보장제도로서 1991년부터 첫 번째 자녀에게는 보다 더 많은 혜택이 주어지며, 한부모의 경우에는 급여액이 추가된다(이재완 외, 2006).

이외에 자녀를 가진 가정에 대한 영국의 독특한 재정적 지원에는 1988년부터 실시되고 있는 가족신용대부(Family Credits)제도가 있다. 이 제도는 주당 16시간 이상의 봉급생활자와 자영업자를 대상으로, 임금과 급여를 합하여 생활수준을 향상시키기 위한 재정 지원이다. 지급액은 아동의 수와 연령, 가족의 소득에 따라 차이가 있다. 부모들은 진료, 치과와 안과치료, 안경 구입을 위한 가족신용대부를 청구할 수 있으며, 아동들은 학교 급식비를 면제받고, 영아의 경우에는 우유와 비타민이 제공된다.

기타 아동과 관련된 재정적 지원에는 법정출산 수당(statutory maternity pay)이 있는데, 이는 출산에 따른 소득상실을 고용주가 보상해 주는 제도로, 동일 직장에서 6개월 이상 근무한 저임금 근로여성으로 4개월 이내에 출산이 예상되는 경우에 해당된다. 법정 출산보상의 기간은 18주로서 지급액은 근무기간과 정규직, 임시직에 따라 차이가 있다(이배근, 2006).

나. 요보호아동을 위한 아동복지서비스

요보호아동을 위한 아동복지서비스로 가정에서 적절한 보호를 받지 못하거나 학대 또는 방치되거나 버려진 아동은 지방자치당국에 의해 우선적으로 위탁가정이나 아동양육시설에서 보호를 받게 된다. 그러나 가정으로부터의 아동 분리는 가능한 일시적

이어야 하며, 따라서 신속한 가정복귀를 위한 노력이 필요하다.

요보호아동의 약 60%가 위탁가정에서 보호되며, 나머지 아동은 지역사회시설, 자원봉사자 가정, 민간기관에서 운영하는 사립위탁가정 등에 배치된다. 지역사회시설인 아동보육원에 배치되는 아동의 보호기간은 비교적 길며, 아동보육원은 「아동법」에 따라 1991년에 제정된 아동복지시설 시행세칙(Children's Homes Regulations)에 의해 운영된다. 보육원에서는 어떠한 체벌도 허용되지 않으며, 각 아동별 가정의 정기적인 접촉, 사후지도, 신체검사를 포함한 보건 및 교육에 관한 문서화된 개별 계획이 작성되어야 할 것을 규정하고 있다. 보호를 필요로 하는 아동들을 위한 유형별 서비스는 탁아서비스, 대리보호서비스, 아동학대와 방임 등이 있다(이배근, 2006; 오정수, 2006).

- 탁아서비스: 5세 이하의 도움을 필요로 하는 아동을 가진 어머니들의 41%가 임금을 받는 취업여성이며, 5세에 이른 대부분의 아동들이 탁아소에서 보호를 받게 된다. 지방자치당국에 의해 운영되는 공립탁아소는 무료이다.
  놀이 집단(play-group) 프로그램은 유료이며, 3~5세의 아동들을 위해 놀이 기회를 통한 학습 경험을 제공할 목적으로 운영되며, 민간단체인 유아학교 놀이집단협의회(Preschool Playgroups Association)에 가입되어 있다.
- 대리보호서비스: 가정을 상실했거나 부모로부터 분리된 아동들은 위탁보호시행령(Foster Placement Regulations)에 따라 지방자치당국이 위탁 보호를 알선하며, 요보호아동의 약 60%가 위탁가정에 배치된다. 위탁가정은 지방자치당국의 승인을 받아 아동을 보호 양육하며, 아동 보호에 대해 지방자치당국에 서약서를 제출한다.

  공・사립 보육시설은 시설운영기준의 적합성 여부에 관해 2년마다 지방사회봉사국(Social Service Department)의 감사를 받으며, 특히 민간단체가 운영하는 보육시설은 보건국 또는 웰시사무소(Welsh Office)에 등록하고, 2년마다 감사를 받게 되어 있다. 또한 친부모와 결합할 희망이 없는 아동에게는 입양을 알선하며,

입양관련법에는 1976년의 「입양법(Adoption Act)」, 1983년 입양기관 시행령(Adoption Agencies Regulation), 1984년 입양 세칙(Adoption Rules), 그리고 1989년의 「아동법」 등이 있다. 영국 입양 양자회(British Agency for Adoption and Fostering)는 대표적인 전문 입양 알선기관이며, 특별한 욕구를 가지고 있는 아동들에게 가정을 찾아주는 "부모 맺기(be my parents)"운동을 전개하고 있다.

양부모의 자격은 결혼한 부부 또는 독신자로서 25세 이상이어야 하나, 입양을 원하는 아동과 특별한 관계가 있을 경우에는 21세 이상의 자도 가능하다. 다만, 독신 남자가 여자아이를 입양하는 것은 금지되고 있다. 1981년의 잉글랜드와 웨일스, 1980년의 스코틀랜드 「교육법」은 장애아 특수교육의 수준을 향상시켰다. 1989년의 「아동법」은 장애아들을 장애 유형별로 대리 보호할 것을 규정하였다(이배근, 2006).

- 아동학대와 방임에 대한 법적 근거: 「아동법」에 규정된 아동학대의 위험에 처한 아동의 보호는 지방정부의 사회복지국에서 담당하며, 다른 관계부서인 보건국, 보호관찰국, 교육국, 경찰 및 민간단체를 포함한다. 지방자치당국은 보호를 필요로 하는 아동에 관한 신고를 받은 사항에 대해서 조사해야 할 법적 의무를 지닌다. 지역아동보호위원회(Area Child Protection Committee)가 아동보호에 관련된 정책을 개발하고 관련 기관에 대한 학대로부터 아동을 보호하기 위한 상호협력을 담당한다. 전국아동학대예방협회(National Society for the Prevention of Cruelty to Children)와 경찰도 또한 학대받는 아동의 보호에 관한 법적 책임을 지고 있음을 명시하고 있다.

이상에서 살펴본 영국의 아동복지 내용을 보면 보육시설과 교사의 수가 급증하고 있고, 특히 3~4세 유아들을 위한 놀이 집단인 계절 탁아소가 증가하고 있다. 또한 아동학대를 예방하기 위해 부모교육을 강화하고 부모헌장(Parent's Charter)을 제정하여 아동 양육에 대한 부모의 명백한 권리, 선택, 책임 등을 강조하고 있다. 영국 아동학대예방협회(National Society for the Prevention of Cruelty to Children, NSPCC)는 24시간 서비스를 제공하는 아동보호전화(Child Protection Help line)를 운영하고 있으며, 심각한 신체적, 정서적 학대, 방임에 이르기까지 가정 내에서 일어나는 다양한 문제들을 처리하고 있다.

(2) 미국

19세기 후반부터 미국에서는 구빈원으로부터 아동을 구출하는 운동의 하나로 위탁가정운동이 전개되었다. 1853년 뉴욕에 설립된 아동구호협회는 위탁가정서비스를 실시한 최초의 기관으로서 위탁가정 프로그램의 모델이 되었고, 뉴욕의 노숙아동과 요보호아동을 중서부지역의 농가로 위탁하는 활동을 전개하였다. 위탁가정운동은 구빈원의 혼합수용 보호와 대규모 수용 보호의 폐단에 대한 인도주의적 비판에서 출발하였다고 볼 수 있다(공계순 외, 2019). 그러나 이 운동은 아동의 의식주와 자립의 기회를 제공해 줄 가정을 찾아 연결해 주는 것에만 초점을 두었다. 이에 아동의 욕구에 따라 선별적으로 위탁가정을 선택하는 것보다 위탁가정의 필요에 따라 위탁가정 보호가 결정되는 경우가 더 많았다(장인협 외, 2001)

1895년 「아동노동법」이 제정되었는데, 최저의 근로 연령을 상향 조정하고, 아동의 노동을 제한하는 직업의 종류를 규정하기 시작하였다. 이후 아동복지에 대한 국가의 책임이 강조되기 시작했는데, 대표적인 것이 1909년 미국에서 열린 백악관회의(White House Conference)다. 이 회의에서 당시 대통령이었던 Roosevelt는 아동을 위한 부모역할의 중요성과 가정생활의 중요성을 언급하였다. 이 회의에서 아동복지 정책이 수립되었고 서비스 프로그램이 발달하는 중요한 계기가 되었다(김성경 외, 2009). 즉, 아동을 위한 조치로 첫째, 가난하다는 이유로 아동을 가정과 분리할 수 없으며, 둘째 가정과 분리할 경우 최소한 가정과 비슷한 위탁가정으로 해야 하고, 셋째 시설보호를 해야 하는 경우에는 소규모의 시설, 다시 말하면 소숙사형의 시설이어야 한다. 따라서 제1회 백악관회의를 통해 아동 문제의 인식이 증대되었으며, 특히 부모 역할과 가정의 중요성을 강조하여 부모교육의 중요성을 강조하였다. 또한 아동복지의 증진을 위한 정부의 책임을 강조하였고, 미국의 아동복지 정책이 수립되고 서비스 프로그램이 발달하는 중요한 계기가 되었다. 한편, Kadushin(1980)은 아동복지서비스를 아동과 부모를 위한 상황을 잘 수행하는 데 어려움이 있는 부모들의 기능을 지지·보충·대리하는 것으로 설명하였다. 광의의 아동복지는 모든 아동들을 대상으로 지역사회의 욕구에 일치하는 아동의 신체적, 정신적, 사회적 잠재력의 계발을 증진시키는 모든 조치로 이해되고 있다.

① 아동복지제도

미국의 아동복지제도는 각종 범죄, 악습과 빈곤으로부터 아동을 보호하기 위해 아동구제(child saving)의 운동으로부터 시작되었다. 이는 각종 범죄와 빈곤 등과 같이 유해한 환경으로부터 아동들을 보호하자는 캠페인으로, 무료위탁 가정서비스가 그 주요한 대안이었으며, 1853년 Charles Loring Brace 목사에 의해 설립된 뉴욕시 아동보호협회(Children's Aid Society of New York City)가 있으며, 일리노이주 아동시설 및 보호협회(Children's Home and Aid Society of Illinois)가 창설되었다. 그 후 학대받는 아동에 대한 보호운동으로 그 첫 번째 시도인 1875년 설립된 뉴욕아동학대예방협회(New York Society for the Prevention of Cruelty to Children)는 가혹하게 비인간적으로 취급되는 아동들을 보호하며, 이들을 위한 관계법의 보완과 제정이 될 수 있도록 노력하였다.

이후 도시빈민층 자녀들을 위한 헤드스타트(Head Start) 프로그램과 저소득층을 위한 푸드스탬프(Food Stamp) 프로그램과 같은 다양한 프로그램이 실시되기에 이르렀다. 헤드스타트 프로그램으로 유아교육의 기회를 확대하기 위한 노력이 본격화되었으며, 빈곤 계층이나 소수민족의 영유아와 가족을 위한 종합서비스를 제공함으로써 유아의 학업 성취도를 향상시키고 청소년 문제 발생률을 감소시키는 효과를 가져왔다.

따라서 미국은 보편적 아동복지제도의 확대보다는 아동학대와 같은 예외적 문제와 밀접하게 연관되어 진행되었는데, 1963년을 기점으로 미국의 50개 주에서 「아동학대

신고법」이 통과됨에 따라 아동보호서비스제도의 확대와 위탁보호아동의 수가 증가하였다. 그러나 이러한 노력에도 불구하고 대다수의 위탁가정을 전전하는 위탁보호제도의 문제점이 드러나면서 미국 사회는 아동을 위한 영구적인 계획의 중요성을 인식하였으며, 1980년 「입양 원조와 아동복지법」의 제정과 1993년 「가족 보존과 가족지원법」의 제정으로 이어져, 아동복지서비스의 초점이 아동의 보호에서 가족의 지원으로 전환되는 계기를 마련하였다. 최근에는 시민권운동에 자극받아 '아동권리' 운동이 등장하였고, 이와 관련해 아동보호재단(Children's Defense Foundation)과 같은 아동관련 단체들이 결성되었다.

② 아동복지서비스

가. 아동 수당

미국의 아동 수당은 요부양아동가족부조(Aid to Familyes with Dependent Children, AFDC)에 포함되어 실시되고 있으며, AFDC는 「사회보장법」 제4장에 규정된 바에 따라 부모의 부재, 장애, 실업 등에 의해 양육이 결여된 18세 미만의 빈곤아동을 지원하기 위한 세대 단위의 현금부조제도이다. AFDC의 수혜 자격은 18세 미만의 아동을 가진 가정으로서 재산과 소득조사를 거쳐 획득된다. AFDC 수급자 가운데 취업가능자는 주가 실시하는 근로유인 프로그램(Work Incentive Program, WIN)의 적용을 받는 것을 원칙으로 하고 있다(이배근, 2006; 이재완 외, 2006).

나. 아동복지서비스 기관

아동복지서비스는 사회복지기관에 의해 제공된다. 아동과 가정을 대상으로 하는 사회복지기관으로는 아동복지기관(Child Welfare Agency), 가정봉사기관(Family Service Agency) 또는 아동・가정국과 같이 아동과 가정을 복합적으로 사용하는 기관들이 있다.

전통적으로 아동복지기관과 가정복지기관은 기관의 목적, 조직, 정책, 재원, 실무 등에 있어 많은 차이를 보여 왔다. 아동과 가정복지기관을 대표하는 두 개의 전국 협의체에는 미국아동복지연맹(Child Welfare League of America)과 미국가정봉사협회(Family Service Association of America)가 있다.

자조단체로서는 정신건강상담소(Mental Health Clinics), 근린센터(Neighborhood Center), 긴급방문상담센터(Droping Crisis Counseling Center), 핫라인(Hot-Line)전화상담, 아동학대 부모들을 돕기 위한 페어런츠 아노니머스(Parents Anonymous) 등의 아동관련 기관들이 있다. 이와 같은 다양한 아동관련 기관은 공공기관과 민간기관 또는 관민협력기관으로 구분할 수 있다.

다. 아동복지서비스의 유형

아동복지서비스는 크게 공적아동복지서비스, 민간아동복지서비스, 관민협력 아동복지서비스, 영리적 아동복지서비스로 구분할 수 있다(이배근, 2006).

- 공적아동복지서비스(Public Child Welfare Services)

  관계법에 의해 설립되며 기본적인 아동복지서비스의 제공은 미국정부의 책임으로 인정되고 있다. 1935년에 제정된 사회보장법은 아동과 가정을 지지하기 위한 사회서비스를 확대시켰으며, 특히 Title IV로 알려진 요보호아동 부조 프로그램(ADCP)이 사회보장법에 포함되었는데, 이 프로그램은 보호를 요하는 아동으로 하여금 그의 가정 또는 친척집에 머무를 수 있도록 경제적 보호를 하기 위해 주정부에 주어지는 보조금 지원제도이다.

- 민간아동복지서비스(Voluntary Child Welfare Services)

  지역사회 또는 지역사회의 어떤 하나의 집단을 위해서만 서비스를 제공하며 대체로 지역별 또는 연합체의 성격을 갖는 모금단체와 연결을 갖고 있다. 가정으로부터 분리된 아동을 보호하는 서비스를 수행하는 민간아동복지기관은 주 당국의 인가를 받게 되어 있다.

- 관민협력아동복지서비스(Goverment and people joint child welfare services)

  민간복지기관은 시민들로부터의 자발적인 기부금에 의하여 재원이 충당되어야 하나, 실제로는 1800년대부터 이미 정부의 민간복지기관에 대한 재정지원이 시작되었다. 정부의 재정 지원 형태는 정기적인 보조금 지원과 운영비 보조를 위한 일시금 지원이 있다. 1980년대에 들어오면서 사회복지서비스를 위한 연방정부의 재정지원이 급격히 삭감되었는데 주로 아동학대, 가정위탁, 맞벌이부부 자녀들을 위한 서비스 분야가 그 대상이었다.

- 영리적 아동복지서비스(Proprietary Child Welfare Services)

  공립기관과 영리를 추구하는 개인 간의 계약에 의해 주로 맞벌이부부 자녀들에게 제공되기도 한다. 아동보호센터나 가정탁아의 일부가 이 형태에 속하는 경우가 있는데, 어떤 가정이 위기에 처하거나 일시적으로 어머니의 역할이 부재할 경우 가정 스스로 홈메이커(home-maker)를 초빙하기도 하며 스스로 위탁가정을 찾아내어 그들의 자녀를 맡기는 것 등이다. 사회복지기관의 감독이나 계획과는 관계없이 입양이 되는 경우도 이에 속하는데, 이는 대리인 또는 중개인이 수수료를 받고 입양수속을 대행하는 경우이다.

이상에서 살펴본 바와 같이, 미국은 세계 최강의 경제 대국임에도 불구하고 아동과 가족정책에 매우 소극적인 태도를 보여 왔으며, 1996년에 제정된 「개인 책임과 직업기회조정법」은 많은 한부모들이 직업을 가진 후 원조를 받을 때보다 더 어려운 상황에 처하게 되어 있어 아동복지의 모습이 낙관적이지만은 않은 실정이다. 그 요인으로는 첫째, 정부 예산의 삭감이다. 1980년대에 들어오면서 연방정부의 대폭적인 사회복지 예산의 삭감은 아동, 청소년, 가정에 심각한 영향을 미쳤다. 둘째, 아동복지 전반에 걸친 유형별 서비스의 내용과 전체 수혜아동에 대한 통계가 없다는 것이다. 지난 10년간 이에 대한 어떤 종합적인 조사나 연구에 따른 포괄적인 자료가 나오지 않았다. 셋째, 아동, 청소년, 가정에 관련된 연방정부의 1974년 「아동학대 방지 및 치료법(공법 100~ 294)」과 1980년 「입양보조 및 아동복지법(공법 96~272)」의 모호성에 있다. 전자는 아동학대와 방임을 발견하고 치료하는 서비스에 대한 연방정부의 지원인 데

반해, 후자는 아동학대와 방임을 예방한다는 점에서는 일치하나 심각한 상태의 피학대아동에게 영구적 대리 보호인 입양을 조장시킴으로써 학대와 방임 아동에 대한 신고는 급증하고 있는 반면에, 피학대아동을 위해 치료의 목적으로 선택되어 온 위탁보호 프로그램은 오히려 축소되는 결과를 가져왔다(이배근, 2006; 오정수, 2006).

(3) 스웨덴

스웨덴의 아동복지 시초는 1763년에 제정된 「구빈법」에 의해 아동을 포함한 보호가 필요한 사람들을 구빈원에 수용・보호하였던 것에서, 그 유래를 찾아볼 수 있다. 이 법에서 원칙적인 구빈 대상은 15세 이하의 아동과 병자, 폐질자인 노동 무능력자로 규정하였다. 또한 1902년에 제정된 「아동복지법」은 1934년 제정된 「청소년보호법」과 함께 근대적 의미의 사회복지를 여는 시초가 되었을 뿐만 아니라 아동과 청소년복지의 기초가 되었다.

1930년에는 세계 경제대공황을 전후하여 출산율이 급격히 저하됨에 따라 1938년 이후 모자보건 대책이 수립되고, 1955년부터 모든 임산부에게 출산 수당이 지급되었다. 한편 출산 후 9개월 휴가제도와 재학 중인 아동이 방과 후에 시간을 보낼 수 있는 여가 선용의 집, 자신의 집에서 아동을 돌봐 주는 가정보육시설, 아동간호사제도 등이 실시되었다. 기타 아동복지에 관한 사항이나 공공부조는 1960년에 개정된 「아동복지법」에 의하여 시행되고 있으며, 국가는 이러한 분야의 전문인력을 육성하는 데 역점을 두고 있다.

아동의 연령을 18세 이하로 규정하고 있으며, 아동과 가족복지정책은 아동 수당, 아동건강 보호, 높은 수준의 유아교육 및 학교 교육과 같은 일반적인 조치와 요보호아동 및 가정에 대한 경제적 지원, 보호와 같은 특별 조치 등으로 되어 있다(이재완 외, 2006). 아동복지의 현안 문제는 스웨덴으로 유입되는 난민 아동들이며, 난민들 가운데 50% 이상이 18세 미만의 아동들이다. 이들 아동들은 그들의 고국에서 폭력과 전쟁 등을 경험하였으며, 특별한 보호를 필요로 하는 아동들 가운데는 약물중독이나 범죄, 질병 또는 심각한 정서적 불안 상태의 부모들에 의해 신체적, 정서적, 성적 학대를 받는 아동들이 있다. 장애아는 거의 일반가정에서 보호되고 있으나 장애 정도가 심한 경우에는 심리적 · 실무적인 지원을 하게 되며, 1992년 7월 1일부터 장애아 부모들에 대한 재정 지원이 시작되었다(이배근, 2006).

① 아동복지제도

스웨덴은 1763년에 제정된 「구빈법」에 의해 고아를 포함한 요보호자들을 구빈원에 수용 보호하기 시작했으며, 근대적 의미의 사회복지는 1902년의 「아동복지법」 제정으로부터 비롯되었고, 「아동복지법」은 1934년 제정된 「청소년보호법」과 함께 아동 및 청소년복지의 기초가 되었다. 이어 1956년에는 종래의 「구빈법」을 「공적 부조법」으로 개정하여 요보호자를 위한 생활 보호를 실시하였고, 1963년 「국민보험법」의 제정에 따라 16세 이상의 모든 국민이 보험의 혜택을 받게 되었다. 오늘날의 스웨덴의 사회복지는 1981년에 입법화된 「사회사업법」(Social Service Act)을 근간으로 시행되고 있다(이배근, 2006).

스웨덴의 사회복지제도는 아동의 부모와 가정에게 가족이 아동을 건강하게 양육하기 위해 필요한 재정적 지원, 의료보험, 주택 수당, 보육서비스, 출산휴가와 아동 양육을 위한 유급휴가제도 등을 제공하는 간접적 재정지원 방식과 아동청소년에게 아동수당, 부모보험보조, 부양 대출, 아동연금, 장애아 보호 수당 등을 제공하는 직접적 재정지원을 취하고 있으며, 이를 통해 아동 문제를 사전에 예방하려는 보편주의적 접근을 취하는 방향으로 발전되어 왔다.

② 아동복지서비스

가. 아동 수당과 아동연금

아동과 청소년을 위한 직접적 재정 지원에는 아동 수당, 부모보험보조, 부양 대출, 아동연금, 장애아 보호 수당 등이 있다. 아동 수당(Child Allowance)은 16세 이하의 모든 아동에게 지급되며 약 100만 가정의 160만 명의 아동들이 아동 수당을 받고 있는 것으로 알려져 있으며, 아동연금(Child Pension)은 부 또는 모 혹은 양친이 모두 사망한 경우에 아동에게 지급되는 재정지원으로 아동이 재학 중이거나 기타 기본적인 교육을 이수 중에 있는 경우에는 18세 이상의 학생에게는 연장 지급이 가능하다. 또한 조세 수입과 정부의 사회보험 예산을 재원으로 하여 신혼가정, 청소년과 재학생 가정 등에게 주택비와 자녀의 수에 비례하여 주택 수당이 차등 지원되고 있으며, 건강보험을 통해 각종 치료비를 지원하고 있다. 예를 들어, 치과 치료와 예방 조치도 건강보험에 포함된다. 일반 환자는 치료비의 일정액부터 70%까지 부담하며, 18세 이하 아동의 경우에는 모든 공립 치과 진료서비스에 대해 비용을 지불하지 않는다. 16세 이하의 자녀가 병원에 입원해 있는 경우 부모나 친척이 병원을 방문하기 위해 소요되는 초과교통비도 지급되고 있다. 출산이나 아동의 입양으로 부모보험계약이 이루어지며, 부모보험(Parental Insurance)은 출산 후, 360일간 부모가 아동보호를 위해 가정에 머무르는 기간의 수입손실을 보장해 주고, 부모가 교대로 가정에 머무를 경우에도 해당되며 정해진 기간을 아동이 8세에 이르기까지 분할 지급 받을 수 있다. 부의 경우에는 아동 출생 후 10일까지의 부모보험금을 지급받는다(이배근, 2006).

나. 요보호아동을 위한 아동복지서비스

요보호아동을 가정으로부터 분리시키는 결정은 부모 또는 후견인과 아동(15세 이상의 경우)의 합의를 기반으로 한다. 그러나 합의가 성립되지 않을 경우에는 「청소년특별보호법(Care of Young Persons Special Provisions Act)」에 따라 법원의 명령으로 사회복지기관이 개입하게 된다. 따라서 「사회봉사법(Social Service Act)」에 의거하여, 시(市)사회복지위원회는 가정을 상실한 요보호아동을 영구적인 보호 양육을 책임지게 될 패밀리 홈(Family Home) 또는 아동보육시설이나 치료시설에 배치한다(이배근, 2006). 또한 19세 이하의 장애아 대부분을 '정상화의 원리'에 따라 가정 내에서 보호하도록 하기 위해 장애아동을 보호하는 가정에게 장애아동 수당을 지급하고 있으며,

여타의 사정이나 이유로 가정에서 보호가 불가능할 경우에는 사회복지위원회가 패밀리 홈이나 가정과 비슷한 형태의 소규모의 집단 주거 형태인 호스텔 등에 배치하고 있다(최순옥 외, 2011). 또한 「청소년특별보호법」에 따라 가정 밖에 배치된 아동을 정기적으로 심사하며, 최소한 6개월마다 심사를 하고 아동을 계속해서 특별 보호를 해야 할 필요가 있는지의 여부에 대해 심의하고 있다.

다. 영유아를 위한 보육 지원

스웨덴에서는 1995년부터 모든 시당국이 1~6세의 아동들을 위해 가정탁아서비스를 제공할 것과 6~12세 아동들을 위한 방과 후 아동보육서비스를 제공할 것을 의무화하였다. 6세 이하의 맞벌이부부 자녀를 대상으로 영유아보육시설에서 교육활동과 함께 하루 2~3회 급식을 포함한 아동보호서비스가 제공되고, 전체 해당 연령 아동의 38%가 가정탁아서비스의 혜택을 받고 있다. 보육시간은 종일반 또는 반일반, 야간보육 등으로 다양하며, 야간보육은 매우 드물기는 하나 그 욕구는 증가하고 있다. 부모의 보육비는 아동의 보육시간, 부모의 소득, 가정의 자녀 수에 따라 다르다. 대체로 전체 비용의 15%만을 부담한다.

보육지원시설은 가정탁아(Family Day Care), 개방유아학교(Open-Preschool), 방과 후 보호서비스(Care Services for School Children) 등이 있다.

- 가정탁아: 가정탁아모에 의해 12세까지의 맞벌이부부 자녀들이 탁아가정에서 보호되는 것으로, 특별한 보호를 필요로 하는 아동은 가정탁아서비스를 제공받게 되고, 10명 이내로 구성되며, 현재는 이용률이 감소 추세이다.
- 개방유아학교: 낮 동안 돌봐 줄 부모나 탁아모가 그 자녀들의 교육적 · 사회적 활동에 자녀들과 함께 참여하는 프로그램으로, 1972년 처음 시작된 이래 증가하고 있으며, 도시에 따라서는 사회복지 담당 공무원이 부모들에게 사회복지 분야의 도움을 주기 위해 근무하는 곳도 있다. 운영비는 국가 예산으로 충당된다.

- 방과 후 아동을 돌볼 수 없는 가정: 방과 후 보호서비스를 이용하는데, 6~12세의 학교에 다니는 아동들이 이용한다. 방과 후나 휴일에도 여가활동센터에서 레크리에이션이나 다양한 프로그램을 이용하고 있으며, 간식이 제공되고 부모가 운영비를 부담하며 최근에는 여가활동센터가 학교에 통합됨으로써 이용자 수가 늘어나고 있다.

라. 아동학대와 방임에 대한 예방 지원

스웨덴에서는 아동학대와 방임의 문제에 관해서 예방적 접근을 취하고 있는데, 우선 거주지역의 유아학교를 통해 어린 자녀를 가진 부모들을 대상으로 아동학대와 방임에 관한 다양한 예방교육을 실시하고 있다. 부모나 후견인에게 어떤 형태의 체벌이나 정신적 벌이 허용되지 않으며, 아동에게 신체적 손상이나 고통을 주었을 경우에는 최고 2년의 구금형과 벌금형을 받게 되어 있다. 학대행위가 보다 심각할 경우 최고 10년의 구금형에 처할 수 있으며, 아동이 적절한 보호를 받지 못하고 건강 및 발달이 위험한 상태에 처해 있다고 간주될 때에는 아동 보호를 위해 시(市)사회복지위원회의 개입을 의무화하고 있다(이배근, 2006).

이상에서 살펴본 바와 같이 스웨덴의 아동복지제도는 1960년대에는 매우 제한된 아동만을 그 대상으로 하였으나, 오늘날에 와서는 아동복지서비스를 제공받고 있는 아동 수가 증가했으며, 투입되는 예산도 GDP에의 2.4%에 달하고 있다(최순옥 외, 2011). 초기에는 아동보호서비스가 중앙집권적이었고 예산의 책정, 감독, 지침서 작성 등이 모두 보건복지청 소관이었으나 현재는 시당국이 아동보호서비스 계획에 따라 책임을 지고 운영하고 있다. 2000년 중반의 경기 침체에도 불구하고 아동과 가족을 위한 정책과 프로그램은 거의 대부분 보존하고 있어 아동과 가족복지에 대한 지속적인 투자와 의지를 보여 주고 있다.

(4) 일본

일본의 「아동복지법」 제1조는 "18세 이하의 모든 아동은 정신적으로나 신체적으로 건전하게 태어나 양육되어야 하며, 안전과 보호에 동일한 기회"를 갖는다고 명시하고 있다. 「아동복지법」 제2조에서는 아동의 후견인은 물론 중앙 및 지방정부의 아동 성장에 대한 책임을 규정하고 있다.

1951년 제정된 일본의 어린이헌장은 이와 같은 아동복지의 구체적 이념을 확립하였다. 일본은 경제적 성장기에 진입한 1960년대 이후 아동복지에 관련된 조치들이 크게 향상되었으며, 일본의 고도 경제성장이 둔화되기 시작한 1973년 이후 총체적인 복지 조치들이 난관에 부딪혔으나 아동복지 조치만은 점진적 향상을 거듭해 왔다. 한편 정부는 요보호아동뿐만 아니라 일본의 모든 아동의 건전한 성장 발달을 위한 「아동복지법」을 1947년에 제정하였다. 아울러 1951년에 선포된 어린이헌장은 바로 이 「아동복지법」의 제 원칙을 확인하며, 아동복지의 뚜렷한 상을 부각시킬 목적으로 제정되었다. 어린이헌장은 전문, 3대 원칙, 그리고 12개 조항으로 되어 있다. 또한 오랜 전통에 따라 소년들을 위한 축제일로 지켜 오던 5월 5일이 1941년에 이르러 어린이날로 제정되어 국경일로 지켜지고 있다(이배근, 2006).

① 아동복지제도

아동을 포함한 요보호자 보호 및 육성에 관한 법으로서 1947년 「아동복지법」, 1948년 「소년법 및 소년법원법」, 1949년 「신체장애자복지법」, 1960년 「정신박약자복지법」, 1963년 「노인복지법」, 1964년 「모자 및 과부복지법」이 제정되었다.

후생노동성은 사회복지의 주관 부서로서, 아동가정국과 사회국은 후생노동성의 사회복지행정 주 업무 담당국이다. 아동가정국은 아동, 임산부, 모자가정, 정신박약아의 보호와 지원 실무를 수행하고 있으며, 사회국은 요보호가정, 저소득 계층, 노인과 장애인의 보호와 지원, 민간사회복지사업 진흥 등을 관장한다.

특히, 아동가정국은 아동복지의 기획, 구상, 예산의 할당, 지방자치행정의 감독과 지도 업무를 관장하며, 중앙아동복지심의회는 법률의 개정과 같은 중요한 사항에 관한 건의를 하며 약 50명의 위원으로 구성되어 있다(吉澤英子, 2006).

「아동복지법」 제15조에 의해 설치된 아동상담소의 주요 기능에는 첫째, 정신의학적 · 심리학적 · 사회학적 관점에 기반을 둔 조언과 상담을 통한 아동과 부모를 위한 상담서비스, 둘째, 아동을 적절한 시설이나 위탁가정 등에 배치, 셋째, 부설 일시보호시설을 통한 요보호아동의 관찰과 일시보호 등이 있다. 아동상담소에는 아동복지사, 상담원, 심리판정원, 정신과의를 포함한 의사, 아동지도원(방과 후 교사), 보육사(보육교사) 등의 직원이 있으며, 부설 일시보호소를 운영하고 있다.

② 아동복지서비스

가. 아동 수당

아동 수당 세도는 1971년 5월 「아동수당법」이 제정되었고, 연금보험, 공적 부조와 함께 소득보장에 포함된다. 아동 수당의 지급 내용은 1986년 6월 대폭석으로 개정되어 지급대상을 종래의 제3자에서 제2자(차남, 차녀)도 포함시키는 등 확대시켰다. 일본의 아동 수당 지급대상과 지급액의 변천과정을 살펴보면 〈표 3-2〉와 같다.

〈표 3-2〉 일본 아동 수당 지급대상과 지급액

<table>
<tr><th>구분</th><th>1972</th><th>1986</th><th>1992</th><th>2004</th><th>2006</th><th colspan="4">2012~2018</th><th colspan="3">2019</th></tr>
<tr><td>지급 범위</td><td>셋째 자녀 이후</td><td>둘째 자녀 이후</td><td>첫째 자녀</td><td>첫째 자녀</td><td>첫째 자녀</td><td rowspan="2">0~3세 미만 자녀</td><td>3세 이상 자녀</td><td rowspan="2">중학생 자녀</td><td rowspan="2">소득 제한 이상 자녀</td><td>3세 미만</td><td>3세 이상</td><td rowspan="2">중학생 자녀</td></tr>
<tr><td>대상 기간</td><td>중학교 졸업 까지</td><td>취학 전까지</td><td>3세 미만 까지</td><td>초등 학교 3학년 까지</td><td>초등 학교 6학년 까지</td><td>초등학교 졸업까지</td><td colspan="2">중학교 졸업까지</td></tr>
</table>

<table>
<tr><th>구분</th><th>1972</th><th>1986</th><th>1992</th><th>2004</th><th>2006</th><th colspan="4">2012~2018</th><th colspan="3">2019</th></tr>
<tr><td>월 수령액</td><td>5,000엔</td><td>둘째: 2,500엔 셋째: 5,000엔</td><td colspan="3">첫째, 둘째 자녀 5,000엔 셋째 자녀 이후 10,000엔</td><td>15,000엔</td><td>첫째, 둘째 자녀 10,000엔 셋째 자녀 이후 15,000엔</td><td>10,000엔</td><td>5,000엔</td><td>일괄 15,000엔</td><td>일괄 10,000엔 셋째 자녀 이후 15,000엔</td><td>일괄 10,000엔</td></tr>
</table>

출처: 후생노동성(2020). www.mhlw.go.jp.

나. 요보호아동을 위한 아동복지

요보호아동을 위한 시설에는 우리나라의 보육원에 해당하는 양호시설과 교호원(教護院), 정서장애아시설 등이 있으며, 복지사무소가 운영하는 가정아동상담실과 아동후생시설로서의 아동관과 아동유원(어린이놀이터)이 있다. 그중에서 양호시설은 유아를 제외하고 보호자가 없는 아동, 학대받는 아동, 기타 가정 환경상 가정 내에서 양육받을 수 없는 아동을 입소시켜 양호하는 시설을 말한다. 입소된 아동의 상황을 살펴보면, 부모의 가출, 이혼, 별거, 만성 질병으로 인한 장기입원 등으로 부모로부터의 학대와 방임에 의한 입소가 증가하고 있으며, 입소아동의 연령의 경우 고연령 아동의 비율이 높아지고 있다.

아동복지시설 가운데 아동관, 아동유원(어린이놀이터), 모자휴양시설, 모자복지센터, 모자건강센터 등은 무료이용시설이다. 아동복지시설의 수탁료는 보호자의 수입에 의해 결정된다. 저소득 계층은 시설이용료를 부담하지 않으며, 모든 시설은 중앙정부와 지방정부의 지원을 받으며, 후생노동성은 아동복지시설 운영기준을 만든다. 운영기준에는 건물, 직원, 아동치료의 원칙과 책임 등이 포함되고, 아동복지시설은 중앙정부와 도도부현(都・道・府・縣)에 의해 감사를 받으며, 운영기준에 미달된 경우에는 개선 또는 시설운영 중단의 명령을 받게 된다.

일반아동을 대상으로 하는 보육소(어린이집) 외에 영아와 질병 중의 영아를 대상으로 하는 영아보육, 특수아동을 대상으로 하는 장애아보육, 근로여성의 자녀들을 대상으로 저녁 7시까지 보호하는 연장보육, 저녁 10시까지 보호하는 야간보육 및 아픈 자녀들을 위한 병가보육, 일시보육과 벽지의 보육소 등의 다양한 유형이 설치되어 있다. 대부분의 보육소는 공립시설 또는 정부의 재정지원을 받는 시설이나 베이비 호텔과 같은 비인가 시설도 있다.

일본의 경우에도 보육소와 유치원의 관계를 살펴보면, 비록 보육소가 아동복지시설이고 유치원은 교육시설이라고는 하나 보육 또는 교과내용은 건강, 인간관계, 환경, 언어, 표현 등으로 비슷하며, 우리나라의 표준보육과정과 누리과정의 영역인 기본생활, 신체운동(신체운동 · 건강), 사회관계, 의사소통, 자연탐구, 예술경험과도 유사한 점이 있다.

다. 건전아동육성 대책과 아동복지서비스

건전아동육성 대책으로서의 아동복지서비스에는 복지사무소가 운영하는 가정아동상담실과 아동후생시설로서의 아동관과 아동유원(어린이놀이터)이 있다. 전국의 복지사무소 내에 가정아동상담실이 설치되어 있으며, 상담 내용은 주로 학교생활 문제, 환경 문제, 심신장애 문제, 지능 · 언어 문제, 성격 및 생활습관 문제, 가족관계 순으로 많았다.

일반아동들을 위한 옥내 후생시설로서의 아동관(兒童館)과 옥외시설인 아동유원이 설치되어 있다. 기타의 아동건전 육성 대책으로는 지역조직 활동으로서의 어머니클럽이 있으며, 중앙아동복지심의회가 추천하는 아동극이나 영화 등을 전국의 아동관이나 아동센터를 통해 상영하는 아동을 위한 문화보급 활동, 아동클럽, 노인세대와 아동세대를 연결하는 공동프로그램 등이 추진되고 있다(이배근, 2006).

이상에서 살펴본 바와 같이 일본은 아동의 건전한 출산과 성장을 돕기 위한 부처간 협의체를 구성하여 보육 · 교육 등 요보호아동뿐만 아니라 건전아동 육성을 위한 포괄적인 서비스를 강구하고 있으며, 아동양육의 지원 및 상담프로그램으로 '아동 및 가정 긴급 전화상담', 어머니 없는 가정을 위한 베이비 시팅(baby sitting)과 야간보호,

지역사회의 아동놀이시설 등의 확대 방안이 제시되었다. 또한 아동관련 정부당국과 민간단체들은 비사회적 행동, 특히 등교거부 아동과 아동학대의 예방에 대해 관심을 갖고 정책을 강구하고 있다.

2) 우리나라 아동복지의 발달사[6)]

(1) 전통사회의 아동복지

전통사회에서의 아동에 대한 관심은 대를 잇기 위한 하나의 수단이라고 해도 과언이 아니었다. 동양적인 애호사상을 갖는 우리나라는 가족제도를 중심으로 제사 상속은 조상숭배로 이어지고 이를 단종 시키지 않는 것이 부모에 대한 의무라고 여겨져 왔다. 자손이 없을 때에는 양자를 삼아서라도 가계를 잇는 엄격한 가계주의를 취해 왔다. 전통사회에서의 아동복지 문제는 고아였는데, 이들은 자연재해로 인한 흉년이 되면, 구걸하며 부랑아가 되었고 생존까지 위협을 받았다.

① 신라

『삼국사기』에 의하면, 신라 제2대 남선왕 시기에 백성들이 기근으로 인한 굶주림을 당할 때 국고를 열어 이들을 구휼했다는 기록이 있고, 신라 제3대 유리왕 때 환과고독노병(늙고 아내가 없는 사람, 늙고 남편이 없는 사람, 어리고 부모가 없는 아이, 늙고 자식이 없는 사람) 등을 조사하여 무료로 급식과 양육을 왕명으로 하였다.

② 고려

고려시대의 사회제도가 신분 차별이 있는 계급사회였기 때문에 고아를 자기 가정의 노비로 삼는 경우도 있었고, 고아를 민가에서 수양을 빙자하여 인신매매, 유괴, 약

6) 윤매자 외(2017). 아동복지론(제3판). 양서원. pp.106~110. 인용 및 재구성.

탈 등을 일삼는 폐단도 없지 않았다. 그러나 사원과 민가에서 병란과 흉년 등으로 인하여 떠돌아다니고 구걸하는 아동, 버려진 아동, 빈민가의 아동 등을 수용・양육하여 승려 또는 사역승으로 양성하는 일이 성행하였다(성영혜 외, 2001). 제6대 성종 13년에는 왕명에 의해 돌봐 줄 친족이 없고 나이 어린 고아는 10세까지는 관에서 수용하되, 10세가 지나면 본인의 희망에 따라 거주토록 하였는데, 이것이 우리나라에 있어서 고아를 대상으로 한 수용보호사업의 시초라고 볼 수 있다(주정일 외, 2003).

③ 조선

제18대 현종 2년에 한성각부의 유아기에 대한 관부의 허가제에 의한 민간수양시설이 설치되었다.

제22대 정조 7년에 「자휼전칙(字恤典則)」이라는 법령을 제정하고, 「유기 및 부랑걸식아동 보호법」을 공포하였다. 이 법령의 내용을 보면 서울과 지방에서 흉년이 들어 기근이 심한 해에 유기를 당하여 보호될 곳이 없는 불쌍한 아동, 특히 의식주를 스스로 해결할 수 없는 능력이 없는 아동, 사방을 떠돌아다니는 부랑아들을 관가에 유양(留養) 또는 민가에 수양(收養)하도록 허가하는 것이었다다(구자헌, 1969).

④ 조선 말과 일제시대

조선시대에는 관에서 수용・보호해야 할 아동이 증가하였는데, 특히 유기 또는 부랑하는 아동의 생명을 절대적으로 보호하기 위하여 국가에서 수용보호하거나 또는 민가에서 수양하여 양자녀 또는 노비로 삼는 것을 그 정황에 따라서 허가하는 것을 근본 취지로 삼았다.

조선 제22대 임금인 정조는 통치 7년(서기 1783)에 수양임시사목과 동사목을 집대성하여 「자휼전칙」이라는 법령을 제정 및 공포하여 부모나 친족 또는 적당한 보호자가 없는 무의탁아동을 관에서 수용・보호하도록 하고, 만일 수용・보호 중에 부모나 친척이 나타나 양육을 희망하는 경우에는 가정으로 귀가시키되 아동을 제대로 양육하지 못하고 걸식이나 유기를 할 경우에는 다시 관에서 수용·보호하고 가정 내로 영구히 되돌려 보내지 않을 것을 명문화하였다.

(2) 절대적 빈곤의 아동복지

사회 구호적 차원의 아동복지사업으로 1945~1960년대의 아동복지 정책은 아동의 생존을 위한 의식주의 기본적인 욕구를 충족시켜 주는 물질적 자원의 분배에 치중하였으며, 한국전쟁으로 가족을 잃은 요보호아동들을 대상으로 최소한의 가정생활을 영위할 수 있도록 시설수용을 제공하는 복지정책이 주를 이루었다. 이 시기에 아동복지 정책의 대부분을 이루었던 시설수용은 1946년에 제정된 후생국보 3호를 시작으로 이재민, 피난민, 고아 등에 관한 응급 처치와 임시 구호가 본격화되었으며, 1950년의 후생시설 설치 구호령을 통하여 아동복지시설의 최소 기준이 제정되었다.

(3) 잔여적 아동복지

5·16군사정변으로 집권한 박정희 정권 시기는 사회복지의 측면에서 볼 때, 근대적 성격의 사회복지가 시작된 시기로 각종 복지 관련법들이 제정되면서 사회복지의 기본 구조를 형성하기 시작하게 된다. 1961년 「생활보호법」, 「아동복리법」, 「고아입양특례법」, 1963년 「사회보장에 관한 법률」, 「아동복지법 시행규칙」, 「보호시설에 있는 고아의 후견직무에 관한 법률 시행령」, 「산업재해보상보험법」, 1967년 「고아입양특례법 시행령」, 1970년 「사회복지사업법」, 1976년 「입양특례법」 등 법을 제정하여 사회복지의 기초를 성립하게 되었다. 그러나 이러한 법률의 제정 배경에는 당시 군사쿠데타로 집권한 정부의 정당성을 인정받으려는 의도가 담겨 있어 복지 자체가 목적이기보다는 정권의 유지를 위한 수단이었다(송주미, 2006).

(4) 보편적 아동복지

1980년 5월 광주민주화운동을 무력으로 진압한 군사쿠데타는 정권의 정통성 수립에 열을 올리게 되었는데, 이에 이 시기의 정권의 정당성 확보를 위한 수단으로 사회복지 관련법들의 제정과 개정이 활발하게 이루어졌다. 예를 들면, 1981년「아동복지법」제정, 1982년「유아교육진흥법」제정과「생활보호법」개정, 1987년「청소년육성법」,「남·녀고용평등법」제정, 1989년「장애인복지법」전부 개정, 1991년「영유아보육법」제정, 1994년「영유아보육법」개정,「아동복지법 시행령」개정 등이 그것이다.

1990년대는 우리나라가 경제선진국으로 도입을 갖춘 시기일 뿐만 아니라, 아동복지의 측면에서는 1990년 국제연합에서 천명한 아동의 기본적인 권리를 충족시켜 주기 위한「유엔아동권리협약」에 가입함으로써 우리나라 아동복지의 내용과 기준이 범세계적인 규약을 충족시켜 주기 위한 준비를 갖추게 되었다. 또한 이 시기는 아동복지의 영역과 내용이 다양화·세분화된 시기이기도 하다.

(5) 2000년 이후의 아동복지

2000년은「아동복지법」이 개정되어 학대아동에 관한 법적 조치가 강구되어 2001년에는 아동보호전문기관 17개소가 설치되고 처벌조항이 강화되었으며, 전국 규모의 아동보호서비스체계가 구축되었다. 2000년 한해 발생한 아동에 대한 보호를 살펴보면, 시설보호, 위탁보호, 입양 순으로 시설보호가 차지하는 비율이 높았다. 2004년에는 민간 주도의 빈곤아동지원사업인 위스타트(We Start)가 시작되었다.

2004년「영유아보육법」이 전면 개정되어 우리나라 기혼 여성들의 일과 가정을 양립하며 양육의무를 수행하기에 어려운 현실 때문에 출산을 기피하고, 이에 따라 한국사회는 저출산·고령화 사회로 진입하면서, 보육사업의 기능과 중요성에 대한 인식이 확산되면서 보육의 공적 책임을 실감하지 않을 수 없게 되었다. 그 일환으로 보육서비스의 질적 향상 및 다양화, 공적 책임을 인식하고, 2012년 3월부터 5세아 누리과정 무상보육과 교육이 실시되었고, 2013년 3월부터는 3세, 4세 누리과정도 시행되어 2013년부터 0~5세 무상보육이 실시되고 있다. 또한, 외국인 근로자와 결혼이민자, 북한 이주민의 이주가 증가하면서 이들 '다문화가정' 자녀의 아동복지서비스에 대한 관심이 고조되어 있다. 특히, 결혼이민자 가족의 학령기 자녀의 수가 증가함에 학교에서의 다문화교육과 학습 지원, 부모 역할 지원, 이중 언어 역량 개발 등의 지원이 시급하므로 그 대책이 요구되고 있다(김성경 외, 2009).

또한 우리나라에서 아동 수당 제도를 2018년 9월부터 시행하고 있으며, 이유는 아동을 양육하는 데 드는 경제적인 부담을 나누고, 건강하게 성장할 수 있는 환경을 조성하여 아동의 기존 권리와 복지를 증진하기 위함이다. 내용은 2018년 9월 1일부터 만 6세 미만의 일부 아동(소득 및 재산 기준하위 90%), 2019년 1월1일부터 만 6세 미만의 모든 아동(1월부터 수급 4월 시행), 2019년 9월 1일부터 만 7세 미만의 모든 아동으로 아동 수당 개정으로 대상이 확대되었다. 매달 25일마다 아동 1명당 10만 원씩, 기본적으로는 현금 지급이 원칙이며 아동이나 그 보호자의 계좌로 입금해주는데, 해당 시·군·구 조례에 따라 고향사랑 상품권 등으로 주기도 한다. 이때, 학대로 아동이 사망했거나 유기 및 허위 출생신고한 후에 아동 수당 지급을 받는 등의 상황에는 이미 지급했던 아동 수당 액에 이자를 더해 환수한다.

이상으로 우리나라 아동복지 변천과정을 정리해 보면, 「아동복지법」을 비롯하여 다양한 관련법안의 제정과 변화의 시도에서 불구하고, 실제 아동복지는 여전히 요보호아동의 문제에 대응하는 사후적이고 잔여적인 성격의 사업으로 이루어지고 있기 때문에, 그 성과에 쉽게 동의를 얻지 못하고 있다. 이에 국가는 아동복지에 대한 인식의 전환과 요보호아동에 국한되지 않고, 보편적이고 포괄적인 아동복지정책을 국민들이 체감할 수 있도록 해야 한다.

[생각해 보기]

1. 우리나라의 '아동복지가 발달되었다.'라는 것을 확신할 수 있는 사례를 아동복지 세부 분야에서 알아봅시다.

2. 우리나라의 '아동복지가 퇴보하였다.'라는 것을 확신할 수 있는 사례를 아동복지 세부 분야에서 알아봅시다.

3. 최근에 실시하고 있는 아동 수당제도의 장점에 대해 말해 봅시다.

03

아동권리와 복지 관련 법률과 행정

아동권리는 아동복지 이념을 뜻하는 것으로 아동을 어떻게 보고, 어떻게 이해하느냐 하는 그 시대, 그 사회의 아동관과 밀접한 관계가 있다. 따라서 아동권리를 위한 정책은 각 국가의 사회적 상황에 따라 다양한 가치체계와 목표를 가지고 있다. 아동권리와 복지 관련 정책은 법률과 정책이라는 형식으로 표현되며, 법적 규정에 의해 구체적인 아동권리를 위한 아동복지가 실시된다. 이 장에서는 모든 아동을 대상으로 한 아동복지의 이념으로 아동권리와 복지관련 법률과 정책에 따라 아동권리를 존중하는 아동복지 조직과 행정이 어떻게 형성되는지, 이 조직과 행정을 통해 아동복지제도로서 어떻게 체계화되어 실시되고 있는지를 살펴보고자 한다.

children's right & welfare | chapter 04

아동권리와 복지 관련 법률과 정책

세계 각국에서 아동에 관한 과학적인 연구와 장애아를 비롯하여 모든 아동에 대한 관심이 고조되고 아동의 복지이념을 달성하고자 시행된 1909년 미국의 제1차 백악관 회의, 1992년 독일의 「아동법」 제정 및 제네바 아동복리회 설립, 1924년 국제연맹의 제네바선언, 1959년 아동권리선언, 1989년 「유엔아동권리협약」 채택 등은 아동복지 이념의 발전과정이자 곧 아동권리의 발전과정이다. 이 장에서는 아동권리와 복지이념의 발전과정을 살펴보고, 「아동복지법」에 따른 정책에 대해 구체적으로 알아본다.

1. 아동권리와 복지 관련 법률

아동권리와 복지관련 법체계는 직접적으로는 아동을 대상으로, 간접적으로는 아동이 포함된 가족이나 기타 아동과 관련된 권리를 대상으로 제정되어 아동의 행복한 삶을 조장하고 있다.

과거의 아동관으로부터 산업화 이후 과학적 접근을 통하여 아동을 심리・발달적 욕구 및 인간의 존엄성을 지닌 독립된 인격체로 인식하게 된 계기는 루소(Rousseau)의 교육소설인 『에밀』을 통해서 이다. 이에 따라 아동중심사상이 발전하였고, 아동은 어른과 다른 발달적 욕구를 가진 존재로서 그들 나름의 독자적인 존재임을 주장하게 되었다. 아동복지는 아동을 둘러싸고 있는 환경과 상황을 법률로써 정하여 행복한 삶을 보장하기 위한 것이다. 대표적인 법은 「아동복지법」이다. 다음은 아동권리의 발전 과정 중에서 국제적인 '아동의 권리'의 선포 및 채택과정을 중심으로 한성심 외(2014)의 내용을 정리하고, 아동복지 정책과 관련법은 윤매자 외(2017)의 내용을 중점으로 살펴보기로 한다.

1) 아동권리 관련 선언 및 협약

스웨덴의 엘렌 케이(Ellen Key)는 『아동의 세기』(1900)라는 책을 발간하여 '20세기는 아동의 세기'라고 하면서 아동의 인권과 권리, 복지관 사상을 강조하였다.

(1) 아동복리회의 아동권리선언(1922년)

영국의 사회개혁자인 에글렌타인 젭(Eglantyne Jebb)은 1920년 제네바에 국제적인 아동복리회(The Intemational Save the Children)를 설립하여, 1922년 5개 조로 된 아동권리선언(Declaration Save the Child)을 선포하였다. 이것은 세계 최초로 선언된 '세계아동헌장'이기도 하다. 이는 모든 아동이 신체적, 심리적, 정신적 행복을 위해 필요한 요소를 부여받아야 함을 세계를 향해 제시한 바 있다.

(2) 아동권리에 관한 제네바선언(1924년)

아동복리회의 아동권리선언의 영향이 국제적으로 파급되어 이를 기초로 하여 1924년 국제연맹(League of Nations)은 '아동권리에 관한 제네바선언'을 채택하였다. 이는

'아동의 신체적 · 정신적인 정상발달을 위해 모든 수단을 강구해야 하고, 굶주린 아동에게 먹을 것을 제공하고, 아동이 위기에 직면했을 때 최우선적으로 구해야 한다'는 5개 항으로 구성되었다.

1948년 이 제네바선언은 '인종, 국적, 종교적 신조를 초월하여 보호되어야 하며, 사회보장의 혜택 및 모든 형태의 착취로부터 보호' 등을 추가하여 7개 항으로 개정되었다.

(3) 유엔 아동권리선언(1959년)

1959년 11월20일, '아동권리에 관한 제네바선언'을 기초로 하여 14차 총회에서 채택되었다. 국제연합(United Nations: UN)은 10개 조로 된 '유엔 아동권리선언'을 선포하였고, 이 선언은 법적 구속력은 없으나 전 세계 각국 아동의 권리보장과 이를 위한 각 국가의 각성과 노력에 영향을 미치게 되었다. 주요 내용은 아동 모두가 행복한 생활을 하며, 자신과 사회의 복지를 위해서 다음과 같은 권리와 자유를 누릴 수 있어야 함을 요청하고 있다. 전문(前文) 및 10개 조로 구성되어 있는 내용을 살펴보면 다음과 같다.

제1조는 인종, 종교, 출생 또는 성별로 인한 차별을 받지 않을 권리
제2조는 신체적, 정신적, 도덕적, 영적 및 사회적으로 발달하기 위한 기회를 가질 권리
제3조는 이름과 국적을 가질 권리
제4조는 적절한 영양, 주거, 의료 등의 혜택을 누릴 권리
제5조는 심신장애 아동은 특별한 치료와 교육 및 보살핌을 받을 권리
제6조는 애정과 도덕적 물질적 보장이 있는 환경 아래서 양육될 권리
제7조는 의무교육을 받을 권리, 놀이와 여가 시간을 가질 권리
제8조는 전쟁이나 재난으로부터 제일 먼저 보호받고 구조될 권리
제9조는 학대, 방임, 착취로부터 보호받을 권리

제10조는 인간 상호 간 우정, 평화 및 형제애 정신으로 양육될 권리

⑷ 「유엔아동권리협약」(1989년)

「유엔아동권리협약」은 1989년 11월 20일 국제연합 총회에서 만장일치로 채택되었다. 아동의 권리 보호만을 목적으로 한 국제사회의 조약인 본 협약은 1979년 이래 국제연합에서 진행된 10년 노력의 결실로 아동권리에 관하여 대단히 포괄적인 내용을 갖고 있다.

이 협약은 1990년 9월 2일 세계 20개국 이상의 비준을 받아 국제법의 효력을 갖게 되었으며, 인류사상 가장 많은 국가가 비준한 국제협약이 되었다. 2018년 현재 196개국의 국가가 비준하였다(월드비전, 2020). 협약은 누구나 공감할 수 있는 내용으로 이루어진 한편, 누가 보아도 긴요한 요구를 담고 있기 때문이라 여겨진다. 협약내용의 실천 감시를 위하여 10명의 전문가를 구성된 아동권리위원회가 구성되어 있다. 우리나라는 1990년 9월 25일 아동의 권리에 관한 국제협약에 서명하고 1991년 11월 20일 이를 비준함으로써 협약당사국이 되었다. 협약의 이행상황을 처음 비준한 이후 2년 뒤, 그 후에는 5년마다 유엔아동권리위원회에 보고해야 한다.

아동권리협약(CRC)은 전문과 54조의 본문으로 구성되어 있으며, 본문은 3부 54조로 구성되어 있다. 구체적으로 전문(前文 Preamble), 실질적 규정(Substantive Provisions)인 제1부(제1조 - 제41조), 이행(Implementation and Monitoring)에 관한 제2부(제42조~제45조), 그리고 부칙에 해당되는 제3부(제46조~제54)로 구성되어 있다(안동현, 1999).

아동권리협약이 갖는 주요 특징은 협약의 3대 원칙으로 알려진 차별 금지(제2조), 아동 최선의 이익(제3조), 참여권 보장(제12조, 제13조)에서 잘 드러나 있다.

협약 제2조 무차별의 원칙은 모든 권리가 예외 없이 모든 아동에게 적용된다는 원리로서 국가는 어떤 차별의 형태에서든 아동을 보호할 책임이 있다는 내용이다(Alston, 1992; Doek, 2003; Hodgkin & Newell, 1998). 그리고 제3조 최선의 이익은 아동과 관련된 모든 행위는 최선의 이익을 완전히 추구하는 것이어야 한다는 내용을 담고 있

다. 국가, 부모, 그리고 모든 관계자는 어떤 활동이든지 그것이 최선의 이익이 되도록 조치를 취할 이행 의무가 있다(김정래, 1999). 아동 최선의 이익은 아동 자신의 판단에 따른 이익이어야 하며, 아동의 이익 추구에 있어서 아동의 흥미와 동기가 존중되어야 한다(한지숙・홍은주, 1998). 또한 참여의 원칙은 아동권리협약 제12조인 의사표현권과 제13조 의사표현의 자유에 관한 조항으로 규정하고 있다. 참여권 보장은 아동에게 영향을 줄 수 있는 모든 문제에 대해 자유롭게 표현할 수 있는 권리가 있다는 내용이다(Hodgkin & Newell, 2002). 이 조항은 아동 최선의 이익 원칙의 실천을 위한 전제조항이자 이를 정당화하기 위한 조항이다. 이는 아동이 자기 의견을 제시할 수 있는 주체적 존재이므로 아동의 목소리에 귀를 기울여야 한다고 언급하고 있다.

2) 아동복지 관련 법률

아동복지관련법은 아동복지를 보장하기 위한 사회적 책임을 명문화한 것으로서, 아동복지사업 실시의 근거가 된다.[7)]

(1)「아동복지법」

①「아동복지법」의 개념

「아동복지법」은 아동의 복지증진을 위한 여러 정책을 수립하고 집행하는 데에, 법적 근거가 되는 것으로 아동복지의 근간이 된다. 이 법은 1961년 12월「아동복리법」으로 제정・공포되었다가, 1981년 4월 법률 제3438호로 전면 개정되면서「아동복지법」으로 개칭되었고, 2000년 1월 12일 법률 제6151호로 다시 전부 개정되었다.「아동복지법」은 18세 미만의 아동이 건강하게 출생하여 행복하고 안전하게 자라나도록 그 복지를 보장함을 목적으로 하며, 적용 대상은 18세 미만의 아동, 임신 중에 있거나

7) 윤매자 외(2017). 아동복지론. 양서원. pp.122~127. 발췌 및 재구성.

출산 6개월 이내의 임산부가 포함된다.

② 「아동복지법」의 내용

「아동복지법」은 전문 43조와 부칙으로 되어 있다. 주요 내용은 아동복지의 대상과 책임, 아동에 관한 금지행위, 아동복지위원회와 아동상담소를 비롯한 아동복지시설의 설치와 운영, 각종 단체의 육성, 아동복지기관에 대한 국가의 비용 보조 등에 관한 사항이며, 구체적인 내용은 다음과 같다.

첫째, 아동은 자신 또는 부모의 성별과 연령, 종교, 사회적 신분, 재산, 장애 유무, 출생지역 등에 따른 어떠한 종류의 차별도 받아서는 안 되며, 안정된 가정환경에서 행복하게 자라나야 한다. 또한 아동과 관련된 모든 활동에서 아동의 이익이 최우선적으로 고려되어야 한다.

둘째, 아동의 보호자는 아동의 성장과 발달에 적합하도록 건강하고 안전하게 양육해야 하며, 모든 국민은 아동의 권익과 안전을 존중해야 한다. 국가와 지방자치단체는 아동의 건강과 복지증진을 위한 시책을 실행해야 한다.

셋째, 시·군·구에 아동 위원과 아동복지지도원을 둔다. 국가는 아동복지시설과 아동 용품에 대한 안전기준을 설정해야 한다.

넷째, 아동복지시설의 종류는 아동양육시설, 아동일시보호시설, 아동보호치료시설, 아동복지관 등으로 하고, 이러한 아동복지시설에는 필요한 전문 인력을 배치해야 한다.

(2) 아동복지 관련법의 체계

일반적으로 아동복지관련법은 아동만을 대상으로 하는 법, 아동이 그 대상으로서 포함되는 법과 아동복지를 지원해 주기 위한 행정 및 조직에 관한 법으로 나눌 수 있으며 법, 시행령, 시행규칙, 조례의 형식으로 제정되어 있다. 현재 우리나라의 아동복지관련법은 〈표 4-1〉과 같다.

〈표 4-1〉 아동복지관련법의 분류

분류	법명
아동복지 일반법	「아동복지법」, 「청소년기본법」
빈곤아동 및 가정보호 한부모아동	「사회복지사업법」, 「국민기초생활보장법」, 「한부모가족지원법」, 「보호시설에 있는 미성년자의 후견직무에 관한 법률」, 「입양특례법」
사회보험	「국민연금법」, 「국민건강보험법」
아동건강	「모자보건법」, 「지역보건법」, 「학교보건법」, 「학교급식법」
근로종사아동	「근로기준법」
아동교육 및 보호	「교육기본법」, 「유아교육법」, 「영유아보육법」
비행아동 및 우범아동	「소년법」, 「보호소년 등의 처우에 관한 법률」, 「보호관찰 등에 관한 법률」
아동 건전 육성 및 보호	「청소년활동지원법」, 「청소년보호법」, 「청소년의 성보호에 관한 법률」, 「성폭력범죄의 피해자보호 등에 관한 법률」, 「특정 범죄자에 대한 위치추적 전자장치 부착 등에 관한 법률」, 「가정폭력방지 및 피해자보호 등에 관한 법률」

출처: 법제처(2020). www.moleg.go.kr.

(3) 「영유아보육법」

① 「영유아보육법」의 발달과정

우리나라는 산업화・도시화에 따라 핵가족화 현상과 여성의 사회참여 비율이 증가하고 있다. 특히, 기혼여성의 취업률 증가로 가정에서의 자녀 양육 기능이 약화되고 있으며, 이에 따라 영유아의 보호와 교육이 사회적 관심의 대상이 되고 있다. 우리나라 보육사업은 1921년 태화사회관에서 처음으로 시작되었다. 해방 후 6.25전쟁 전후에는 보육사업이 구호, 보호적인 형태를 지녔고, 1961년에는 「아동복리법」이 제정・공포되어 제도화되었다. 그 후 1982년 「유아교육진흥법」을 제정・공포하였고, 다시 이 법으로는 보육 욕구에 대한 수용이 미흡하여 1991년 「영유아보육법」이 독립적으로 제정 실시되었다. 따라서 보육사업이 종전 단순한 탁아 기능에서 보호와 교육을 통합한 보육으로 확대 실시됨으로써 아동에 대한 교육, 영양, 건강, 안전 등 보호와 교육뿐만 아니라 부모에 대한 서비스와 지역사회와의 교류까지 포괄하는 종합서비스를 제공하였다. 이후 2004~2018년까지 사회 변화와 함께 자녀 양육과 교육의 새로운 패러다임의 변화로 인해 여러 번의 개정을 통해 영유아가 사회구성원으로 성장될 수 있도록 보육환경과 보육서비스의 질을 높였다.

② 「영유아보육법」의 목적

「영유아보육법」은 영유아의 심신을 보호하고 건전하게 교육하여 건강한 사회 구성원으로 육성함과 아울러 보호자의 경제적, 사회적 활동을 원활하게 이루어지도록함으로써 영유아 및 가정의 복지증진에 이바지함을 목적으로 한다. 또한 「영유아보육법」에서의 영유아는 6세 미만의 취학 전 아동을 의미하고, 어린이집은 보호자의 위탁을 받아 영유아를 보육하는 곳을 의미한다. 여기에서 보호자는 친권자, 후견인 또는 기타 영유아를 현재 보호하고 있는 자를 말하고, 보육교직원은 어린이집에서 영유아의 보육, 건강관리와 보호자와의 상담, 기타 업무를 담당하는 자를 말한다.

(4) 「한부모가족지원법」

한부모가정의 경우 모자가정과 부자가정이 빠르게 증가하고 있어, 1989년 제정된 「모자복지법」이 2003년 「모・부자복지법」으로 개정되었다. 이는 다시 2007년 「한부모가족지원법」으로 개정되어 2008년부터 시행되고 있다.

개정된 「한부모가족지원법」은 기존의 한부모가정에 부모의 사망이나 정신적・신체적 장애 등을 이유로 조부 또는 조모와 함께 살고 있는 가정을 포함시키고, 현재 학교에 취학하고 있는 아동은 18세 미만에서 22세 미만으로 확대하여 계속 지원을 받을 수 있으며, 고용 촉진을 위해 부모의 취업 지원사업을 추진하는 내용을 포함하였다.

〈표 4-2〉 저소득 한부모가정 급여 내용

구분	지원조건	지원내용
아동양육비	저소득 한부모가족의 만 18세 미만 아동	자녀 1인당 월 20만 원 (연간 240만 원)
추가 아동양육비	저소득 조손가족 및 만 25세 이상 미혼 한부모가족의 만 5세 이하의 아동 (다만, 만 24세 이하 미혼 한부모의 경우, 청소년 한부모로써 연간 420만 원의 아동양육비를 지원하므로 제외)	만 5세이하 자녀 1인당 월 5만 원
중 · 고등학생 학용품비	저소득 한부모가족의 중학생 및 고등학생 자녀	자녀 1인당 연 5.41만 원
생계비 (생활보조금)	한부모가족복지시설에 입소한 저소득 한부모가구	가구당 월 5만 원

출처: 여성가족부(2019a). 저소득 한부모가족 및 조손가족 복지급여(청소년 가족정책실 가족지원과).

① 「한부모가족지원법」의 내용

「한부모가족지원법」에 따라 정부는 이들 가정에게 생계비, 아동교육지원비, 직업 훈련비 및 훈련기간 중 생계비, 아동 양육비 등의 복지급여 지원과 아동의 양육, 교육서비스, 장애인, 노인 만성질환자 등의 부양서비스, 취사, 청소 세탁 등 가사서비스, 교육상담 등 가족관계 증진서비스 등의 가족지원을 하고 있다.

「한부모가족지원법」에서는 아동과 청소년에 대한 지원을 따로 두지 않고 가정에 대한 양육 및 교육비 지원에 그치고 있다. 한부모가정의 아동에 대한 교육이나 상담 등의 지원은 대부분 한부모가정지원센터를 중심으로 이루어지고 있다.

② 「한부모가족지원법」의 한계

아동교육비 지원의 경우 입학금과 수업료 등의 면제에만 그치고 있어 사교육비의 부담을 덜어 주지 못한다는 문제점이 있고, 아동양육비 지원의 경우에도 5세 이하 아동에게 월 5만 원이 지급되는 것에 그치고 있어 한부모가정의 아동에 대한 지원이 턱없이 부족한 실정이다. 또한 현행법에서 한부모가정 복지시설(모 · 부자보호시설)에 대한 지원정책은 있지만 한부모가족지원센터에 대한 지원은 간과되어 있다. 「한부모가족지원법」은 2019년 6월, 일부개정을 통해 국가와 지방단체는 미혼모・부와 그 자녀가 건강하게 생활할 수 있도록 산전, 분만, 산후관리 및 질병을 예방하고 상담, 치료, 영양, 건강에 관한 교육 등 건강관리를 위한 지원을 할 수 있도록 하였다(제17조의6, 제1항 신설). 또한 국가와 지방자치단체는 기본생활지원형 미혼모자가족복지시설에 입소한 미혼모 등의 신청이 있는 경우에는 미혼모 등의 본인 및 함께 생활하는 자녀에 대한 의료비를 추가적으로 지원할 수 있도록 하였다(제17조의6, 제2항 신설).

(5) 「청소년기본법」

① 「청소년기본법」의 정의와 이념

「청소년기본법」은 청소년의 권리와 책임 가정, 사회, 국가와 지방자치단체의 청소년에 대한 책임을 정하고, 청소년 육성 정책에 관한 기본적인 사항을 규정한 법으로서, 대상은 9세 이상 24세 이하의 청소년이다. 이 법은 1991년 12월 31일 법률 제4477호로 제정되었고, 그 후 1999년, 2001년, 2011년 전문개정, 2015년, 2018년 총괄개정 및 조정하여 「청소년기본법」시행령이 일부 개정되었다. 「청소년기본법」의 기본이념은 청소년이 사회구성원으로서 정당하게 대우받고 권익을 보장받으며, 스스로 생각하고 자유롭게 활동할 수 있도록 함과 동시에 미래사회의 주역으로서 국가와 사회가 필요로 하는 건전한 민주시민으로 자랄 수 있도록 하는 것이다(「청소년기본법」 시행령, 2018).

② 「청소년기본법」의 내용

「청소년기본법」은 청소년 육성 정책, 청소년수련활동 지원, 청소년수련시설과 지역, 청소년복지, 청소년상담원 등을 주요 내용으로 한다. 「청소년기본법」은 2001년 개정되었는데, 개정된 「청소년기본법」에는 청소년기본계획을 청소년 육성 5개년 계획으로 대체하여 법적근거를 마련하는 것을 기본 내용으로 하고 있다. 구체적으로는 청소년지도사 및 상담사의 전문성과 자질이 향상되도록 자격 연수를 의무화하며, 청소년수련시설에서 사고가 발생할 경우 시설 이용자에게 적절한 피해배상이 성립되도록 수련시설 운영자에 대하여 손해보험 가입을 의무화하고, 사회적 문제 대상인 가출청소년을 임시 보호하고 선도하기 위한 청소년쉼터를 설치, 운영하여 한국청소년상담원의 특별법인 설립 등기를 위한 규정을 신설하는 것 등의 조항을 포함하고 있다.

③ **청소년지도사의 자질**

「청소년기본법」 제18조에 의하면, 첫째, 국가와 지방자치단체는 청소년업무를 담당하는 소속 공무원이 청소년업무에 관한 자질을 갖추도록 하여야 한다. 둘째, 여성가족부장관은 동법 제20조에 따라 청소년지도자의 자질과 전문성을 향상시키기 위하여 청소년 관련 단체·기관 및 대학 등에서 운영하는 청소년지도자 연수과정의 경비 일부를 지원할 수 있다. 셋째, 제2항에 따른 경비의 지원은 연수시간이 40시간 이상인 연수과정을 대상으로 한다. 넷째, 제3항에서 규정한 사항 외에 제2항에 따른 경비의 지원에 필요한 사항은 여성가족부령으로 정한다(전문개정, 2011). 또한 청소년지도사의 등급은 법 제21조에 따른 청소년지도사(이하 "청소년지도사"라 한다)의 등급은 1급, 2급, 3급으로 구분한다.

2. 아동권리와 복지 관련 정책과 내용

아동을 위한 정책은 각 국가의 사회적 상황에 따라 다양한 가치체계와 목표를 가지고 있다. 아동복지 정책은 「아동복지법」 및 아동복지관계법이라는 형식으로 표현되며, 법적 규정에 의해 구체적인 아동복지가 실시된다. 구체적 내용을 살펴보면 다음과 같다[8)]

8) 윤매자 외(2017). 아동복지론. 양서원. pp.111~117. 발췌.

1) 아동복지 정책의 개념과 분석

(1) 아동복지 정책의 개념

아동 문제의 해결은 가족만으로는 해결이 어렵기 때문에 국가의 정책적 고려가 요구된다고 하겠다. 여기서 고려해야 할 중요한 사항은 정책이 가족구성원에서 분리한 개별아동을 중심으로 이루어지는 것인지, 아니면 아동을 포함한 가족 단위를 중심으로 이루어지는 것인지에 대한 것인데, 양자를 모두 포함한 것으로 보아야 할 것이다. 따라서 아동복지 정책은 아동 및 그 가족의 복지를 위하여 국가가 행하는 사회복지 정책의 하위 개념이라고 볼 수 있다.

(2) 아동복지 정책의 분석

일반적인 사회복지 정책의 분석 방법은 과정(process), 산물(product), 이행(performance)에 대한 연구로 요약된다. 여기서 과정 연구는 사회정치학적, 기술 방법론적 변수와 관련된 정책 형성의 역동성에 초점을 두며, 산물 연구는 정책 선택 이슈에 초점을 두며, 이행 연구는 정책 선택의 프로그램의 결과를 기술, 평가하는 것과 관련하여 프로그램이 얼마나 잘 수행되느냐? 프로그램의 영향은 무엇이냐? 등 두 가지 면을 분석하는 데 초점을 둔다(Gilbert, N. & Terrel, P., 1998). 그러나 일반적으로 국가에서 행해지는 아동복지 정책의 수행 목적이 아동뿐만 아니라 그 가족 전체의 복지를 증진시키는 데 있으므로, 분석 기준은 첫째, 아동복지 정책이 가족 단위에 어떻게 영향을 주며, 둘째, 아동복지 정책 프로그램이 얼마나 가족 전체의 복지를 위해 잘 수행되는가에 초점을 두기 때문에, 이행 연구의 성격을 갖는 경우가 많다.

한편, 아동복지 정책은 정책 수립이나 집행을 할 때, 다음과 같은 몇 가지 점에서 균형을 고려하지 않으면 안 된다(Pecora, P. & Whittaker, J., 1992).

첫째, 아동 개인의 보호 측면과 전체 가족의 유지 측면의 균형 문제이다.

둘째, 아동복지 정책의 대상이나 중점 프로그램을 선정하는 과정에서 보편주의와 선별주의의 균형 문제이다. 여기서 보편주의란 정책의 모든 대상이 자신의 요구와 관계없이 무차별적으로 주어지는 것으로 보편적인 성격을 갖는다. 반면에 선별주의란 도움을 요청하는 경우에 한하여 가장 조속한 시일 내에 자립할 수 있는 방향으로 시행하는 것을 목적으로 하는데 그 성격은 치료적이며, 종별적(categorical)이며, 열등처우(less eligibility)의 원칙을 바탕으로 한다.

셋째, 재가(in-home) 가족중심 프로그램과 가족 외부(out-of-home)의 가족 대체 프로그램과의 균형 문제이다.

넷째, 전문주의(professional) 개입 대 일반주의(lay contributions) 개입의 균형 문제이다.

다섯째, 예방 대 치료의 균형 문제이다.

여섯째, 단기 비용과 장기 수익의 균형 문제이다. 아동에 대한 투자는 즉시 그 결과가 나타나기보다는 시간이 어느 정도 흐른 후에야 나타나는 것이 대부분이다.

2) 아동복지 정책의 내용

(1) 정책의 목표

원래 아동을 위한 건전한 육성정책은 아동 자신, 부모와 가족, 사회 등 삼자 간 각각의 권리와 책임의 확립에 기반을 두고 있어야 함이 원칙이다. 즉, 아동 자신은 하나의 인간으로서 부모와는 상관없이 독자적 권리를 지니고 태어났다는 사실과 보호와 지도를 받아야 하는 아직 미성숙한 인간이라는 점에서 독자적 권리를 갖고 있음과 동시에 성인과 사회의 기대에 부응해야 하는 책임도 갖고 있다. 아울러 부모와 가족, 사회도 아동복지를 위해 권리와 책임을 지게 되는데, 특히 아동들을 위해 국가가 해야 할 일은 무엇보다도 부모 - 자녀에 개입하는 일이다(Costin, L., & Downs, S., 1991). 따라서 바람직한 아동복지 정책의 목표는 가족 단위를 고려하는 가족정책과 관련하여 정책 목표를 명시적으로 갖추어 가는 일이라 하겠다.

구체적으로 살펴보면 다음과 같다.

첫째, 아동복지 정책의 책임은 아동 자신, 가족, 지역사회, 국가 모두에게 있지만, 이 중에서도 국가의 책임이 우선되기 때문에 국가의 전반적인 정책과 관련하여 정책의 목표가 검토되어야 하며, 여타 사회정책 특히 가족정책과 연관하여 검토되어야 한다.

둘째, 아동복지 정책의 목표는 무엇보다 아동을 정책 수혜자로만 볼 것이 아니라 아동을 주체로 사고하며, 정책 프로그램에 동원이 아닌 자발적이고 능동적인 참여를 유도할 수 있는 방향으로 추진되어야 한다.

셋째, 중・장기 목표는 문제아동 발생을 막기 위한 예방사업에 두고, 단기 목표는 문제아동의 문제 해결과 사회 복귀에 둔다. 따라서 예방을 위해서는 무엇보다도 가족정책의 수립이 필요하다.

(2) 정책 프로그램

대표적인 아동복지 정책 프로그램으로 소득 보장, 의료 보장, 주택 보장, 교육 보장 등을 들 수 있다.

① 소득보장 프로그램

소득보장 프로그램은 전반적으로 아동을 포함한 가족 전체의 복지증진을 목표로 하고 있으며, 주요 프로그램으로서는 가족 전체에 해당하는 공공부조와 산업재해보상보험, 건강보험, 연금, 고용보험 등의 사회보험이 있고, 아동에 대해서는 아동 수당 또는 가족수당 등이 있다.

② 의료 보장 프로그램

일반적으로 의료 보장 프로그램은 건강보험과, 저소득 가정을 위한 공공부조 성격의 의료보호의 두 가지로 이루어지고 있다.

③ **주택 보장 프로그램**

주택 보장 프로그램은 자본주의 사회에서는 주택을 시장경제체제 속에서 공급하는 정책 위주로 이루어지기 때문에, 주택을 아동복지 정책 차원에서 각 가족의 주거 장소로 확보해 준다는 사회복지의 정책적 의미는 대단히 크다. 대표적인 프로그램으로는 저소득층을 위한 임대주택제도, 주택 구입, 건축을 위한 보조비 지급 프로그램, 조세 감면 프로그램 등을 들 수 있다.

④ **교육 보장 프로그램**

유아에서부터 대학에 이르기까지 모든 아동에게 무상의무교육 프로그램이 제공되는 것을 말한다.

3) 아동복지 정책의 프로그램

(1) 정책 프로그램의 대상

첫째, 아동복지 정책의 대상은 아동 모두가 대상이 되지만 이를 뒷받침하는 부모 등 가족도 포함되어 이루어져야 한다. 이때 아동은 누구나 정책의 대상이 되지만 요보호아동, 근로 및 농어촌청소년, 비행청소년 등 직접적인 문제해결을 필요로 하는 아동, 청소년에게 정책 배려의 우선순위가 주어져야 한다. 아울러 문제의 예방이란 차원에서 정책의 대상은 가정의 기능을 강화하는 방향의 통합적인 가족정책의 대상과 상호 연관 되도록 해야 한다.

둘째, 학교생활에서 신체적 · 심리적으로 원활히 참여하지 못하는 아동들을 위한 전문적인 학교사회복지제도가 마련되어야 한다. 아울러 미진학 아동을 가정에 내맡길 것이 아니라 이들의 장래와 관련하여 교육과 직업훈련 등에 대한 국가적인 종합대책 마련이 필요하다.

(2) 정책서비스의 내용

첫째, 요보호아동 가족에 대한 소득보장 수준이 상향되어야 하며, 보충급여제도가 이루어져야 한다. 또한 주택부조제도의 도입이 필요하다.

둘째, 재가 보호와 시설보호 등 양자의 비용과 수준 및 정책실시의 유의점 등에 대한 체계적인 연구를 통해 효율성과 효과성을 극대화할 수 있는 방향으로 추진되어야 한다.

셋째, 단순한 물질적 혜택이나 물리적 수용을 목적으로 하는 기관과 시설을 지양하고 아동의 다양한 욕구와 필요를 충족시킬 수 있는 수준에서 기능을 발휘하도록 전환되어야 한다. 아울러 비행, 가출, 학교중퇴자, 약물 남용, 성 문제, 자살 등 아동·청소년의 문제 유형에 따른 다양한 전문적인 프로그램을 개발하여 실시해야 한다.

넷째, 사회환경의 적절한 개선이 요구되는데, 우선 전용시설과 이용시설이 확충되어야 한다. 아울러 대중매체, 유해환경에 대한 지속적인 점검과 시민 자체 규제 능력이 발휘되도록 정책적 장치를 마련해야 한다. 예를 들어, 청소년의 경우 청소년 자신들의 대표와 부모 대표 및 각종 청소년 관련 시민단체 대표들로 구성하는 '청소년을 위한 시민회의' 등을 조직화할 수 있다.

4) 아동복지 정책의 전달체계

사회복지에서의 전달체계란 급여 또는 서비스를 효율적으로 요보호자에게 전달하기 위하여 어떠한 조직을 통하여 실천할 것인가의 전략을 선택하는 것이다. 따라서 어떠한 아동복지 정책을 잘 수행하기 위해서는 공공과 민간의 조직에 의한 효율적인 전달체계의 활동 및 그 법적인 보장, 전문가의 개입 등이 필수적임을 알 수 있다. 이러한 아동복지 정책의 전달체계는 아동복지행정 분야에서 주로 다루어진다.

일반적인 아동복지 정책의 전달체계가 갖추어야 할 점을 제시하면 다음과 같다.

첫째, 아동복지 정책의 일관성을 위한 정부부처 간의 연계 기능을 높이고 예산과 인력, 시간을 절감하여 정책 기능을 합리화해야 한다. 특히, 효율적인 아동복지서비스를 제공하기 위한 중앙정부로부터 지방 행정체계에 이르기까지 정책서비스 전달체계가 확립되어야 한다.

둘째, 정책의 공공서비스체계와 민간서비스체계의 연계를 위한 방안으로 지역사회 수준의 '아동복지종합센터'를 정부가 만들어 민간복지기관에 위탁 운영하게 한다.

셋째, 아동문제에 대한 연구와 이해가 철저히 이루어져야 하고, 아동 문제를 다루어 나갈 상담심리전문가, 사회복지사, 교육전문가 등의 전문가를 양성하는 체계가 구축되어야 하며, 이들에 대한 아동과 부모들의 접근이 용이하도록 하는 전달체계의 확립이 요구된다.

한편, 정책 형성에 관한 분석틀을 아동복지 정책의 형성과정에 적용하면 길버트와 테렐(Gilbert & Terrel, 1998)이 제시하는 분석틀을 들 수 있다. 이들은 대상체계, 급여체계, 전달체계, 재정체계의 네 가지 틀에 의한 분석틀을 제시하였다.

(1) 대상체계

대상체계는 수급 자격을 결정하는 것으로서 여기에는 보편주의와 선별주의 원칙이 제시될 수 있다. 대상의 자격을 결정하는 조건으로는 거주 여부나, 기간, 시민권, 연령 등 인구학적 조건, 근로 능력, 사회보험에의 기여 여부, 소득 · 자산조사, 전문적 · 행정적 판단 등이 있다(송근원 · 김태성, 1995).

(2) 급여체계

급여체계는 수급 자격자에게 어떤 형태의 급여를 제공할 것인지를 결정하는 것으로 기회 제공, 정책 결정 참여, 물품 제공, 물품 교환권, 현금 제공 등이 있다. 이 중 현금급여를 선택하는 기준이 되는 가치는 경제적 효용의 극대화, 소비자 주권의 보장,

인간존엄성의 유지 등이며, 현물급여는 목표 효율성의 제고, 규모의 경제 효과 활용 등이다.

(3) 전달체계

전달체계는 급여를 효율적으로 전달하기 위하여 조직적 체계를 어떤 방법으로 설계할 것인지를 결정하는 것으로서 아동복지 정책을 통하여 제공되는 재화나 서비스는 여러 영역에서 다양하기 때문에 전달체계 또한 다양하다. 전달체계의 형태로는 공공조직, 민간조직, 공공과 민간조직의 혼합 형태, 순수 민간조직이 있다.

(4) 재정체계

재정체계는 급여나 서비스의 내용을 어떤 방법으로 조달할 것인지를 결정하는 차원으로서 아동복지를 실현함에 필요한 재원을 공공재정 혹은 민간재정 등 어떤 방법으로 충당할 것이지 결정해야 한다. 아동복지에서 아동 수당이나 저소득 아동 급여는 공공재정에 의하여 충당되는 반면 가정위탁, 입양, 보육, 아동보호서비스 등은 순수 민간재정에 의하여 운영되는 경우도 있다.

[생각해 보기]

1. 「아동복지법」과 관련된 법에는 어떤 것이 있는지 생각해 봅시다.

2. 「영유아보육법」에는 어떤 내용이 담겨 있는지 생각해 봅시다.

3. 「한부모가족지원법」과 관련된 지원 정책 사례를 토론해 봅시다.

children's right & welfare | chapter 05

아동권리와 복지 행정과 서비스의 접근

아동권리와 복지 행정은 각 국가의 사회적 상황에 따라 다양한 가치체계와 목표를 가지고 있다. 이 장에서는 아동권리를 위한 서비스를 제공하기 위해 아동복지 행정이 어떻게 형성되어 있는지, 이 조직을 통해 아동복지제도로서 어떻게 체계화되어 있는지를 살펴보고, 아동복지의 실천적 접근으로 공공아동복지 전달체계와 민간아동복지 전달체계를 알아보고자 한다.

1. 아동권리와 복지 행정[9)]

아동권리를 위한 서비스를 제공하기 위해 아동복지 행정이 어떻게 형성되고 조직되었는지 살펴봄으로써 아동과 가족환경, 사회환경, 학교환경과의 기능적인 상호작용

9) 윤매자 외(2017). 아동복지론. 양서원. pp. 117~121. 발췌.

을 파악하여 아동 문제를 사전에 예방할 수 있어야 할 것이다.

1) 아동복지 행정의 개념

아동복지 행정이란 아동복지조직과 아동복지 전문인력들이 서비스를 효과적으로 기획 · 실천 · 평가하도록 지원해 주는 것으로서, 아동복지 관련법과 아동복지 정책에 따라 다양한 조직을 통해 아동복지서비스를 복지 대상자에게 효과적으로 제공하는 데 기여하는 것을 목적으로 한다. 따라서 아동복지 행정은 아동의 사회복지를 증진하기 위하여 아동복지 정책으로 표현된 추상적인 것을 실제적인 아동복지서비스로 전환하는 공공과 민간의 전 과정을 의미하는 것인 동시에, 단순히 기술적 방법론이면서 아동복지조직을 관리 및 운영하는 독특한 성격을 지니고 있다고 할 수 있다.

2) 아동복지 행정의 전제조건

아동복지 서비스를 실천하기 위한 행정의 전제조건은 다음과 같다.

(1) 효과성

행정이 욕구의 충족 또는 해결에 어느 정도 유효한가를 의미하는 것이다. 즉, 욕구 충족을 위해 선택된 서비스가 어느 정도 적합한가의 관점에서 판단되는 것이다. 아동복지서비스가 대상자에게 의존성을 조장하게 된다면 자주성, 주체성에 위배되는 것이므로 효과성이 없는 것으로 평가를 받게 된다.

(2) 효율성

최소의 자원으로 최대의 효과를 어떻게 거둘 것인가 하는 것이다. 이 개념은 자원의 유한성을 전제로 하는 경우 항상 문제가 되는 것으로서, 제한성이 있는 아동복지서비스의 공급과 관련하여 중요시되는 개념이다.

(3) 공평성

동일한 욕구를 가진 대상자는 동일한 혜택을 받아야 한다는 것이다. 특히, 아동복지서비스의 공급에서 공평성이 배려되지 않으면 안 된다. 공평성은 서비스를 받는 기회와 내용뿐만 아니라 그 비용 등을 포함한 측면에서 고려되어야 한다. 그러나 형식적 평등만을 의미하는 것은 아니기 때문에 간혹 기회의 평등이 확보되더라도 결과의 평등을 얻지 못하는 경우도 있다. 따라서 공평성은 융통성 있게 유동적으로 판단할 필요가 있다.

(4) 접근성

대상자가 서비스를 쉽게 이용하는 것으로 복지 욕구 중 특히 비화폐적 욕구 충족의 경우에 문제가 된다. 비화폐적 욕구 충족은 금전 급여와는 달리 현물 또는 상담서비스이기 때문에, 이용자들이 쉽게 이용할 수 있어야 한다. 어떤 종류의 욕구 충족을 위해 시설서비스가 필요한 경우 시설이 충분한 설비와 기능을 갖추었다 하더라도 물리적으로 떨어져 있거나 그 시설의 운영관리가 지나치게 관료적이면 그 서비스는 욕구 충족의 기능을 다하지 못할 가능성이 크다.

3) 아동복지 전달체계의 원칙

아동복지서비스 전달체계의 구축 시에 고려할 주요한 원칙에 대해서 길버트와 테렐(Gilbert & Terrell, 1998)이 제시한 일반적인 사회복지 전달체계 구축의 원칙을 다음과 같이 살펴보고자 한다.

(1) 전문성의 원칙

아동복지서비스의 제공 업무는 그 특성에 따라 반드시 전문가가 하지 않아도 되는 것도 상당수이지만 핵심적인 주요 업무는 반드시 전문가가 담당해야 한다. 아동복지 분야의 종사자는 전문성의 정도에 따라서 전문가, 준전문가, 비전문가인 자원봉사자로 구분된다. 이외에 의사, 간호사, 보육교사, 물리치료사, 작업치료사, 영양사 등 여러 분야의 전문가들도 아동복지 분야에 참여하고 있다.

(2) 적절성의 원칙

아동복지서비스는 그 양과 질, 그리고 제공하는 기간이 클라이언트나 소비자의 욕구충족(또는 문제해결)과 서비스의 목표(자활, 재활)달성에 충분해야 한다. 그러나 이 원칙은 재정 형편상 제대로 지키기 어려운 경우가 많으며, 적절성의 수준에 대한 논란이 있을 수 있다.

(3) 포괄성의 원칙

아동의 욕구는 다양할 뿐만 아니라 한 가지 문제는 다른 여러 가지의 문제와도 관련되어 있는 것이 일반적이기 때문에, 다양한 욕구나 문제를 동시에 또는 순서적으로 해결하기 위해 다양한 서비스를 필요로 한다. 서비스의 포괄성을 달성하기 위해서는 한 사람의 전문가가 여러 문제를 다루거나 아니면 각각 다른 전문가가 한 사람의 각각의 문제를 다룰 수도 있고 또는 여러 전문가들이 한 팀이 되어 문제를 해결할 수도 있다.

(4) 지속성의 원칙

한 개인의 문제나 욕구를 해결하는 과정에서 필요한 서비스의 종류와 질이 달라져야 하는 경우가 많은데 한 개인이 필요로 하는 다른 종류의 서비스와 질적으로 다른 서비스를 지역사회 내에서 계속적으로 받을 수 있도록 그러한 서비스들이 상호연계되어야 한다. 이 원칙이 잘 적용되기 위해서는 같은 조직 내의 서비스 프로그램 간의 상호협력이 잘 이루어져야 할 뿐만 아니라 지역사회 내의 아동복지서비스 조직 간에도 유기적인 연계가 잘 이루어져야 한다.

(5) 통합성의 원칙

아동의 문제는 많은 경우 복합적이고 상호 연관되어 있기 때문에 이러한 문제해결을 위한 서비스도 서로 연관되어야 한다. 한 클라이언트의 각각 다른 문제들을 해결하기 위한 서비스들이 서로 연결 없이 제공된다면 클라이언트를 조각으로 분리하는 것과 같다. 그러므로 서비스가 통합적으로 제공되기 위해서는 한 행정책임자 아래 서비스들이 제공되고 서비스 제공 장소들이 지리적으로 상호 근접되고 서비스 프로그램 간 또는 조직 간에 상호유기적인 연계와 협조체계가 갖추어져야 한다.

(6) 평등성의 원칙

특별한 경우를 제외하고는 성별, 연령, 소득, 지역, 종교, 지위에 관계없이 모든 아동에게 아동복지서비스를 제공해야 한다.

(7) 책임성의 원칙

아동복지조직은 사회가 아동의 권리로 인정한 복지서비스를 전달하도록 위임받은 조직이므로 서비스의 전달에 대하여 책임을 져야 한다. 책임을 져야 할 주요 내용은 서비스가 수혜자의 욕구에 적절히 대응하는 것인가, 서비스의 전달 절차가 적합한가, 서비스가 효과적이고 효율적인가, 서비스 전달과정에서의 불평과 불만의 수렴장치는 적합한가에 대한 것이어야 하고, 조직이 구체적으로 책임을 지는 대상자는 사회나 국가를 대표하는 실체인 중앙정부 및 지방정부와 서비스의 수급자가 되어야 한다.

(8) 접근용이성의 원칙

아동복지서비스는 그것을 필요로 하는 사람들이면 누구나 쉽게 받을 수 있어야 하기 때문에 클라이언트가 접근하기에 용이해야 한다.

4) 아동복지 행정의 전달체계 현황

우리나라 아동복지서비스 전달체계는 공적인 아동복지를 담당하는 중앙부서인 보건복지부장관, 여성가족부장관, 기획재정부장관 등으로 나누어져 있으며, 부처 간에 정책의 일관성이 없는 경우도 있다. 공적 전달체계로서는, 특별시, 광역시, 도・시・군・구・읍・면・동 등으로 아동복지 수혜자로 구분되며, 민간 전달체계로는 민간단체 민간시설에서 아동복지 수혜자로 전달된다.

아동복지에 관한 국가의 정책은 국가와 지방자치단체, 민간조직의 전달체계를 통하여 집행되어 대상자에게 급여나 서비스가 제공된다. 아동복지의 실천 주체는 국가, 지방자치단체, 민간기관, 단체, 시설 또는 지역주민들이 포함된다.

아동복지 행정과 서비스 전달체계의 현황을 보면, 보건복지부, 저출산・고령사회정책실, 인구아동정책관, 아동복지 정책과로 되어 있다.

2. 개별 아동복지 실천[10)]

오늘날 현대사회의 핵가족이 갖는 아동 문제를 보면 과거의 아동보다 정서적으로 많은 결함을 지니고 성장하는 가운데, 많은 행동 문제나 사회부적응 문제를 보이고 있다. 특히, 불우한 환경에서 자라나는 아동, 빈곤 가정의 아동, 신체적으로나 지적으로 장애를 지닌 아동, 또는 사회적으로 잘 적응하지 못하거나 법적인 보호 조치를 받

10) 윤매자 외(2017). 아동복지론. 양서원. pp.129~136. 발췌.

아야 하는 아동들의 문제가 많이 제기되고 있다. 따라서 이러한 각종 아동 문제를 해결하기 위한 아동복지 실천 방법의 하나인 아동에 대한 개별 지도는 어려서부터 갖기 쉬운 아동 문제들을 적절한 시기에 적절히 해결해 줌으로써 원만한 성격 형성과 사회화 과정을 갖도록 하는 데 그 목적이 있다. 궁극적으로 개별 지도서비스를 제공함으로써 아동의 지속적인 건전육성의 기반이 형성될 수 있다(장인협 · 오정수, 2001).

요컨대 가정, 학교, 사회 각 단체나 시설이 개별 지도 사회복지사로 하여금 아동과 가족들에게 필요에 따라 서비스를 제공하도록 하며, 문제 요인을 조기에 발견, 치료하는 가운데 보다 건전한 사회인으로 성장할 수 있도록 하는 데에서 아동복지실천 방법으로서의 개별 지도의 의의를 찾을 수 있을 것이다.

1) 개별 아동복지실천의 기본 원칙

개별 아동복지실천의 기본 원칙은 무엇보다 개별 지도 전문가인 사회복지사와 아동의 관계를 잘 수립하는 것이다. 도움을 요청하는 사람들 사이에 공통적인 기본 감정과 태도 유형에 기초하여 비스테크(Biestek)는 인간 욕구와 그것을 충족시키고 문제 해결이 관계를 원활히 하기 위한 원칙으로 다음과 같은 일곱 가지를 제시하였다(장인협, 1989).

(1) 개별화

개별화는 각 아동의 독특한 자질을 알고 이해하는 일이며, 아동의 보다 나은 적응을 위해 그에 적합한 상이한 원리나 방법을 활용하는 것이다. 즉, 아동을 불특정한 인간으로서가 아니라 개별적 차이를 지닌 특정한 인간으로서 대우해야 한다는 것이다.

(2) 의도적인 감정표현

아동이 갖고 있는 자기감정, 특히 부정적 감정을 자유로이 표현하려는 욕구를 잘 인식하는 데에서 출발한다. 개별 지도 사회복지사는 의도적으로 경청해야 하며, 터놓고 대화할 수 있는 환경을 조성해야 하고, 아동이 표출한 감정에 대해 비난하거나 낙담을 하게 해서는 안 된다.

(3) 통제된 정서적 관여

아동과의 면접은 주로 정서적인 면과 관련이 되기 때문에 아동이 자신의 감정을 말로써 표현하도록 권고하며, 전문가는 이러한 감정에 호응하기 위해 정서적으로 관여한다. 이 관여는 통제된 것으로서, 개별 지도의 총체적 목적에 따라, 아동의 욕구 변화에 따라, 그리고 전문가의 진단적・전진적 사고에 따라 그 방향을 설정하도록 한다.

(4) 수용

수용은 개별 지도 사회복지사가 아동의 장점과 단점, 바람직한 성격과 그렇지 못한 성격, 긍정적 감정과 부정적 감정, 건설적 혹은 파괴적 태도나 행동을 포함해서 아동의 있는 그대로를 이해하고 다루어 나가는 하나의 행동 원칙이다. 그러나 정상에서 벗어난 아동의 태도나 행동을 시인하는 것은 아니다.

(5) 비심판적 태도

비심판적 태도는 전문가가 문제 발생의 원인에 대해 아동의 잘못이 있나 없나, 혹은 그에게 어느 정도 책임이 있는가의 여부를 말하지 않는다는 것이다. 그러나 전문가는 아동의 태도나 행동에 대한 분석적・평가적・객관적 판단을 하고 있어야 한다. 이때 선입견, 편견, 성급한 추론을 피하도록 한다.

(6) 자기 결정

자기 결정의 원칙은 개별 지도 과정에서 아동이 스스로 선택하고 결정을 내릴 수 있는 자유로운 권리와 욕구를 갖고 있음을 인식하는 데서 출발한다. 그러나 아동의 능력, 도덕・법률, 사회기관의 활동 범위 등에 따라 제한을 받게 된다.

(7) 비밀 보장

비밀 보장은 직무상 획득한 아동에 관련된 비밀을 지켜야 함을 말한다. 그러나 비밀 보장은 절대적인 것은 아니며, 만약 아동의 비밀을 그 기관 내에서나 다른 기관 전문가에게 밝혀야 할 경우는 모든 전문가에게로 비밀 보장의 의무가 확대 적용된다.

2) 개별 아동복지실천의 주요 기술

개별 아동복지실천 과정은 면접에서 시작하여 면접으로 끝나는 과정이라고 볼 수 있으므로, 면접을 실시하는 기술은 매우 중요하다.

(1) 관찰

사회복지사는 아동이 하는 말을 잘 경청하면서 말하는 모습을 유심히 관찰해야 한다. 어조와 말하는 속도뿐만 아니라 몸짓, 자연스러운 몸동작, 부자연스러운 반응(예: 말을 더듬거나 기침하는 것 등) 등은 아동의 현재 감정 상태를 드러내는 것이므로, 이런 모든 것에 주의를 기울여야 한다.

(2) 경청

사회복지사는 상대방의 말을 경청하기 위해서 꼭 필요한 의견을 이야기하거나 질문을 할 경우를 제외하고는 되도록 상대방의 말을 중단시키지 않아야 하며, 상대방의 얼굴 표정이나 말하는 모습 등을 주시하면서 상대방의 이야기를 이해하고 있다는 반응을 보여 주어야 한다. 그러나 너무 깊이 쌓인 감정을 표현할 경우에는 경청하는 것만으로는 도움이 되지 않으므로 다른 방법을 사용해야 한다.

(3) 적절한 질문요령

유능한 질문자는 몇 마디 질문만으로 아동이나 가족이 많은 것을 이야기하도록 하는 사람이다. 이때 질문을 진행하는 속도는 상대방과 보조를 맞추어야 한다.

질문 형식은 "예."나 "아니오."와 같은 짧은 대답이 나오는 일문일답식인 폐쇄형 질문보다는 상대방의 의견이 많이 표현될 수 있도록 유도하는 개방형 질문을 하는 것이 좋다. 또한 상대방의 수준에 맞추어 알아듣기 쉬운 말을 사용하여 질문을 해야 한다.

3) 개별 아동복지실천의 과정

개별 아동복지실천의 과정은 접수와 자료 수집단계, 사정단계, 계획 수립단계, 개입단계, 평가와 종결 단계로 구분된다. 그 내용을 살펴보면 다음과 같다(곽형식 외, 2013; 한미현 외, 2008).

(1) 접수와 자료 수집단계

접수(intake)는 문제나 욕구를 가진 사람이 사회복지기관을 방문했을 때, 그의 문제와 욕구를 확인하고 기관에서 서비스를 제공할 수 있는지 판단하는 과정이고, 자료 수집은 접수된 사례에 대해서 클라이언트의 문제를 이해하고 분석·해결하는 데 필요한 자료를 모으는 과정이다.

아동은 비자발적 클라이언트일 가능성이 높으므로 부모 또는 보호자와 방문하는 경우가 많다. 아동복지전문가는 아동뿐 아니라 부모 또는 보호자와 함께 접수 면접을 진행하게 된다(한미현 외, 2008). 접수단계에서는 아동의 문제를 확인하여, 기관의 서비스 방향이나 내용이 맞지 않을 때 다른 기관으로 의뢰하고, 관계 형성을 통한 클라이언트의 참여를 유도한다.

자료 수집단계에서는 아동의 문제와 욕구를 명확하게 규정함으로써 개입의 방향을 설정한다. 자료 수집은 개입의 전 과정을 통해서 이루어지지만 초기단계에서 집중적으로 일어난다(엄명용 외, 2015).

(2) 사정단계

사정(assessment)은 자료를 수집해서 분석·종합하는 과정, 또는 사실적 자료를 해석하고 의미를 부여하여 실천적 개입을 위한 함의를 도출하는 과정이다. 자료 수집이 아동과 아동의 문제를 이해하는 데 도움이 될 만한 자료를 모으는 과정이라면, 사정은 수집된 자료를 분석하고 문제를 규정해 내는 작업이다. 자료 수집과 사정은 순환적으로 일어나며, 개입의 전 과정 동안 지속된다.

수집된 자료의 사정은 아동 개인에 대한 사정, 가족에 대한 사정, 사회적 관계망에 대한 사정으로 구분하여 볼 수 있다(한미현 외, 2008). 대표적인 사정도구로는 가계도(family genogram)와 생태도(ecomap)가 있다.

가계도는 가족의 과거와 현재의 상세한 정보를 제공해 준다. 가계도는 가족 계보를 중심으로 가족의 3세대 이상의 정보를 보여 주는 것으로 각 세대의 가족에 대한 결혼, 이혼, 질병, 사망 등 중요 생활 사건의 정보를 얻을 수 있다.

생태도는 클라이언트와 환경체계 간의 관계를 알 수 있는데, 클라이언트를 둘러싼 각 체계와 가족 성원 간 관계의 성격뿐 아니라 환경에서 가족에게로 자원이 어떻게 흐르는지 표시된다. 가계도와 생태도는 모두 가족의 역동을 알아볼 수 있으나, 가계도는 한 가족의 여러 세대에 걸친 가족 패턴, 특히 문제가 되거나 역기능적인 가족 패턴에 초점을 맞추고, 생태도는 아동과 그 가족이 집단, 자원, 조직, 단체, 다른 가족 및 다른 개인과 맺는 상호작용에 초점을 둔다.

(3) 계획 수립단계

계획 수립의 단계에서는 먼저 아동의 문제 해결을 위해 달성해야 하는 개입 목표를 설정하고, 아동이 현 상황에서 벗어나기 위한 바람직한 변화의 방향을 설정한다. 목표의 설정은 개입의 방향을 명확히 제시하며, 종결 후 평가 근거가 되고, 목표 설정에 클라이언트가 참여하여 과제에 대한 소개로 계약이 이루어진다. 계약은 문제의 정의, 목표, 클라이언트와 사회복지사의 역할, 시간, 장소, 비용, 개입기법, 평가 방법 등에 대해 사회복지사와 클라이언트가 동의하는 것이다.

(4) 개입단계

개입단계는 사회복지사와 클라이언트가 합의하여 결정한 문제를 해결하기 위한 계획, 즉 목표와 계획을 실천하는 단계이다. 이 단계는 구체적 행동을 통해 의도적 변화가 일어날 수 있도록 지원하는 단계로 실천과정의 핵심 과정이다.

개입을 위해서는 사정을 통해 얻어진 결과를 바탕으로 개입 목표를 설정하고, 개입 방법을 결정하며, 개입과정에 참여시킬 대상을 선정해야 한다. 이러한 결정과정은 아동의 욕구를 중심으로 아동과 아동복지전문가가 함께 참여한다. 개입의 목표는 가능한 구체적이고 실현가능한 형태로 설정되어야 한다. 목표를 설정할 때는 아동, 부모나 보호자, 아동복지전문가가 합의를 이루는 것이 중요하다. 그리고 설정된 목표 실현을 위해 개입 단위를 아동 개인으로 할지 또는 가족구성원이나 또래, 기타 중요 타자를 참여시킬지 결정한다.

이용 가능한 자원을 고려하여 다양한 개입 모델 중 아동의 문제 유형, 심각성 정도, 아동복지전문가의 지식과 기술에 맞는 모델을 선정하여 개입을 실시한다. 클라이언트로서 아동이 지닌 특성을 고려하여, 사회복지실천에서 사용되는 일반적인 개입 모델을 변형하여 적용할 수 있으며, 한 가지 개입 모델을 집중적으로 사용할 수도 있고, 절충적 방식을 사용할 수 있다(한미현 외, 2008).

(5) 평가와 종결단계

종결단계는 다양한 형태로 이루어질 수 있는데, 계약 기간의 만료에 따른 종결, 아동과 아동복지전문가의 상황 변화에 따른 종결, 가장 바람직한 종결은 목표달성을 이룸으로써 이루어지는 종결인데, 개입과정에 대한 최종 평가를 통해 아동, 부모나 보호자, 아동복지전문가의 합의를 통해 이루어진다.

아동복지전문가는 아동과 부모 모두에게 종결에 대한 준비를 미리 하도록 해야 한다. 개입과정에 형성된 상호 간의 친밀감이 의존성으로 변질되지 않도록 하는 심리적 대비가 필요하며, 갑작스러운 종결을 선언함으로써 아동에게 배신감이나 두려움을 야기하지 않도록 주의해야 한다. 아동은 종결에 앞서 문제행동의 재발을 보이기도 하는데, 이는 종결에 대한 저항으로 나타나는 일시적 퇴행일 수 있다(한미현 외, 2008).

종결단계에서 아동은 상실과 이별에 직면하면서 다양하고 복잡한 감정과 태도를 보이기 때문에 아동복지전문가는 이에 민감하게 반응하고 기술적으로 접근하는 것이 필요하다.

평가단계는 실천의 목적과 목표가 달성되었는지 점검하고 실행에 효과적이었던 방법과 전략을 밝혀내는 과정으로 아동복지실천의 효과성 · 효율성 등을 평가한다.

4) 개별 아동복지실천의 실천 방법

아동 상담 및 치료는 개별 실천기술이기도 하지만, 아동복지사업의 한 분야로 전문상담기관을 통해 아동 상담과 치료서비스가 구체적으로 이루어지고 있다. 아동에게 어떤 서비스가 주어지든지 간에 아동복지 현장에서는 항상 아동과 그 부모, 보호자를 만나게 되고, 그 만남 자체가 '상담과 치료'의 과정이 된다고 할 수 있다(한성심 · 송주미, 2014).

〈표 5-1〉 아동 상담 및 치료의 실천 분야

아동 상담 및 치료 대상	실천 분야
가정생활의 위기	• 실직자 가정아동과 부모의 상담 및 치료 • 부모의 사망, 유기 등으로 인한 고아, 기아 등 상담 • 부모의 교육 및 상담(장애아 출산, 어머니의 취업으로 인한 역할 갈등 등)

아동 상담 및 치료 대상	실천 분야
부모의 능력 부족으로 인한 위기	• 한부모가족아동의 적응 문제 상담 및 치료 • 빈곤아동의 적응 문제 상담 및 치료 • 학대아동과 부모의 상담 및 치료 • 알코올 및 약물중독가정의 아동과 부모 상담 및 치료 • 부모 상담 및 치료(자녀 양육 능력 향상, 부모 개인 문제 상담 및 치료)
아동의 정신적 · 신체적 · 행동적 문제가 있는 경우	• 발달장애 아동과 부모의 상담 및 치료 • 정신장애를 가진 아동의 상담 및 치료 • 또래 폭력 피해아동의 상담 및 치료 • 가출, 약물남용, 비행아동과 피해아동의 상담 및 치료
지역사회 해체와 가족 및 아동의 욕구 불만 위기	• 아동과 가족에게 지원되는 정책과 제도 문제로 인한 욕구 불만의 상담 또는 기관의 알선, 의뢰 • 지역사회 조사 및 욕구 상담
기타	• 아동과 관련된 다양한 검사(지능, 심리, 적성, 인성검사 등)의 실시 및 상담 • 아동의 진로 지도 및 상담

출처: 한성심 · 송주미(2014). 아동복지론. 창지사.

3. 집단 아동복지실천

집단 아동복지실천은 저하된 사회적 기능을 회복할 필요를 지닌 아동이나 현재의 사회적 기능을 적극적으로 강화하고자 하는 아동을 대상으로 한다. 개별 아동복지실천과는 달리 아동 집단의 역동성과 응집력의 활용에 따라 프로그램의 효과가 좌우되므로 아동복지전문가는 집단 내에서 아동의 개인적 특성을 파악하고, 집단의 상호작용을 최대한 활용하는 실천기술을 필요로 한다(한미현 외, 2008).

1) 집단 아동복지실천의 기본 원칙

집단 아동복지실천에서 가장 많이 인용되는 코노프카(Konopka)가 제시한 집단 지도 실천의 기본 원칙을 살펴보면 다음과 같다(남세진 · 조홍식, 1997; 재인용).

- 각 아동의 독특한 차이점을 인정하여 그에 따라 행동한다(집단 내에서 각 성원의 개별화).
- 어떤 집단에 대해서든지 그 집단이 가지는 특성을 인식하여 그에 따라 행동한다(집단의 특성을 인식하는 개별화).
- 각 아동 성원들이 장점과 단점을 동시에 가진 존재임을 수용한다.
- 전문가와 아동 성원 간의 의도적인 원조 관계를 수립한다.
- 아동 성원 간의 협조적・협력적 관계를 수립하도록 한다.
- 집단과정에서 적절한 수정을 가한다.
- 각 아동 성원이 자기 능력에 따라 참여하도록 격려하고 능력을 향상시킬 수 있도록 원조한다.
- 아동 성원으로 하여금 문제해결과정에 스스로 참여하도록 한다.
- 아동 성원이 문제를 해결해 나감에 따라 점차적으로 만족스러운 갈등 해소 방법을 경험하게 한다.
- 대인관계와 성취를 위해 다양한 경험을 하는 기회를 제공한다.
- 각 아동 개인이나 전체적 상황에 대한 진단적 사정 평가에 기초한 현명한 제한성을 활용한다.
- 각 아동 성원, 집단의 목적, 적절한 사회 목적을 위해 진단 평가에 기초하여 의도적으로 또는 상이하게 프로그램을 활용한다.
- 아동 개인과 집단과정에 대한 계속적 평가를 한다.
- 전문가의 원만하고 인간적이며 잘 훈련된 자아를 활용한다.

2) 집단 아동복지실천의 주요 기술

필립스(Philips)는 집단행동을 효율적으로 하는 네 가지 기술을 다음과 같이 제시하였다(남세진・조흥식, 1997; 재인용).

- 기관의 기능을 활용하는 기술이다. 기관의 목적과 한계를 아동 개인과 집단에게 알려야 하며, 기관을 충분히 이용하도록 하며, 기관의 기능을 분명히 파악하고, 아동 개인과 집단의 목적 달성을 위해 사용할 수 있는 능력이 있어야 한다.
- 감정을 소통하는 기술이다. 이는 감정을 표현하고 의사소통하는 것이 중요하기 때문에 전문가는 즉흥적이고 외향적인 면과 계획적이고 통제적이며 내향적인 면을 모두 지녀야 한다.
- 현실을 활용하는 기술이다. 현재는 성장을 촉진하는 관계를 형성해 가는 바퀴이며, 모든 사람은 현재의 현실 속에서 성장할 수 있는 역량을 가지고 있으므로 전문가는 이를 토대로 자신의 목표를 실현할 수 있는 신념을 갖도록 한다.
- 집단관계를 격려하고 이용하는 기술이다. 전문가를 위시한 모든 집단관계를 격려하고 의도적으로 활용해서 아동 개인의 목표와 집단의 목표를 성취하도록 한다.

한편, 가빈(Garvin)은 집단을 통해 개인의 변화를 시도할 때 가장 중요한 부분을 기술이라 규정하며, 개인의 식별을 변화시키는 기술, 개인의 인지를 변화시키는 기술, 개인의 영향을 변화시키는 기술, 개인의 활동을 변화시키는 기술, 개인을 도와 문제를 해결하는 기술, 구성원의 역할을 조성시키는 기술 등으로 분류하고 있다(남세진 · 조흥식, 1997).

3) 집단의 유형

집단은 공통의 관심사를 지닌 사람들이 공동의 목표를 달성하기 위해 서로 상호작용하는 두 사람 이상의 집합을 말한다. 집단의 유형은 학자마다 다르게 분류하나 토스랜드와 리바스(Toseland & Rivas, 1995)는 집단의 목적에 따라 치료 집단(treatment group)과 과업 집단(task group)으로 분류하였다

치료 집단은 집단성원의 교육, 성장, 지지, 치유, 행동 변화, 사회화 등 집단성원의 사회 · 정서적 욕구를 충족시키려는 목적을 가지며, 목적에 따라 지지 집단, 성장 집단,

교육 집단, 사회화 집단, 치유 집단으로 구분된다. 과업 집단은 과업의 달성, 성과물의 산출, 명령의 수행을 위해서 만들어진 집단으로 집단성원의 개인적 성장보다는 방침을 만들어 가면서 의사를 결정하고 산출물을 만들어 내는 것에 초점이 주어진다. 과업 집단에는 각종 위원회나 자문위원회, 이사회, 사회행동 집단, 행정 집단 등이 있다.

〈표 5-2〉 집단의 유형

집단의 종류	특징	예
지지 집단	• 생활사건에 대처하고 이후에 효과적으로 대처할 수 있는 능력을 향상시킬 수 있도록 원조함 • 유대감 형성이 용이하며, 자기 개방 수준이 높음	• 이혼한 부부의 자녀로 구성된 집단 • 자녀 양육의 어려움에 대해 공유하는 한부모 가정 집단 • 다문화 가정 자녀 양육 집단
교육 집단	• 집단구성원들이 자기 자신과 자신이 속한 사회를 잘 이해할 수 있도록 교육을 통해 원조함 • 주로 강의 형태 • 성원 간 자기 노출의 정도는 높지 않음	• 청소년 성교육 집단 • 부모 역할 훈련 집단 • 위탁부모 집단 • 조손가정 역할 교육 집단
성장 집단	• 성원들의 자기 인식 증진과 사고 변화가 목적 • 질병의 치료보다는 사회정서적 건강 증진 중시	• 참 만남 집단 • 퇴직을 준비하는 집단 • 잠재력 개발 집단
치유 집단	• 집단구성원의 행동 변화와 개인적인 문제의 완화나 제거가 목적 • 자기 노출 수준이 높음	• 외래환자를 대상으로 한 정신치료 집단 • 금연 집단 • 약물중독자 집단
사회화 집단	• 사회적 관계에서 어려움을 겪는 경우 사회적 기술을 습득하고 사회생활에서 효과적으로 기능할 수 있도록 원조하는 것이 목적 • 사회기술 훈련 집단, 지지 집단, 여가 집단으로 나눔	• ADHD 아동을 대상으로 하는 활동 집단 • 퇴원한 정신장애인을 위한 사교 집단

출처: 곽형식 외(2013). 아동복지론. 공동체. 재구성.

4) 집단 아동복지실천의 과정

(1) 사전단계

집단 지도 과정 중 사전단계는 집단 계획단계라고도 불리는데, 이 단계에서 집단은 실제로 존재하는 실체가 아니며, 집단지도전문가(사회복지사)의 머릿속에만 존재한다. 사전단계에서부터 집단지도전문가는 집단에 관여하기 시작하지만, 전문가와 성원이 하나의 집단으로 대면하기 이전의 단계이다.

이렇게 집단을 계획할 때 고려해야 할 요소에는 학자들마다 이견을 보이고 있지만, 대체로 ① 집단의 목표 설정, ② 잠재적 후원기관과 집단성원에 대한 사정, ③ 성원의 모집, ④ 집단의 구성, ⑤ 성원에게 집단을 소개 및 설명, ⑥ 계약, ⑦ 집단 환경의 준비, ⑧ 집단계획서의 작성 등이 포함되어야 한다(김종옥 · 권중돈, 1993).

(2) 초기단계

집단참여자들이 집단에 처음 도착했을 때, 집단지도전문가가 수행해야 할 첫 번째 과업은 참여자들을 상호 소개하는 것이다. 집단지도전문가는 집단의 목적을 고려하여, 아동 성원들이 집단에서 공유해야 할 주요 정보가 어떠한 것이 있는지를 결정하여, 소개과정에서 이와 관련이 있는 정보를 내놓는다.

소개과정이 끝난 후에 집단지도전문가는 집단의 목표와 집단 내에서의 전문가의 기능에 대해 반드시 언급해야 한다. 아동 성원들이 집단의 목표와 집단지도전문가의 기능에 대해 명확히 알지 못하면, 성원의 불안은 증가하고, 자신들의 관심사나 문제를 해결하기 위한 활동에 참여하는 정도가 줄어든다. 또한 집단지도전문가는 성원들이 집단 회합을 갖게 된 목표를 토론할 수 있는 기회를 제공해야 하는데, 특히 몇 번의 첫 회합에서는 집단 목적에 대한 토론에 상당한 시간을 할애한다.

(3) 사정단계

집단 지도를 연구하는 학자들 사이에 아직 사정 과정에 대한 합의가 이루어지지 않고 있다. 이렇게 사정의 개념이 서로 다른 것은 집단 지도의 영역이 광범위하기 때문인데, 어떠한 형태의 집단에 개입하느냐에 따라 사정의 초점은 달라질 수 있다.

사정의 초기 단계에서 집단지도전문가는 집단과 성원에 대해 불완전하고 불충분한 자료를 가지고 있는데, 점차 누락된 정보를 수집하여 정보의 공백을 보충해 나간다. 정보가 수집됨에 따라 전문가는 정보를 분류하고, 체계적 방식으로 조직화하기 시작하고, 개입 대상이나 목적을 선택하기 위하여 자료에 대해 어떤 판단을 내리게 된다. 즉, 자료가 수집되고, 조직화됨에 따라 사정 과정은 범위가 축소되고, 문제에 대한 개입방법, 대처 방법, 완화 방법에 대한 판단 또는 결정을 내리게 된다.

(4) 중간단계

전체 집단은 초기단계, 사정단계를 거치면서 의사소통과 상호작용의 유형, 성원 간의 정서적 유대, 집단결속력, 사회적 통제, 집단문화가 이미 형성된 상태이다.

집단 지도 대상 집단의 중간단계는 두 부분으로 구분할 수 있다. 중간단계의 첫 번째 기간은 시험, 갈등 그리고 성원 간의 관계를 조정하는 시기라 할 수 있다. 즉, 이 기간에는 계약을 재협상하며, 성원의 지위를 설정하고, 후원하는 조직과의 관계를 설정한다. 두 번째 기간은 계약에 명시된 목적을 성취하기 위하여 아동성원, 하위 집단, 집단지도전문가, 전체 집단이 노력을 경주하는 기간이다.

집단의 형태, 지도력 유형에 따라 집단은 각기 다를 수 있지만 중간단계에 이른 치료집단을 지도해 나가는 데 집단지도전문가는 공통적으로 ① 집단 회합의 준비, ② 집단의 구조화, ③ 성원의 목적 성취 원조, ④ 집단발달에 대한 평가와 검색 등 네 가지의 과업을 수행해야 한다(김종옥 · 권중돈, 1993).

(5) 종결단계

종결단계는 집단 지도 연구 문헌에서 초기 단계나 중간단계에 비해 많은 관심을 얻지 못하고 있다고 할지라도 종결단계는 집단 실무의 중요한 부분이다. 종결단계에서 집단지도전문가가 사용하는 기술은 전체 집단 경험의 성패를 좌우한다. 만약 전문가가 종결단계에서 갖추어야 할 기술을 갖추지 못하면, 이전까지 효과적으로 운영되고 만족스러웠던 집단 경험을 망쳐 버릴 수 있다. 성공적인 종결단계는 집단의 목적이 달성된 경우를 말한다. 종결에 임하는 아동들은 성취감과 함께 높아진 자아 존중감을 경험한다. 비성공적인 종결 단계는 계획했던 목표가 대부분 달성되지 못한 경우를 말한다. 그러므로 종결에 대한 아동의 반응과 성공하지 못한 데 대한 아동의 감정을 민감하게 다뤄야 한다.

(6) 평가단계

평가단계는 집단 아동복지실천이 효과적이고 성공적이었는지를 판단하는 것이다. 평가과정에 대한 평가와 결과에 대한 평가가 있다. 과정 평가는 주로 집단구성원인 아동들이 집단의 유용성이나 프로그램의 진행에 대해서 평가하는 것이고, 총괄평가는 집단이 시작되었을 때 세웠던 목표들이 얼마만큼 성취되었나를 판단하는 것이다.

4. 사례관리

사례관리는 복합적인 욕구를 가진 클라이언트의 욕구를 사정한 후 욕구들을 충족시키기 위한 적절한 서비스나 기회 또는 급여를 확인하고 포괄적 서비스 계획을 개발하며, 각종 서비스에 대한 클라이언트의 접근을 용이하게 하기 위한 옹호를 제공하고 적절하고 효과적인 서비스의 전달을 점검하거나 평가하는 실천 방법이다.

1) 사례관리의 특성

사례관리의 특성에 대해서 다음과 같이 설명하고 있다(엄명용 외, 2015).

- 다양하고 복합적인 욕구를 가진 클라이언트를 대상으로 한다.
- 클라이언트의 문제해결과 치료보다는 욕구 충족과 보호에 더 중점을 둔다.
- 클라이언트의 사회적 기능과 독립을 극대화하기 위해서 보호의 연속성과 책임성을 보장한다.

- 서비스의 효과성(effectiveness)과 효율성(efficiency)을 높이기 위해 포괄적 서비스를 제공하고 서비스의 조정과 점검을 실시한다.
- 클라이언트와 사회환경의 상호작용에 관심을 집중시키며, 다양한 지원체계의 광범위한 서비스를 활용한다.
- 가정방문, 안내, 의뢰 등과 같이 클라이언트에 대한 적극적 접근을 강조한다.
- 클라이언트의 수준에서 클라이언트 각자의 욕구를 개별화하며, 개입과정에서 클라이언트의 참여와 자기 결정을 촉진시킨다.
- 개별적인 실천기술과 지역사회 실천기술을 통합한 형태이다.

이러한 사례관리의 독특한 특징은 케어를 제공하는 데 국한되기 보다는 질환 내지 사례의 연속성을 따라 대상자의 욕구에 부응하도록 노력한다는 것이다. 그러므로 사례관리는 체계, 역할, 기술, 과정, 그리고 서비스를 모두 포함하고 있다고 설명할 수 있다(배창진, 2003).

2) 사례관리의 과정

사례관리의 과정과 단계에 대하여 학자에 따라 다양하게 구분되고 있으나, 이 장에서는 접수, 사정, 기획, 개입 및 자원 조직화, 점검 및 재사정, 종결 및 평가로 나누어 정리하면 다음과 같다(배창진, 2003).

(1) 접수

접수는 사례관리대상자의 문제와 욕구, 처한 상황을 밝혀내는 것을 말한다. 또한 접수는 프로그램에서 가장 적절한 사례를 발견하고 사전 적격 심사를 통해 사례관리 대상자를 확인한 후 서비스를 제공할 것을 약속하고 계약하는 과정이다.

접수단계는 다양한 차원의 정보를 수집하는 과정이며, 이 과정에서 서비스를 받을 자격을 심사하고 사례관리대상자에게 제공되는 서비스의 내용과 한계에 관한 정보가 제공된다. 대상자의 가족 사항, 신상정보, 심리적 · 신체적 · 환경적 · 경제적 영역 등 다양한 영역의 자료를 수집할 수 있어야 한다. 접수를 효율적으로 실시하기 위하여 면접에 대한 표준화된 양식을 활용하는 것이 바람직하다.

(2) 사정

사정이란 수집된 자료를 분석하고 의미를 부여함으로써, 사례관리대상자의 문제와 욕구 내용과 수준, 강점과 자원 등을 파악하고 사정하는 과정이다. 접근 방법은 사례관리대상자의 욕구와 능력의 사정, 지원체계에 대한 능력의 사정, 지원체계에 대한 사정 등이 있다.

사정 방법으로 자료 수집을 효과적으로 하기 위한 사정도구로는 생육사와 가족 배경, 가족사진, 아동 개인 요인 및 상황 요인, 지지체계요인의 상호작용, 가계도, 생태도, 사회관계망, 성격 유형 검사, 지능검사, 진단검사 등 각종 심리검사를 활용하기도 한다. 사정 내용은 사례관리대상자의 특성에 따라 달라진다. 사정에 포함되는 내용은 신체적 · 정신적인 건강 상황, 일상생활 동작 능력, 심리 · 사회적 기능, 경제 상황, 주거 상황, 자조 능력, 이용하고 있는 서비스나 자원 등이다. 사례관리대상자의 능력 사정은 장점, 잠재 능력, 문제해결 능력이나 자원에 대해 파악하는 것이다. 사정은 기관 내부로만 수행되는 것이 아니며, 필요한 경우에는 사례관리대상자에 대해 다른 기관에 의뢰하거나 이용하던 다른 기관의 사정 자료를 요구할 수도 있다.

키스트 - 애쉬맨과 헐(Kirst-Ashman & Hull, 1999)은 사례관리에서 사정과정의 특징을 다음과 같이 요약 · 정리하였다.

① 욕구에 기초

클라이언트의 욕구에 구체적으로 초점을 두어야 하는 특징을 의미한다.

② **포괄성**

클라이언트 욕구의 모든 영역을 사정하는 것을 의미한다.

③ **여러 전문체계와의 협력**

클라이언트의 욕구를 이해하기 위해 다양한 전문체계의 전문성을 이용하는 것이 중요하다.

④ **참여성**

클라이언트는 자신의 욕구를 사정하는 데 전적으로 관여해야 하며, 최대한의 자기 결정을 도모해야 한다.

⑤ **지속적 과정**

사정은 단편적 단계가 아니라 변화해 나가는 일종의 역동적 상호작용으로 이해되어야 한다.

⑥ **체계성**

잠재적 욕구의 각 영역을 충분히 검토하기 위해서 필요하다.

⑦ **산출(결과)**

사정이 완성되었을 때 항상 기록의 형태로 보존되어야 하며, 이것은 계획과 개입을 이끌어 내는 산물이어야 한다.

(3) 기획

이 과정은 사정에 기초하여 종합적인 개입 목표를 수립하는 것을 말하며, 장기 목표, 단기 목표로 나누어 설정하는 것이 일반적이다. 즉, 기획은 사례관리의 목적을 달성하기 위해 클라이언트에 대한 목표를 설정하고 적절한 해결 방안을 모색하기 위한 개별적인 보호 체계를 수립하는 과정이다(배창진, 2003). 기획은 목표의 공식화, 해결 가능한 목표의 우선순위 설정, 목표를 성취할 방법 선택, 시간 활용을 확인하고 사례관리대상자의 변화를 평가하는 단계가 진행되는데 목표는 클라이언트의 문제 및 욕구와 상호 관련되어야 한다.

(4) 개입 및 자원조직화

개입 및 자원조직화 단계는 실천 목표를 달성하기 위한 상담과 치료를 포함하는 치료 계획과 실질적 원조를 위해 자원과 외부기관에 사례관리대상자를 연결시키는 일 등을 포함하는 포괄적 서비스 실천 전략을 말한다. 개입 및 자원조직화는 활용가능한 자원의 양과 질, 연결 정도에 따라 달라진다. 자원조직화와 연계, 조정은 사례관리에서 적절한 서비스를 적소에 배치하는 과정이며, 개입의 연속성을 보장하는 중요한 내용이다. 또한 지역사회 자원을 분류하고 조직화함으로써 효과적으로 클라이언트를 원조할 수 있는 것이다. 자원은 공급 주체에 따라 공식적·비공식적 자원으로 분류할 수 있으며, 인적 자원과 물적 자원으로 분류할 수 있다(류상열, 2000).

(5) 점검 및 재사정

점검은 사례관리대상자에게 제공되는 계획된 서비스와 자원이 적절하게 잘 실행되며 이루어지고 있는지 확인하고 감독하는 과정이다. 이 과정을 통해서 사례관리대상자의 변화를 살펴본다. 재사정은 점검의 기능과 역할이 중복된다고 할 수 있는데, 사례관리대상자의 상황 변화 또는 설정된 목표 달성 등에 따른 목표 수정과 서비스 계획의 수정 여부를 결정하는 과정으로서 재사정의 결과는 새로운 목표 수립으로 피드백 되어 새로운 서비스계획의 수립, 자원의 연결과 배치에 영향을 미치게 된다.

(6) 종결 및 평가

종결은 사례의 목표가 달성되었거나 사회복지대상자에게 더 이상의 서비스를 제공할 수 없게 되었을 때 서비스를 중단하는 단계이다. 하지만 종결은 더 이상 서비스가 필요 없는 상황이 되어 중단하는 것이 보통이지만 클라이언트의 사망, 케어 매니저의 이직, 기관의 폐쇄 등 다양한 요인에 의해서 이루어질 수 있다. 만약 목표가 달성되지 않은 상태에서 종결을 해야 하는 상황이라면, 서비스가 지속될 수 있도록 해야 한다. 서비스의 종결은 사례관리대상자에게 새로운 독립의 기회를 제공한다. 점검이 정해진 활동이 계획된 방법으로 잘 이루어지고 있는지의 여부를 살펴보는 것이라면, 평가는 이러한 사례관리의 과정과 활동이 이득이 되는 바람직한 결과를 산출하는가를 살펴보는 것이라 할 수 있다.

평가단계는 사례관리자에 의해 실시되는 서비스 계획, 활동들이 가치가 있느냐 없느냐를 측정하기 위해 이용되는 과정이다. 즉, 다음에 해야 할 사례에 대해 결정할 수 있도록 안내하는 단계로서 정보 제공의 기능을 하며, 사례관리대상자가 사례관리 과정에서 얻어지는 바람직한 변화가 있는지 살펴보는 것이다.

[생각해 보기]

1. 개별 아동복지실천 분야에 대해 생각해 봅시다.

2. 집단의 유형에 어떤 것이 있는지 생각해 봅시다.

3. 사례관리에 특성과 과정에서 클라이언트를 존중하는 측면을 생각해 봅시다.

04 아동복지 서비스

아동은 인종, 성별, 종교, 언어 등에 차별 없이 모든 권리와 자유를 누리며, 사회구성원으로서 행복한 삶을 영위하기 위해 특별한 보호와 지원을 받을 권리가 있다. 제4부에서는 아동권리와 복지에 대한 다양한 서비스의 내용을 살펴보고자 한다. 아동복지 서비스 대상으로 빈곤아동 서비스, 보육서비스, 다양한 가족의 아동복지 서비스, 장애아동 서비스, 아동보호 서비스, 학대아동 서비스, 대안양육 서비스 등의 개념과 유형, 현황, 관련 정책 및 서비스의 전달체계, 시대적·발달적 변화 등을 구체적으로 살펴보고자 한다.

children's right & welfare | chapter 06

아동권리와 빈곤아동 서비스

빈곤은 단순히 경제적인 궁핍의 문제가 아니라 복잡한 요소들을 포함하고 있다. 즉, 아동과 아동을 둘러싼 가정과 사회의 심리적 · 사회적 · 문화적 요소에 지대한 영향을 준다. 예를 들어, 한 가족의 빈곤문제는 부부간의 갈등과 불화로 이어질 수 있고, 이로 인한 이혼, 아동의 비행, 학업문제 등 단순한 빈곤이라는 원인에 비해 다양한 결과들이 나타날 수 있다.

대부분의 빈곤문제는 인간의 삶을 황폐하게 만드는 결과를 초래할 수 있다. 또한 빈곤은 아동에게 정상적인 발달과업을 성취하는 데 장애를 가져올 뿐 아니라 성인이 되어서까지 부정적인 영향을 미치게 된다(공계순 외, 2019). 이 장에서는 빈곤아동의 개념과 현황을 살펴보고, 아동권리에 기반한 빈곤아동 지원 정책과 제도에 대해 살펴보고자 한다.

1. 아동권리와 빈곤아동의 개념

빈곤아동이란 빈곤가정에서 생활하는 18세 미만의 아동을 말한다. 빈곤에 대한 정의에 기초하여 빈곤아동의 정의를 살펴보면, 우리나라의 경우 「국민기초생활보장법」에 의해 국가로부터 보호를 받는 가정에서 생활하는 아동으로 정의할 수 있다. 그러나 국민기초생활보장 대상 가구 중에서 18세 미만의 아동과 같이 생활하는 가구에 대해 정확한 통계조사 분석은 이루어지지 않고 있다(공계순 외, 2019). 실제로 빈곤아동은 더 많을 수 있으며, 아동은 미성년자로서 경제적으로 성인 가족원에게 의존하는 존재이기 때문에 아동이 속해 있는 가족이나 가구가 빈곤할 경우 아동은 이에 따른 물적·심리적 자원 부족에 가장 취약하게 노출된다. 즉, 아동은 가족의 부양을 받고 있는 존재이므로 아동이 빈곤하다는 것은 아동이 속해 있는 가족이 빈곤하다는 것을 의미한다(이재연 외, 2018).

1) 빈곤과 아동권리

빈곤아동은 전통적으로 아동복지의 핵심 대상이 되었으며, 아동의 기본권을 침해하고 있다. 즉, 성장과정에 있는 아동으로부터 영양공급과 의료서비스 접근성 등이 떨어져 상대적으로 건강상의 문제가 빈번하게 발생하여 생존권의 위협을 받는다. 또한 부모의 적절한 보육과 교육의 기회를 박탈하여 학습부진과 인지발달이 뒤처지는 등 발달권이 침해될 수 있다. 특히 빈곤아동은 생태체계에 있어 단순히 아동 개인의 특성이나 사회적 원인에 의해 발생하는 문제뿐만 아니라 아동과 아동을 둘러싼 환경 간의 상호관계성에 의해 영향을 받는다. 저소득층의 부모들은 자녀에 대한 경제적·정서적 투자가 부족해서 빈곤아동은 사회성이 떨어지거나 상대적으로 방임과 학대의 위험이 증가하여 보호권이 위협받게 되며 결과적으로 자존감이 저하되고 소외감을 느끼고 일탈과 반사회적 행동, 비행청소년으로 성장할 가능성이 높다. 사회변화와 경제위기와 맞물려 발생하는 가족해체는 아동으로 하여금 물질적 빈곤뿐만 아니라 사회문화적 · 심리적 배제를 경험하게 함으로써 다양한 영역에서의 참여권이 침해받는다.

빈곤아동은 경제 · 사회심리 · 교육 · 정치 · 문화적 영역에서의 다면적 박탈의 경험하면서 성장하게 되어 기본적 권리인 생존권, 발달권, 보호권, 참여권의 제한을 겪게 되는 것이다(한성심 외, 2017).

2) 경제적 빈곤

빈곤은 인간의 기본 욕구를 충족시킬 수 있는 생활 수단이 부족한 상태로, 대개 소득이 부족하여 지출수준이 낮으며, 열악한 주거 상태에서 살고, 건강이나 교육수준이 낮아지는 문제 상황에 노출된다. 경제적 빈곤은 물질적 필요에 대하여 부족을 느끼는 것으로 정의되며, 빈곤 개념을 절대 빈곤과 상대 빈곤으로 나누어 살펴볼 수 있다(공계순 외, 2019).

(1) 절대 빈곤

절대 빈곤(absolute poverty)은 소득이 최저생계비에 미치지 못하는 가구를 말한다. 절대 빈곤에 따르면, 빈곤은 '한가구의 소득(또는 지출)이 최저 생활을 유지하는 데 필요한 생계비에 미달하였을 경우' 빈곤으로 정의한다. 여기서 빈곤선은 최저 생활에 필요한 기본수요를 추정함으로써 정의된다. 이러한 기본수요에는 첫째, 최저 생존을 위한 방식, 둘째, 질병 보호와 의식주 시설을 포함한 계속적 생존에 필요한 수요, 셋째, 생산적 수요에 필요한 재화나 용역의 기본수요, 넷째, 사회에서 경제적 위치 및 사회 참여도 등을 고려한 기본수요 등의 단계로 구분된다.

(2) 상대 빈곤

상대 빈곤(relative poverty)은 한 사회의 기존생활 수준과 직접 비교하여 정의하는 빈곤이다. 동일사회 내의 다른 사람과 비교하여 상대적으로 적게 가지는 것을 말한다. 이는 특정 사회의 전반적인 생활 수준과 밀접하게 관련된 개념이어서 경제·사회 발달에 따라 정책적으로 중시되며, 상대적 박탈과 불평등의 개념을 중시한다. 따라서 상대적 빈곤선은 특정 사회의 구성원 대다수가 누리는 생활 수준에 못 미치는 수준을 말하는데, 이것은 특정 사회의 사회적 관습과 생활 수준에 따라 크게 달라진다(박석돈 외, 2017).

상대적 빈곤율은 전체 사회의 계층별 소득이 중위소득 50%에 미치지 못하는 비율을 의미한다. 따라서 아동의 상대적 빈곤은 소득이 중위소득 50%에 미치지 못하는 가구에 속한 아동이 전체 아동 인구에서 차지한 비율을 의미한다. 현대 사회에서는 절대 빈곤보다 상대 빈곤 개념이 주로 사용되고 있다. OECD 국가들은 중위 가구소득의 40~60%, EU국가들은 평균 가구소득의 40~60% 미만을 상대 빈곤으로 규정하고 있다(윤혜미 외, 2010).

3) 문화적 빈곤

저소득층 주민의 생활과 관련되어 소득뿐만 아니라 주건 조건, 직업의 안정성 그리고 교육기회 등을 포괄한 사회적 불평등이나 문화 개념의 도입이 필요하다. 빈곤 문화론은 도시 저소득층 밀집 지역에서의 주민들의 생활 모습을 설명하는 것과 관련되어 있다. 빈곤 문화론의 핵심은 사회의 주류문화와 달리 빈곤 문화가 존재하고, 이러한 문화는 다음 세대로 전승된다는 것이다(공계순 외, 2019). 빈곤 문화론은 루이스(Lewis)에 의해 1959년 처음 주창되었으며, 멕시코와 푸에르토리코인 가족에 의해 확대되었다. 루이스는 빈민들은 사회의 대다수의 사람들에게서 소외되고 있으며, 그 결과 나름대로의 적응 행동을 학습해야 하는데 이러한 행동메커니즘이 확장되어 사회 속의 문화를 형성하게 된다고 주장하였다(공계순 외, 2019; 재인용).

빈곤 문화의 특징은 첫째, 사회의 주요제도에 참여가 제한되어 사회의 지배적 가치를 수용하지 못하는 사람들이 많다. 둘째, 한부모가정이 많으며 합법적 결혼 없이 동거하는 사람들이 많다. 셋째, 아동에게 절망감, 의존심, 열등감 등을 배양하여 쉽게 체념하거나 동기가 약하고 충동적이며 현재 중심적인 생활을 만들어 낸다. 넷째, 미래에 대한 희망의 부재는 아동에 대한 교육 투자를 감소시키고, 낮은 학력은 직업선택의 기회를 좁히고, 그로 인해 빈곤의 악순환이 계속된다(윤혜미 외, 2010).

2. 빈곤아동의 현황[11)]

빈곤아동은 빈곤 가정과 다양한 가족구조에서 나타나는 다양한 가족 문제에서 비롯되는 양상이 있다. 소득수준만으로 아동의 빈곤을 살펴보는 것은 아동이 실제 생활 영역에서 경험하는 것들을 잘 설명해 주지 못하다는 한계점이 있다. 따라서 일반적으로 빈곤아동의 발생 원인은 개인적 원인과 사회적 원인으로 나누어 볼 수 있다.

1) 개인적 원인

아동이 있는 가구주는 대부분이 경제생활에 활발하게 참여하고 있는 세대이기 때문에 가구주의 근로소득 및 가구주의 역할 수행은 아동의 빈곤에 영향을 미친다. 개인적 원인으로 가난의 대물림, 한부모가정의 증가, 가구주의 사망, 질병, 장애, 노령, 낮은 교육수준, 부적응 등을 들 수 있다.

(1) 가난의 대물림

저소득층 아동의 가정환경은 경제적 빈곤, 주거환경, 공부 공간 부재, 자녀학습지도 미흡 등 모든 면에서 열악하다. 여기에서 아동들은 학습 결손과 정서발달에 장애를

11) 김호년 외(2016). 아동권리와 복지. 양성원. pp.295~297. 발췌

겪게 되며 학업성취의 저하를 가져온다. 학교 부적응과 일탈·비행 현상도 발생할 수 있다. 학력이나 실력 등 경쟁력을 갖추지 못하다 보니 비정규직 취업이나 낮은 임금의 직종을 택하게 되어 결국 빈곤을 이어받게 되는 것이다. 실제로 가난이 대물림된다는 국민 인식도 널리 퍼져 있다.

(2) 한부모가족의 증가

한부모가족이란 이혼, 별거, 사별, 유기, 미혼모 등의 이유로 인하여 부모 중 한 사람과 18세 미만의 미혼 자녀들로 구성된 가정을 말한다. 즉, 부자가정, 모자가정, 이혼가정, 사별 가정, 미혼모 가정 등으로 인식하고 있다. 소득의 감소 또는 상실로 인해 경제적 문제, 자녀 양육문제 등이 있으며, 남녀의 역할을 한 명이 해야 하는 부담과 역할 긴장 등의 문제가 발생하기도 한다. 대부분 경제적으로 큰 어려움을 가지고 있다. 한부모가족의 경제적인 문제는 부자 가족보다 모자 가족이 저소득층에 머물 가능성이 높은 것은 여성 가구주의 여러 가지 특성에 의해서이다. 모자 가구의 단독 취업은 노동시장의 성 편향성으로 인해 고용안정성과 소득수준이 떨어져 빈곤 수준을 더욱 악화시키는 원인이 되므로 여성 경제활동의 질 제고의 정책이 뒤따라야 할 것이다.

가족해체 이후 자녀의 양육문제가 여성의 빈곤화를 촉진한다는 연구 결과에 의하면, 가족해체로 인하여 빈곤해진 여성은 자녀 양육비 부담으로 인하여 더욱 심각한 경제적 어려움을 겪게 된다. 즉, 가족해체에 따른 많은 가구가 최종적으로는 경제적인 빈곤에 직면하게 되며, 경제적 빈곤은 여성 가구주들에게 자녀 양육에 따른 추가 경비의 지출을 어렵게 만들고, 또한 자녀 양육비용은 해체 가정을 더욱 경제적으로 어렵게 하는 요인이 되는 것이다.

또한 부자 가족의 대다수는 부의 저학력과 저소득으로 인해 경제적으로 빈곤한 상태에 처해 있다. 이러한 경제적 빈곤은 부가 자녀 양육과 가사 일 양쪽을 다 신경써야 하기 때문에 이를 고려한 직업을 찾다 보면 직업선택의 기회가 적어지고 이직의 가능성도 높아져 더 악화되기도 한다.

(3) 미혼모의 증가

미혼모 자신은 사회의 냉대와 거부로 인해 죄의식과 수치심, 소외감 등에 시달리게 되며, 학업을 중단, 직장을 포기하는 등 기존의 생활기반을 잃게 됨에 따라 신체적·정신적으로 극히 불안정한 상태에 놓이게 되어 영아 유기, 영아 살해를 저지르거나 정신이상에 빠지거나 윤락여성으로 전락하기도 한다. 더욱이 미혼모가 아이를 키울 경우에는 저소득 모자가정으로 빈곤 문제가 발생하고, 아기를 키우지 못할 경우에는 기아, 유기 등을 발생시켜 아동 문제가 발생하기도 한다. 또한 미혼모의 아이는 대부분 한 달 정도 위탁모의 손에 키워지다가 양부모에게 입양되거나 아동보호시설에 입소되거나 미혼모에 의해 양육되어 진다. 좋은 양부모에게 입양되는 경우를 제외하고는 아이에게 미치는 영향은 매우 커진다. 시설입소 후 고아로 자라는 경우 고아라는 이유로 인한 정서적 불안과 사회의 불이익을 경험하게 된다. 이로 인해 미혼모의 아이 또한 사회적응이 원만하지 못해 비행 청소년 등 또 다른 사회문제를 일으킬 소지를 내포하고 있다. 미혼모 혼자 아이를 양육하는 경우에도 아버지가 없는 아이라는 사회적 냉대와 편견 및 차별대우, 아버지 없는 가정에 대한 불만 및 경제적 빈곤을 겪기 쉽다.

2) 사회적 원인

갤브레이스(Galbraith)에 따르면, 빈곤을 발생시키는 사회적 요인으로는 자원부족, 정부의 성격, 경제제도, 자본과 기술의 부족, 기후, 노동시장 등이 있다고 하였으며, 다음과 같은 내용으로 정리할 수 있다.

첫째, 국가의 취업구조, 노동시장의 구조적 불평등, 고용의 불안정성, 임금 차별, 가장의 실직으로 인한 가정 경제의 붕괴이다.

둘째, 조부모가 조손을 양육하는 가정 증가, 이혼율 증가, 여성가구주 증가 등으로 인한 가구 내 비노동 인구의 증가를 들 수 있다.

셋째, 소득 재분배 기능을 수행하는 사회보장제도를 포함한 사회복지정책의 부실이다.

3) 빈공 아동의 빈곤율

빈곤아동이 얼마나 되는가에 대해서는 추계방법에 따라 차이가 있겠지만 주로 국민기초생활보장제도 수급대상 아동 수를 기초로 하는 것이 일반적이다.

보건복지부(2017)에 의하면, 절대적 빈곤율에 따라 아동 빈곤의 수준을 살펴보면, 농어촌가구를 제외한 도시지역의 절대적 아동 빈곤율은 2006년 5.9%에서 점차 감소하여 2014년 3.3%를 기록하였으며, 2015년 0.3%p증가한 3.6%를 기록하였다.

급속한 경제성장과 공공부조 제도의 확대 등으로 인해서 절대 빈곤율은 완화되었으나 사회의 양극화와 불평등의 심화에 따라 상대적 빈곤선을 사용하여 아동의 빈곤수준을 진단할 필요성이 제기되었다.

상대적 아동 빈곤율을 살펴보면, 2003년 10.0%에서 2007년 11.0%로 증가한 이후 2008년부터 하락하기 시작하여 2015년 7.4%로 지속적인 감소추세를 보이고 있다. 2013년 기준 OECD 34개 국가의 평균 아동 빈곤율 13.3%와 비교했을 때, 우리나라 아동의 상대적 빈곤율은 7.1%로 더 낮게 나타났다. 또한 복지패널데이터와 보건복지부에 따르면, 아동이 있는 국민기초생활보장수급자 가구는 대개 전체 아동이 있는 가구의 5% 정도를 차지했다. 허선(2016)의 연구에 의하면, 기초생활수급자로 지정되지 않은 복지 사각지대 빈곤아동은 '빈곤 가구'와 '차상위 가구' '저소득 빈곤가구' 등 복지 사각지대에 놓인 빈곤아동을 모두 합치면 6.5%로, 이를 아동 인구수로 환산하면 39만~68만 명에 달한다고 계산하였다. 이에 기초보장수급자를 선정하는 데 있어서 부양의무자와 관련한 불합리한 기준은 하루빨리 개선돼야 한다고 지적하였다.

3. 아동권리에 기반한 빈곤아동 지원정책과 제도

아동권리에 기반한 빈곤아동의 지원정책을 알아보기 위해 빈곤아동을 어떻게 보호해야 하는지 권리보호 관점에 비추어 살펴보고, 빈곤아동에 대한 권리보호 관점의 필요성, 빈곤아동에 대한 보호의 원칙, 빈곤아동 가구의 특성, 빈곤아동지원을 위한 복지 전달체계, 현행 제도의 문제점 등을 살펴보고자 한다.

1) 빈곤아동에 대한 권리보호 관점의 필요성

「유엔아동권리협약」은 아동권리를 '모든 아동들이 마땅히 누려야 할 권리'라고 정의하고 있다. 생존권, 보호권, 발달권, 참여권 등 4대 기본권과 무차별의 원칙, 아동 최선의 이익 원칙, 아동 의견 존중의 원칙 등 기본 원칙에 바탕을 두고 있다.

Madeleine Leonard(2004)는 아동권리 그 자체의 필요성에 대해 설명하였는데, 아동이 미성숙하다는 이유로 권리의 주체로서 인정받지 못하는 경우가 많음을 지적하였고, 실제로 많은 성인들이 아동은 미성숙하며, 비논리적이고 경험이 부족하기 때문에 자신의 문제를 해결하기 위한 적절한 결정을 내리지 못한다고 주장한다는 점을 문제로 지적하였다. 그들은 이러한 성인들의 주장과는 달리 아동들이 권리를 가진다는 것은 책임감을 배운다는 것을 의미하며, 권리를 부여하지 않는다는 것은 아동이 자신의 책임과 의무를 배우지 못한다는 것을 의미한다고 하였다.

Angela Abela(2005)의 연구에서는 아동권리 인식의 필요성에 대하여 다음의 다섯 가지 이유를 논하였다. 첫째, 아동권리 인식에 대한 이해는 아동 옹호문제를 이야기하기 위해 필요하며, 둘째, 아동이 스스로 자신의 권리를 행사하고 문제 상황이 발생했을 때 이를 해결하기 위해 성인이 더욱 효과적으로 개입할 수 있도록 도와주며, 셋째, 아동 스스로의 의견을 연구하는 것으로서 이는 아동의 자율성을 성인이 존중할 수 있도록 하는 발판이 되기 때문에 필요하며, 넷째, 아동에게 민주적인 가치에 대해

교육하기 위한 노력에 긍정적인 영향을 미치며, 다섯째, 아동에게 있어서 가장 중요한 문제를 성인이 아닌 아동 자신이 가장 잘 파악하기 위해서 필요하다고 하였다. 대부분의 성인은 아동에게 진정으로 중요한 문제가 무엇인지 알아차리지 못하며, 아동의 진정한 보호를 위해 아동권리 인식은 필수적이라고 지적하였다.

이에 「유엔아동권리협약」과 같이 범국가적으로 동의된 아동권리 실현의 기준이 각국의 아동빈곤에 어떻게 침해되었는지를 구체적으로 밝힐 수 있는 원동력이 될 수 있으며, 빈곤으로부터 아동을 보호할 정책적 개입의 필요성을 제시할 수 있다. 또한 아동 빈곤은 국가가 법적 책임을 지고 있는 '권리의 침해(violation of problem)' 상태라는 것이다(이재연 외, 2018). 이러한 차원에서 「유엔아동권리협약」은 아동의 권리를 건강, 교육, 영양 등의 여러 가지 차원을 다루고 있는 것과 마찬가지로 아동 빈곤을 건강, 영양, 위생적인 물, 주거지, 교육, 정보 등 '다차원적인(multidimensional)' 측면에서 살펴본 박탈 상태로 보았다(이재연 외, 2018).

2) 빈곤아동에 대한 보호의 원칙

「유엔아동권리협약」에서 빈곤으로부터 자유가 아동의 명백한 권리임을 구체적으로 명시하고 있지 않지만 빈곤으로 인해 아동에게 초래되는 물질적 · 사회적 박탈 상태를 어떻게 다루어야 하는지에 대해서 여러 조항에 걸쳐 다루고 있다(Townsend, 2012; 이재연 외, 2018 재인용). 즉, 「유엔아동권리협약」의 제26조와 27조는 아동이 발달에 필요한 생활 수준을 누릴 권리를 선언하고 있으며, 부모와 사회가 이를 보호하기 위해 노력할 책임이 있다는 것을 강조하였다. 이외에 「유엔아동권리협약」 제13조, 제17조, 제19조, 제20조, 제23조, 제24조, 제26조, 제28조, 제31조, 제32조, 제34조, 제37조, 제39조에 걸쳐 아동이 주거지, 영양부족, 위생불안, 안전한 식수, 건강서비스, 교육, 정보 등에서 빈곤으로 인해 권리를 침해당하지 않도록 국가가 보호해야 함을 역설하고 있다(이재연 외, 2018).

3) 빈곤아동 가구의 문제점

빈곤은 태아기부터 성인기에 이르기까지 아동의 일생에 지속적으로 악영향을 미친다. 빈곤아동은 생계유지에 분주한 부모의 무관심과 열악한 사회문화적 자본력 때문에 학업 수행에서 뒤떨어지고, 결과적으로 직업경쟁에서도 뒤처지는 경험을 하게 된다. 또한 빈곤아동은 발달과정에서의 위기와 어려움 극복에 필요한 지원의 부족과 경제적 조건과 그 결과에 따른 차별을 경험하면서 고립감, 우울과 불안이 깊어지고, 이는 문제행동이 증가할 수 있는 요인이 된다.

빈곤아동의 부모가 겪고 있는 실업 및 장기실업은 가구소득의 단절을 의미하여, 이는 가구의 빈곤 위험성을 절대적으로 증대시키고(구인회, 2005), 빈곤은 가족해체의 촉발요인으로 작용한다. 이는 이혼·가출로 이어지며 한부모가정이나 조손가정을 발생시킨다. 이와 같은 최근의 사회현상과 맞물려 경제위기, 사회양극화 현상, 가족해체의 증가는 사회적으로 보호를 필요로 하는 빈곤아동의 증가를 초래시킨다(Falkingham, 2003; 한성심 외, 2017 재인용). 빈곤가족의 문제점을 정리하면 다음과 같다(유미혜, 2005).

(1) 사회경제적 문제

대체로 빈곤층은 불안정한 취업상태에 있으며 낮은 소득과 직결되어 있다고 볼 수 있다. 저소득층이 취업하는 형태는 건설 일용직 등의 임시 일용직이어서 매우 불안정한 고용구조를 보이고 있기 때문에 가구주의 수입 이외에 배우자와 자녀들을 소득획득에 동원하는 취업방식을 택하고 있다(박용순, 2001).

(2) 자녀양육 문제

빈곤가족의 아동은 불충분한 소득으로 인하여 충분한 보호를 받기가 어렵다. 빈곤가족의 경우 생계를 위해 맞벌이를 하는 경우가 많으나 어린이집을 활용할 수 없는 영유아의 경우 열악하고 위험한 주거환경에 방치되기 쉽다. 경제적 어려움으로 인해 자녀 유기도 빈번하게 발생한다고 볼 수 있다. 또한 각종 교육 자료에 접할 수 있는 기회가 제한되어 있어 학습 부진을 경험하기 쉽다. 특히 학비 부담으로 인해 상급학교의 진학을 포기하는 경우도 발생한다(조흥식, 1991). 결국 빈곤가족의 자녀는 적절한 교육수준에 미달하고 있기 때문에 안정된 취업의 기회가 현실적으로 제한되고 있다. 이로 인해 빈곤가족의 자녀들은 사회적 부적응은 물론 생활의 좌절을 겪으면서 비행 청소년으로 성장할 가능성이 높아질 수 있다.

(3) 주거 문제

최저 주거기준은 2000년 도입 후 2011년 개정되었으며, 주거실태조사 결과를 토대로 미달가구 규모를 추정한다. 2016년 조사 결과 최저주거기준 미달 가구 비율은 5.4%로 2014년 비율과 동일하게 나타났고, 최저주거기준 미달가구 수는 102.7만 가구로 2014년 99.2만 가구에 비해 증가하였으나, 주거실태조사 실시된 후 10년 간 변화를 보면 전반적으로 감소 추세에 있어 주거의 질적 수준 개선이 꾸준히 이루어지고 있음을 볼 수 있다(보건복지부・한국보건사회연구원, 2017).

우리나라의 주택 보급률은 2000년 현재 전국적으로 94.1%로 매우 높은 편이나, 주택건설 실적을 보면 영구임대나 장기임대주택보다는 분양을 목적으로 하는 일반 공공주택이 대부분이다.

(4) 건강 문제

대다수 빈곤가족은 부적절한 주택, 영양부족, 비위생적인 식수관리 등으로 인해 건강의 악화를 초래한다(김창엽, 2000). 만성질병은 높은 의료비 부담을 초래하고 결국 가족을 더욱 빈곤하게 만든다. 이처럼 빈곤으로 인해 가족원에게 건강상의 문제가 발생하면, 적절한 치료와 서비스를 받아야 함에도 불구하고 빈곤가족은 의료에 대한 접근이 떨어지기 때문에 건강 악화가 가속화된다. 특히 가구주가 질병을 앓고 있어 노동능력을 상실하게 되면, 가족의 경제적 어려움은 더욱 가중된다.

(5) 빈곤의 세습

빈곤은 건강 문제와 교육문제에 관련이 깊어 다음 세대로 전승될 가능성이 크다. 부모가 가난하여 자식도 가난하게 된 경우를 세대 간 빈곤이라고 한다. 이러한 세대 간 빈곤은 빈곤을 영구화시켜 최하층 계급을 형성한다.

(6) 가족 문제

빈곤은 가족 문제의 원인이 된다. 즉, 빈곤은 가정폭력의 원인 중 하나이고, 빈곤으로 인한 스트레스는 아동학대와 이혼의 원인이 되며, 빈곤으로 인한 경제적 능력의 부족은 아동양육을 등한시하게 만든다. 결국, 빈곤이 지니는 경제적 궁핍, 생활환경문제, 가족구조 및 가족관계 문제, 심리적 문제 등의 경제적 · 사회적 · 정서적 요인 등으로 말미암아 빈곤아동의 건전한 성장발달에 역기능을 초래한다고 볼 수 있다.

4) 빈곤아동 지원을 위한 복지 전달체계

빈곤아동을 지원하기 위하여 2011년 7월 14일자로 「아동의 빈곤예방 및 지원 등의 관한 법률(약칭: 「아동빈곤예방법」)」이 제정된 이래 2017년 7월 26일 일부 개정하여 시행하고 있다. 이 법은 제1조에서 빈곤아동이 복지 · 교육 · 문화 등의 분야에서 소외와 차별을 받지 아니하고 한 사회의 구성원으로 건강하게 자랄 수 있도록 제도적 기반을 마련하는 것을 목적으로 한다.

「아동빈곤예방법」) 제2조 기본이념은 빈곤아동이 부모의 사회적 · 경제적 지위와 상관없이 태어나서 자립할 때까지 충분한 역량을 갖출 수 있도록 균형 있고 조화로운 성장과 건강하고 행복한 삶을 누릴 수 있도록 하는 것이다. 제3조 정의에서는 “아동빈곤”이란 아동이 일상적인 생활여건과 자원이 결핍하여 사회적 · 경제적 · 문화적 불이익을 받는 빈곤한 상태를 말한다. 따라서 “빈곤아동”이란 생활여건과 자원의 결핍으로 인한 복지 · 교육 · 문화 등의 격차를 해소하기 위하여 지원이 필요한 아동을 말하며, 그 구체적인 기준은 보건복지부령으로 정한다.

「아동빈곤예방법」에서 밝히고 있는 국가와 지방자치단체의 책무는 동법 제4조에 다음과 같이 명시되어 있다.

첫째, 국가와 지방자치단체는 복지·교육·문화 등의 지원을 빈곤아동정책 수행에 필요한 법·제도적 장치를 마련하고 업무수행에 필요한 재원을 안정적으로 확보하기 위하여 노력하여야 한다.

둘째, 국가와 지방자치단체는 빈곤아동의 안전·건강 및 복지증진을 위하여 빈곤아동과 그 보호자 및 가정을 지원하기 위한 정책을 수립하고 시행하여야 한다.

셋째, 국가와 지방자치단체는 빈곤아동이 어떠한 종류의 차별과 편견을 받지 아니하도록 필요한 시책을 강구하고 마련하여야 한다.

빈곤아동을 지원하기 위한 중앙정부의 전달체계는 다음과 같다(이재연 외, 2018).

첫째, 보건복지부 아동복지정책과에서는 빈곤아동 종합대책을 수립하고 관련 정책을 조정하도록 되어 있다.

둘째, 보육사업기획에서는 어린이집 보육료와 양육수당 지원 대상자의 소득기준 결정에 관한 사항을 다루고 있으며 영유아, 장애아 및 다문화 가족 등의 취약보육 서비스 지원을 담당하고 있다.

넷째, 아동권리과에서는 결식아동 급식에 관한 사항, 지역아동센터, 방과 후 돌봄서비스에 관한 사항을 담당하고 있다.

5) 현행 제도와 개선 방향

고용불안으로 인한 근로 빈곤계층과 가정 해체로 인한 빈곤 한부모가정의 증가는 빈곤아동의 수를 증가시키는 원인으로 볼 수 있으며, 급변하는 사회변화와 함께 가정과 아동의 욕구도 변화하여 아동복지서비스의 기본 방향에 변화를 요구하고 있다. 아동양육의 책임은 일차적으로 가정과 부모에게 있고 국가는 가정이 해결하지 못한 상황에 개입한다는 소극적인 자세를 더 이상 견지하기 어렵다. 즉, 아동양육의 주된 서비스 제공으로 저출산·고령사회 변화에 따라 아동에 대한 보다 적극적인 사회·투자적 성격의 빈곤아동 지원책이 도입되어야 한다(한성심 외, 2017).

(1) 빈곤아동의 사회보장제도

보건복지부(2016) 제1차 아동정책기본계획에 따르면, 정부는 빈곤아동에 대한 기본계획을 수립하기 위해 빈곤가정 아동의 기본 욕구 등에 대한 실태조사를 주기적으로 실시하고, 빈곤아동지원 5개년 기본계획을 수립하고자 하였다. 이를 위해 정부에서는 구체적으로 기초생활보장제도의 맞춤형 급여 전환에 따른 빈곤가정의 아동에 대한 영향 분석을 실시할 계획이며, 특히 아동의 성장과정에 미치는 교육·문화·주거급여의 영향을 분석할 예정이라고 하였다(이재연 외, 2018). 이외에 아동 기본계획에는 아동을 위한 다면적인 권리보장 정책들이 망라되어 있어 빈곤아동의 지원에도 보다 다양한 접근이 가능해질 수 있을 것이다(김미숙 외, 2013).

① 국민기초생활보장제도

빈곤아동 가족지원과 관련된 법률로는 「국민기초생활보장법」, 「한부모가족지원법」, 「아동복지법」, 「영유아보육법」, 「장애아동복지지원법」, 「빈곤아동복지지원법」 등이 있다.

「국민기초생활보장법」제도는 기본적으로 가구를 지원하는 단위로 하여, 가구의 소득을 지원하는 것이다. 빈곤선 이하의 저소득 국민에게 국가가 생계·주거·교육·의료·해산·장제·자활 등에 소요되는 기본적인 경비를 제공함으로써 최소한의 기초생활을 보장하기 위해 만들어졌다. 1961년 제정된 「생활보호법」을 폐지하고, 1999년 9월 7일 법률 6024호로 제정해 2000년 10월부터 시행했다. 그러나 복지 사각지대의 발생과 상대적 빈곤의 확산에 따라 2015년 7월부터 최저생계비보다는 중위소득을 고려하여 생계·주거·교육 급여별 선정기준을 각각 다르게 정하여 생계비 지원대상이 아니더라도 주거 · 의료 · 교육 급여를 받을 수 있는 가구별 개별 욕구에 맞는 급여 지원을 하도록 맞춤형 급여제도로 전환하였다(한성심 외, 2017).

2015년 개별급여가 시행되어 각 급여별 선정기준이 별도 선정되어 있다. 중위소득을 기준으로 생계급여는 중위소득 30%, 의료급여는 40%, 주거급여는 44%, 교육급여는 50%이내의 가구에게 수급자격이 주어진다. 또한 기본생계지원 외에 아동과 직접적으로 관련된 것은 교육급여로, 저소득층 자녀의 취학 전 교육지원, 저소득층 중 · 고등학교 재학생 학비지원과 학용품비 등이 있다(한성심 외, 2017). 국민기초생활보장의 급여 종류 및 내용은 〈표 6-1〉과 같다.

〈표 6-1〉 국민기초생활보장의 급여 종류 및 내용

종 류	내 용
생계급여	• 생계급여는 수급자에게 의복, 음식물 및 연료비와 그 밖에 일상생활에 기본적으로 필요한 금품을 지급하여 그 생계를 유지하게 하는 것으로 한다.<개정 2014. 12. 30.> • 생계급여 수급권자는 부양의무자가 없거나, 부양의무자가 있어도 부양능력이 없거나 부양을 받을 수 없는 사람으로서 그 소득인정액이 제20조 제2항에 따른 중앙생활보장위원회의 심의 · 의결을 거쳐 결정하는 금액(이하 이 조에서 "생계급여 선정기준"이라 한다) 이하인 사람으로 한다. 이 경우 생계급여 선정기준은 기준 중위소득의 100분의 30 이상으로 한다.<신설 2014. 12. 30.> • 생계급여 최저보장수준은 생계급여와 소득인정액을 포함하여 생계급여 선정기준 이상이 되도록 하여야 한다.<신설 2014. 12. 30.>
의료급여	• 의료급여는 수급자에게 건강한 생활을 유지하는 데 필요한 각종 검사 및 치료 등을 지급하는 것으로 한다. • 의료급여 수급권자는 부양의무자가 없거나, 부양의무자가 있어도 부양능력이 없거나 부양을 받을 수 없는 사람으로서 그 소득인정액이 제20조 제2항에 따른 중앙생활보장위원회의 심의 · 의결을 거쳐 결정하는 금액(이하 이 항에서 "의료급여 선정기준"이라 한다) 이하인 사람으로 한다. 이 경우 의료급여 선정기준은 기준 중위소득의 100분의 40 이상으로 한다. • 의료급여에 필요한 사항은 따로 법률에서 정한다.
주거급여	• 주거급여는 수급자에게 주거 안정에 필요한 임차료, 수선유지비, 그 밖의 수급품을 지급하는 것으로 한다.<개정 2014. 12. 30.> • 주거급여에 관하여 필요한 사항은 따로 법률에서 정한다.<개정 2014. 12. 30.>
교육급여	• 교육급여는 수급자에게 입학금, 수업료, 학용품비, 그 밖의 수급품을 지급하는 것으로 하되, 학교의 종류 · 범위 등에 관하여 필요한 사항은 대통령령으로 정한다. • 교육급여는 교육부장관의 소관으로 한다.<개정 2014. 12. 30.>

종 류	내 용
	• 교육급여 수급권자는 부양의무자가 없거나, 부양의무자가 있어도 부양능력이 없거나 부양을 받을 수 없는 사람으로서 그 소득인정액이 제20조 제2항에 따른 중앙생활보장위원회의 심의 · 의결을 거쳐 결정하는 금액(이하 "교육급여 선정기준"이라 한다) 이하인 사람으로 한다. 이 경우 교육급여 선정기준은 기준 중위소득의 100분의 50 이상으로 한다.<신설 2014. 12. 30.> • 교육급여의 신청 및 지급 등에 대하여는 「초 · 중등교육법」 제60조의4부터 제60조의9까지 및 제62조 제3항에 따른 교육비 지원절차를 준용한다.<신설 2014. 12. 30.>
해산급여	• 해산급여는 제7조 제1항 제1호부터 제3호까지의 급여 중 하나 이상의 급여를 받는 수급자에게 다음 각 호의 급여를 실시하는 것으로 한다.<개정 2014. 12. 30.> 1. 조산(助産) 2. 분만 전과 분만 후에 필요한 조치와 보호 • 해산급여는 보건복지부령으로 정하는 바에 따라 보장기관이 지정하는 의료기관에 위탁하여 실시할 수 있다. • 해산급여에 필요한 수급품은 보건복지부령으로 정하는 바에 따라 수급자나 그 세대주 또는 세대주에 준하는 사람에게 지급한다. 다만, 제2항에 따라 그 급여를 의료기관에 위탁하는 경우에는 수급품을 그 의료기관에 지급할 수 있다.
장제급여	• 장제급여는 제7조 제1항 제1호부터 제3호까지의 급여 중 하나 이상의 급여를 받는 수급자가 사망한 경우 사체의 검안(檢案) · 운반 · 화장 또는 매장, 그 밖의 장제조치를 하는 것으로 한다.<개정 2014. 12. 30.> • 장제급여는 보건복지부령으로 정하는 바에 따라 실제로 장제를 실시하는 사람에게 장제에 필요한 비용을 지급하는 것으로 한다. 다만, 그 비용을 지급할 수 없거나 비용을 지급하는 것이 적당하지 아니하다고 인정하는 경우에는 물품을 지급할 수 있다.
자활급여	• 자활급여는 수급자의 자활을 돕기 위하여 다음 각 호의 급여를 실시하는 것으로 한다. 1. 자활에 필요한 금품의 지급 또는 대여 2. 자활에 필요한 근로능력의 향상 및 기능습득의 지원 3. 취업알선 등 정보의 제공 4. 자활을 위한 근로기회의 제공 5. 자활에 필요한 시설 및 장비의 대여 6. 창업교육, 기능훈련 및 기술 · 경영지도 등 창업지원 7. 자활에 필요한 자산형성 지원 8. 그 밖에 대통령령으로 정하는 자활을 위한 각종 지원 • 제1항의 자활급여는 관련 공공기관 · 비영리법인 · 시설과 그 밖에 대통령령으로 정하는 기관에 위탁하여 실시할 수 있다. 이 경우 그에 드는 비용은 보장기관이 부담한다.

출처: 법제처(2019). 국민기초생활보장법(2018.12.11. 일부 개정)

이외에도 빈곤 한부모가정의 아동은 「모・부자복지법」에 의해 지원을 받을 수 있다. 그러나 「국민기초생활보장법」에 의해서 수급을 받고 있는 경우, 중복 급여를 하지 않으므로 한부모가정에 대한 지원은 국민기초생활보장 대상에서 제외한 차상위 저소득 가정으로 제한하고 있다. 또한 부모가 없거나 다른 이유로 함께 생활하지 못하는 아동들 중 아동양육시설, 공동생활가정(그룹홈), 위탁가정 등에서 자라는 아동은 국민기초생활보상 대상자로서 지정되어 해당 서비스를 지원받게 된다(한성심 외, 2017).

② 자녀장려금

저소득 가구에 자녀 양육비를 지원하는 제도로서 2015년 기초생활보장제도 개편과 함께 도입되었다. 자녀장려금과 함께 매년 5월에 신청하면 심사를 거쳐 9월~10월경 지급한다.

자녀장려금은 출산을 장려하고 저소득 가구의 자녀양육 부담을 경감하기 위해 총소득(부부합산)이 4,000만 원 미만이면서 부양자녀(18세 미만)가 있는 경우 1명당 최대 70만 원을 지급하는 제도이다(법제처, 2020). 수급자격으로는 소득기준 외 재산 기준이 있는데, 2018년 6월 1일 현재 가구원 재산 합계가 2억원 미만이며(다만, 토지, 건물, 자동차, 예금, 전세보증금 등이 포함) 부채는 차감하지 않는다. 제외 대상자는 신청 해당일로부터 대한민국 국적을 보유하지 아니한 자, 대한민국 국적을 가진 자와 혼인한 자, 대한민국 국적의 부양 자녀가 있는 자, 다른 거주자의 부양 자녀인 자, 거주자(배우자 포함)가 전문직 사업을 영위하고 있는 자는 제외된다(법제처, 2020). 신청 방법은 국세청 홈페이지와 주소지 담당 세무서를 통해 신청할 수 있다.

자녀장려금은 부모 노동력 유무에 따라 지원하는 것으로(예: 국민기초생활보장제도), 아동 있는 경우에 지원하며, 조세제도의 활용을 통해 빈곤가정의 소득을 지원하는 것이다. 아동중심의 소득지원제도는 결과적으로 자녀 양육에 필요한 일정 비용을 정부가 지원함으로써 아동의 전인적인 발달을 돕고, 발달상의 위험은 최소한 줄이고, 부모의 양육 부담을 경감하는 등 모든 아동들에게 출발선을 공평하게 하는 기회를 제공하기 위한 아동복지서비스로 간주된다.

③ **아동발달계좌: 디딤 씨앗통장**(CDA)

디딤 씨앗통장은 저소득층 아동(보호자, 후원자)이 매월 일정 금액을 저축하면 국가(지자체)에서 1:1 정부 매칭 지원금으로 월 4만 원까지 같은 금액을 적립해 줌으로써 아동이 준비된 사회인으로 성장할 수 있도록 도와주는 자산형성 지원사업이다. 대상아동은 시설보호아동, 가정위탁, 소년소녀가정아동, 공동생활가정(그룹홈)아동, 장애인시설보호아동, 가정복귀아동, 기초생활수급자가구 아동 등이며, 만 12세~ 만 17세까지 신규가입이 가능하다. 아동이 만 18세가 되어 아동복지서비스의 대상에서 벗어나 독립적으로 생활하게 될 때, 현재 지급되고 있는 자립지원금이 300만~400만 원 정도는 현실적으로 도움이 어렵기 때문에 2007년부터 '아동발달지원계좌'사업을 추진하게 되었다. 이 제도는 아동에게 월 후원금에 대해 정부나 지방자치단체가 매칭 펀드를 제공하는 것으로 월 3만 원을 상한선으로 하여 아동이 만 18세가 될 때까지 지원한다. 사용 용도는 오로지 아동의 자립을 위한 목적으로 사용되어야 하며 지원 아동의 현황을 살펴보면 〈표 6-2〉와 같다.

〈표 6-2〉 지원 아동 현황

(단위: 명)

구분	총합계	시설 보호아동	가정위탁 보호아동	소년소녀 가정아동	공동생활 가정아동	장애인시설 아동	가정복귀 아동	기초생활 수급가구아동
지원 아동	71,457	11,844	8,478	63	2,405	1,058	2,469	45,140

출처: 디딤씨앗통장(2020). www.adongcda.or.kr(2017. 12월).

(2) 빈곤아동 지원 서비스

빈곤아동은 경제적인 영향뿐만 아니라 열악한 가정환경에서의 적절한 자극과 지지의 부재로 인해 인지능력, 학습능력 및 학교적응 능력에 취약하며, 사회성 발달과 대인관계에도 원만하지 못하며 성인기까지 부정적인 영향을 미친다. 가정에서의 빈곤

아동에 대한 보호 사업으로 제1차 아동정책 기본계획을 수립하여, 정부는 빈곤아동의 기본 욕구 등에 대한 실태조사를 5년마다 주기적으로 실시하여 다면적인 아동권리보호 정책으로 접근하고 있으며, 사회에서의 빈곤 아동보호는 지금까지 지속적으로 해오고 있다. 이중 스타트 사업은 OECD 각국에서 이루어져 온 대표적인 빈곤아동 지원사업이라 할 수 있다. 민간에서 시작된 취약계층 청소년을 위한 공부방 또한 아동의 방과 후 돌봄서비스와 건전육성을 목적으로 하는 지역아동센터로 개편하여 확산, 지원하게 되었다.

① 지역아동센터

지역사회 아동의 보호·교육, 건전한 놀이와 오락의 제공, 보호자와 지역사회의 연계 등 아동의 건전육성을 위하여 종합적인 아동복지서비스를 제공하는 소규모의 아동복지시설(이용시설)을 말한다. 지역아동센터는 「아동복지법」 제52조 제1항 제8호에 의한 아동복지시설의 하나로서, 저소득층 수급권자, 차상위 계층이나 조손(祖孫)가정, 한부모가정을 대상으로 민간 차원에서 진행되던 공부방을 2004년 보건복지부에서 법제화하여 '지역아동센터'로 전국에 보급하였다. 지역아동센터는 통합적 복지 개념을 도입하여 학원과 기타 시설에서 시행하지 못하는 다양한 문화 콘텐츠와 기부문화 형성, 무료급식 실시 등 다변화하는 21세기의 새로운 가정 개념에 적극적으로 대처하는 아동복지시설이다. 처음엔 민간시설로 시작하였으나 정부가 일정액의 재정을 지원하고 있다. 지역아동센터의 역할은 아동보호(안전한 보호 및 급식 등), 교육기능(일상생활지도, 학습도우미 등), 정서적 지원(상담, 가족지원 등), 문화서비스(체험활동, 공연 등) 등으로 지역사회 내 아동 돌봄에 대한 사전 예방적 기능 및 사후 연계를 제공하고 있다. 현재 지역사회의 대표적인 방과 후 돌봄 기관으로 자리매김하고 있다. 지역아동센터는 2004년 895개소에서 2016년 4,107개소로 급격히 증가했으며, 이용 아동 수도 2004년 23,347명에서 2015년 109,661명까지 지속적으로 증가세를 보이다가 2016년 106,668명으로 소폭 감소하였다. 2016년 지역아동센터 이용 아동의 학령별 분포를 보면 77%가 초등학생, 17%가 중학생이었으며, 고등학생(4.1%)과 미취학아동(1.8%)은 상대적으로 낮게 나타났다. 아동의 경제상황별로는 중위소득 50%이하인 교육급여대상 아동이 25.3%를 차지하고 있다. 가정형태별로는 전체의 67.6%가 양부모 가정이었으며, 모자가정과 부자가정이 각각 16.6%, 11.7%로 나타났다(보건복지부 2019b). 다음 〈표 6-3〉은 지역아동센터의 재정지원에 대한 내용이다.

〈표 6-3〉 지역아동센터 재정 지원

<table>
<tr><th colspan="2" rowspan="2">구분</th><th rowspan="2">법정
종사자수</th><th colspan="4">월 평균</th></tr>
<tr><th>2018년도</th><th>2019년도</th><th>인상액</th><th>인상율</th></tr>
<tr><td colspan="2">센터 평균</td><td>2.4명</td><td>516만 원</td><td>529만 원</td><td>13만 원</td><td>2.5%</td></tr>
<tr><td rowspan="2">10~10인
이하</td><td>도시형</td><td rowspan="2">2명</td><td>451만 원</td><td>458만 원</td><td rowspan="2">7만 원</td><td>1.6%</td></tr>
<tr><td>읍면형</td><td>466만 원</td><td>473만 원</td><td>1.5%</td></tr>
<tr><td rowspan="2">20~29인
이하</td><td>도시형</td><td rowspan="2">2명</td><td>476만 원</td><td>484만 원</td><td rowspan="2">8만 원</td><td>1.7%</td></tr>
<tr><td>읍면형</td><td>491만 원</td><td>499만 원</td><td>1.6%</td></tr>
<tr><td colspan="2">30인 이상</td><td>3명</td><td>654만 원</td><td>670만 원</td><td>16만 원</td><td>2.4%</td></tr>
</table>

출처: 한국지역아동센터연합회(2020). www.hjy.kr.

② 스타트 사업

사회에서 빈곤아동을 보호하기 위한 대표적인 사업 중 하나는 스타트 사업이라 할 수 있다.

미국의 헤드스타트, 영국의 슈어스타트, 캐나다의 페어스타트, 호주의 베스트스타트, 그리고 우리나라의 드림스타트 사업이 있다.

드림스타트는 취약계층 아동에게 맞춤형 통합서비스를 제공하여 아동의 건강한 성장과 발달을 도모하고 공평한 출발기회를 보장함으로써 건강하고 행복한 사회구성원으로 성장할 수 있도록 지원하는 사업이다. 「아동복지법」 제37조(취약계층 아동에 대한 통합서비스지원)을 근거하여 가족해체, 사회양극화 등에 따라 아동빈곤 문제가 심각해지면서 빈곤아동에 대한 사회투자 가치의 중요성에 기반하여 도입한 서비스로서 취약아동과 가족에 초점을 둔 통합사례관리를 통해 모든 아동에게 공평한 출발기회를 보장한다는 목적을 가지고 있는 조기투자 정책이다(한성심 외, 2017).

드림스타트 사업의 지원대상은 0세(임산부)~만 12세(초등학생 이하) 아동 및 가족으로 국민기초수급 및 차상위 계층 가정, 조손가정을 포함한 법정 한부모가정, 학대 및 성폭력 피해아동 등을 우선으로 지원하는 것을 원칙으로 하고 있다. 2016년 현재 전국에 229개 지역드림스타트가 사업을 전개하고 있으며, 지원 내용을 살펴보면 다음 〈표 6-4〉와 같다.

〈표 6-4〉 드림스타트의 지원 내용

서비스 구분	서비스 내용	프로그램(예시)
신체 · 건강	• 아동의 건강한 성장과 신체발달 증진 • 건강한 생활을 위한 건강검진 및 예방, 치료 • 아동 발달에 필요한 신체 · 건강 정보 제공	건강검진, 예방접종, 건강교육, 영양교육 등
인지 · 언어	• 아동의 의사소통 및 기초학습 능력 강화 • 맞춤형 인지 · 언어 서비스를 통한 아동의 강점 개발	기초학력검사, 기초학력배양, 경제교육, 독서지도 등
정서 · 행동	• 자아존중감 및 긍정적 성격 형성을 위한 정서발달 서비스 제공 • 사회성 발달 및 아동 권리 신장을 위한 교육	사회성발달프로그램, 아동학대 예방, 심리상담 및 치료, 돌봄기관 연계 등
부모 · 가족	• 부모자녀 상호작용 및 적합한 교육환경을 위한 부모 역량 강화 • 부모의 유능감 및 자존감 강화 • 부모의 양육기술 지원 • 임산부의 건강한 출산 및 양육 지원	부모교육, 가족상담 및 치료, 부모취업지원, 산전산후관리 등

출처: 보건복지부(2019f). 드림스타트 사업소개.

2019년 사업추진 방향은 다음과 같다(보건복지부, 2019b).

첫째, 아동복지의 공적 서비스 전달체계 기반 강화이다. 드림스타트 전담팀 구성 및 사업 수행인력을 지속적으로 확충하고, 취약계층 아동의 욕구별 맞춤형 서비스 지원체계 강화를 위한 지역사회 내 지원기구, 활성화 및 복지자원 활용을 확대한다.

둘째, 재정지원 효율성 제고 및 사업운영 내실화이다. 사업수행인력 규모, 취약계층 아동수 및 지역 특성을 반영한 예산 차등지원으로 재정투입 효과를 극대화하며, 재정 집행현황, 사업성과에 따른 예산 재분배 등 사업추진 실태관리를 강화하고, 사업운영 점검 및 컨설팅 지속 추진 등을 통한 서비스 수준 향상을 도모한다.

셋째, 지자체 역할·자율성 강화 및 사업추진 의지의 제고이다. 지역 여건에 맞는 사업 운영방식을 적극적으로 활용(분소 형태 운영, 자체 사업추진 등)하고, 지자체 재정투입 확대를 통한 사업 활성화를 유도하며, 드림스타트 종사자 처우 개선 및 서비스 질 개선, 사례관리사 고용안정을 위한 무기 계약직 전환 지속 추진, 사례관리 인력 단계적 확보 등을 통한 사례관리사 부담 완화 및 아동복지서비스 지원을 강화한다.

넷째, 아동복지서비스 사례관리 협력체계의 강화이다. 지역아동센터, 아동보호전문기관, 희망복지지원단, 찾아가는 복지전담팀 등 사례관리, 기관 간 연계 협력 강화, 타 공공사례관리 사업과의 연계절차, 기준 구체화로 연계 협력의 실효성을 확보한다.

③ 무상보육과 가정양육수당 지원사업

우리나라에서는 2013년부터 0~5세 영유아를 대상으로 전면 무상보육을 실시하고 있다. 아동복지차원에서 영유아의 생애초기부터 출발점 평등 보장이라는 취지로 도입되어 운영하고 있다. 누리과정의 도입은 이원화되어 있는 표준보육과정과 유치원 교육과정을 일원화하여 유아기에 필요한 기본 소양과 능력을 배양하여 공통의 교육과정을 받게 되므로 공교육에 대한 격차를 줄인다는 점에서 의미가 있다. 이는 보육과 교육을 통합하는 것으로 교육에 대한 질적 수준의 확대를 모색할 수 있기 때문이다. 그러나 무엇보다도 영유아에 대한 보육료 지원이 가구의 소득과 관계없이 늘어나기 때문에 가정의 경제적인 부담을 절감시켜 줄 수 있는 정책이라고 볼 수 있다.

가정양육수당 지원사업 중 어린이집을 이용하지 않는 경우 지원하는 가정양육수당 지원사업은 보육료 외에도 유아학비, 종일제 아이 돌봄 서비스 지원을 받지 않고, 가정에서 직접 만 5세 이하의 영유아(신청일 기준 0~84개월 미만)를 돌보는 경우에 지원한다. 가정양육수당의 경우 연령(개월)에 따라 차등지원 되고 있다. 수당은 12개월 미만은 20만 원 지원, 12개월 이상 24개월 미만은 15만 원 지원, 24개월 이상 최대 84개월 미만까지 10만 원 지원하고 있으며, 2019년부터 이듬해 2월까지 추가하여(최대 86개월) 가정양육수당을 받을 수 있다. 만 0~5세 가정양육수당 지원대상 및 선정기준을 살펴보면 〈표 6-5〉와 같다.

〈표 6-5〉 가정양육수당 지원 대상 및 선정 기준

지원대상	선정기준 및 지원금액	
	2012년	2013~2015년
36개월 미만	차상위 계층 이하	전 계층 지원
36개월 이상 ~ 84개월 미만*	지원 없음	전 계층 지원

* 2019년부터 84개월에서 2개월 연장 지급함(86개월)
출처: 보건복지부(2019a). 2019년 보육사업안내.

④ 교육복지투자 우선 지역지원사업

교육복지투자 우선 지역지원사업은 취약계층의 교육기회 불평등을 완화하고 교육적 성장을 지원할 수 있도록 정책을 추진한다는 목적을 가지고, 학교를 중심으로 한 지역교육 공동체를 구축하여 모든 아동과 청소년의 교육적 성취를 위한 통합지원시스템의 역할을 수행하도록 하는 것이다(한성심 외, 2017). 이처럼 통합지원체계를 구축하면 교육 취약집단의 교육적 성취를 제고할 수 있을 것으로 보고, 저소득층 영유아 및 초·중·등 학생의 학습 결손 예방 및 치유를 통한 학력을 증진시키고, 학습에 대한 흥미와 학업 성취가 낮은 학생들에게 개별·소집단·학급 단위의 학습지도를 적절하게 제공하여 학습에 대한 흥미를 갖게 하고 스스로 공부하는 힘을 길러 주고자 한다. 또한 저소득층 아동·청소년의 건강한 신체 및 정서발달과 다양한 문화적 욕구 충족과 더불어 문화 활동 및 체험의 기회가 부족한 학생들에게 다양한 문화 활동 프로그램을 제공함으로써 특기를 신장하고 자신의 잠재력을 계발할 수 있도록 한다.

(3) 빈곤아동을 위한 개선 방향[12)]

빈곤아동의 공평한 출발을 위한 기본생활보장, 건강한 성장보장, 실질적 교육기회 균등보장, 빈곤 탈출의 희망제시, 요보호아동의 보호 내실화와 효과적인 전달 및 정책관리를 추진전략으로 제시하였다. 빈곤아동을 위한 다양한 정책 중 개선 방향으로 아동중심의 소득지원제도 도입, 한부모가정과 조손가정 아동지원 강화, 사회투자적·예방적 아동복지사업의 활성화, 빈곤아동 지원정책의 전문성 강화 등에 대해 알아보고자 한다.

① 아동중심의 소득지원제도 도입

「사회보장기본법」 제2조는 "사회보장은 모든 국민이 인간다운 생활을 할 수 있도록 최저생활을 보장하고 국민 개개인이 생활의 수준을 향상시킬 수 있도록 제도와 여건을 조성하여, 그 시행에 있어 형평성과 효율성의 조화를 가함으로써 사회복지를 실현하는 것을 기본이념으로 한다"고 규정함으로써 국민에 대한 사회복지를 천명하고 있으나 빈부격차가 심화되고 노동시장도 정규직과 비정규직으로 양분되는 등 양극화 현상의 급진전을 보여 주는 현재 시점에서, 국민기초생활보장제도가 효과적인 사회적 안전망으로서 아동이 있는 가정에 대한 소득지원의 역할을 다하기 위해서는 대상의 확대와 함께 급여 수준의 현실화가 매우 중요하다.

아동의 소득지원을 위해서는 아동 수당과 같이 지원대상을 확대하고 지원수준 역시 현실화된 제도의 도입이 필요하다. 유럽의 복지국가들은 아동 수당제도를 일찍부터 도입을 하고 있으며, 일본의 경우, 앞에서 설명하였듯이 아동 수당제도는 1971년 「아동수당법」이 제정되었고, 2020년 현재, 0~3세 미만 자녀 1.5천 엔, 3세 이상 취학 전까지 자녀 1.0천 엔(셋째자녀 1.5천 엔), 중학생 자녀 1.0천 엔, 소득제한 이상 자녀는 5천 엔을 지급하고 있다(후생노동성, 2020).

---

12) 한성심 외(2017). 아동권리와 복지. 양서원. pp.154~158. 재구성

우리나라의 아동 수당 제도는 0~5세 아동에게 일정 금액을 지급하는 제도로써, 2018년 9월부터 시행하였다. 대상은 소득 상위 10%는 제외되고 만 6세 미만(72개월)까지 지급되었으나 2019년 1월부터는 소득과 관계없이 만 6세 미만 모든 아동에게 지급되었고, 2019년 9월부터는 초등학교 입학 전 만 7세(86개월)까지 확대 지급되었다. 또한 양육수당은 어린이집이나 유치원을 다니지 않는 영유아에게 지급하는 복지수당이다. 이 제도는 미취학 아동의 가정양육을 지원하고 어린이집과 유치원의 불필요한 수요를 줄이기 위해 2013년 3월부터 도입되었다.

양육수당제도는 부모의 소득수준과 관계없이 영유아의 나이에 따라 지급한다. 12개월 미만은 월 20만 원이며, 24개월 미만은 월 15만 원, 36개월 미만은 월 10만 원이다. 36개월이상 만 5세(최대 84개월) 미취학 아동에게는 월 10만 원의 양육수당이 지급된다. 농어촌 지역에 거주하는 미취학 만 5세 이하 가정에서 양육하는 아동과 등록장애아동 역시 양육수당 지원대상에 해당한다. 영유아가 있는 가정에 대한 양육수당제도는 엄밀한 의미에서 아동 수당이 아니라 어린이집 및 유치원 미이용자에 대한 반대 급부적 성격이라고 보아야 한다.

이처럼 아동중심의 소득원제도의 도입은 직·간접적으로 아동에게 영향을 미치는데, 2015년 맞춤형 기초생활보장제도의 도입은 생계급여 대상이 아니더라도 아동이 있는 빈곤가정의 교육급여 등을 수급할 수 있도록 하는 효과를 가져오기는 했으나 여전히 아동의 유무가 지원의 기준이 되지 못하고 있다. 아동을 위한 빈곤층 소득지원 강화를 위해서는 소득지원제도의 사각지대 축소와 급여수준의 인상이 불가피하다. 사각지대가 발생하는 대표적 원인으로 부양 의무자기준을 들 수 있다. 부양 의무자기준은 계속적으로 완화되어 왔지만, 여전히 비수급 빈곤층 대부분이 지원을 받지 못한다는 점에서 실질적 완화가 필요하다.

② 한부모가정과 조손가정 아동지원 강화

우리 사회는 여러 복합적인 문제를 안고 있으며, 저성장, 저소득, 저출산, 고령화,

미취업, 부의 양극화 현상 등의 사회문제에 봉착하게 되었다. 이러한 문제로 인해 가족해체 및 이혼율도 증가하여 자녀를 혼자 키우는 한부모가정, 조손가정도 꾸준히 늘어나고 있는 추세이다. 한부모가정을 위한 아동양육비 지원은 저소득 한부모가정 및 조손가정의 가족의 기능을 유지하고 생활안정 및 복지증진을 유지하기 위함이다. 빈곤아동은 모자가정의 빈곤율이 높아 극빈층보다 오히려 차상위 계층에 머무는 비율과 확률이 큰 것으로 밝혀진 바 있다(김미숙 외, 2013).

또한, 경제문제와 가족문제의 중심으로 그 숫자가 늘어나고 있는 빈곤 조손가족은 통계상 조부모가 18세 미만(취학 시 만 22세 미만)아동을 돌보는 기간이 장기화되는 현상을 보여 주고 있어 조손가정 아동에 대한 특별한 관심과 지원이 요구된다. 보건복지부(2017)는 조손가족 등 취약위기가족 지원을 위해 가족역량강화사업을 건강가정지원센터(47개소)에서 자녀 학습, 생활 도움 등을 지원하고, 저소득 조손가정 양육비(월 12만 원), 교육지원비(연 5.4만 원) 등을 지원하고 있다. 조손가정의 경우, 차상위 계층 선정기준을 초과하더라도 조부모 혹은 손자녀만 별노 가구로 분리히여 기본적인 혜택을 받을 수 있도록 기준을 완화하여, 손자녀가 자립할 수 있을 때까지 지원하고 정부의 자발적인 조사와 선정에 의해서 적극적인 보호가 이루어져야 한다.

③ 사회투자적·예방적 아동복지사업의 활성화

21세가 아동복지의 새로운 패러다임 변화는 아동에 대한 사회투자적 시각을 도입함으로써 빈곤의 대물림을 방지하기 위한 보다 보편적이고 예방적인 성격의 복지서비스를 창출해 내고 있는 것이다. 그러나 빈곤아동에 대한 교육·보건·복지의 통합적 서비스를 문제발생 예방 차원에서 제공하는 드림스타트 사업이나 지역아동센터 등은 방과 후 아동보호서비스와 같은 과거의 보호대상 아동에 대한 사후 개입적 성격의 사업들과는 차별화되지만 성과관리가 취약하고 보호대상 아동의 욕구에 대한 각종 서비스도 여전히 열악하여 서비스 성과를 기대할 수 있는 수준에 미치지 못하고 있다.

가정위탁 아동보호사업은 요보호 아동을 국내의 건전한 가정에서 위탁 대리 양육을 하게 하여 가족적 분위기 속에서 정서를 함양시키고 건전한 인격을 형성하게 함으로써 아동을 건강하게 성장시키는 데 그 목적이 있다. 그러나 가정위탁보호제도에서 다양한 위탁가정의 개발이 부족한 점, 위탁가정에 대한 보상적 지원이 비현실적으로 낮은 점, 자립 연령에 도달한 아동보호시설이나 가정위탁보호 또는 공동생활가정(그룹홈)아동에 대한 자립지원금이나 시책이 미비한 점, 자녀를 양육하고자 하는 미혼부모에 대한 지원이 형식적인 점, 학대나 방임 피해아동에 대한 지원이 응급적이고 일시적인 점 등 개선의 여지가 산재해 있다. 따라서 빈곤아동에 대한 자원은 현대 가족이 당면하고 있는 빈곤문제를 해결하기 위한 방안이기도 하지만 장기적으로는 빈곤의 대물림을 방지하는 빈곤에 대한 예방책이기도 하다.

④ 빈곤아동지원정책의 전문성 강화

아동을 대상으로 하는 복지 정책에 대한 인식 부족으로 정책과 행정의 일관성과 전문성이 부족한 실정이다. 영유아는 우선적으로 아동복지서비스 영역에 속하지만 저출산 시대의 주요 정책들의 포커스가 되었고, 청소년은 청소년육성 또는 문제행동 해결을 위한 정책 대상인데 비해 연령적으로 영유아와 청소년을 대부분 포함되는 「청소년기본법」(청소년이란 9세~24세 이하의 사람)의 아동은 기초생활보장으로 대표되는 빈곤정책 대상에 가족의 일원으로 종속되어 있을 뿐 포괄적 정책의 대상이 되지 못하고 있다. 이는 영유아 보육, 아동, 청소년으로 구분된 법체계 및 보건복지부와 여성가족부로 나누어진 행정 및 서비스전달체계에도 문제와 책임이 있다고 볼 수 있다.

아동복지적 차원에서 전문성은 아동기의 성장발달에 따른 발달과업을 성취할 수 있도록 지원하는 것이 매우 중요하다. 아동은 연령에 따라 각 영역들이 상호 밀접하게 연계되어 발달하는데, 누적성・불가역성의 특성을 가지고 있기 때문에 서비스가 생애 지속적으로 연계되어야 한다. 따라서 아동의 발달 주기에 따른 생애지속형 정책 개발이 필요하다. 현재 아동복지서비스는 보육과 아동복지, 청소년복지가 각기 독립적으로 진행되면서 중복과 누락의 문제를 발생시키는 동시에 아동 개인으로서는 서비스 전달의 파편화로 인해 성과가 제대로 관리되지 못하고 있는 실정이다. 이러한 문제점은 빈곤아동의 증가에 대한 아동복지의 과제에 시사점을 제공하기도 한다. 급변하는 현대사회의 가족과 자녀들에 대한 인식의 변화와 개인의 역할 변화는 아동 양육의 사회환경이 갑자기 달라지기는 어려울 것임을 짐작하게 하고, 이에 따라 아동의 사회적 보호에 대한 욕구가 보다 다양화되고 심화되리라는 것을 시사하고 있다.

[생각해 보기]

1. 「유엔아동권리협약」에서 제시하는 아동권리 보호와 빈곤을 지원하는 내용에 대해 토론해 봅시다.

2. 학습자 주변 환경에서 무상보육을 경험하고 있는 영유아가 어떤 변화를 나타내었는지 경험담을 듣고 수업시간에 논의해 봅시다.

3. 드림스타트 사업의 추진체계를 알아보고(www.dremstart.go.kr), 학습자가 거주하는 지역 근처에서 드림스타트 사업이 어떻게 이루어지고 있는지 토론해 봅시다.

아동권리와 보육서비스

아동권리에 따른 보육서비스는 사회변화와 함께 발전되어 왔으며, 현재는 '탁아'라는 개념에서 '보육'이라는 용어와 함께 영유아를 대상으로 무상보육에서 학교에 다니는 아동보육의 돌봄까지 사회적 책임으로 자리매김하고 있다. 보육서비스와 관련된 법률로서 「아동복지법」, 「영유아보육법」 등에 의해 시행되고 있는 보편적 보육서비스와 아동권리를 기반으로 하는 아동복지서비스 등에 대한 폭넓은 이해를 도모하기 위하여, 이 장에서는 보육에 대한 개념과 정의, 보육유형, 보육관련 정책 및 서비스의 전달체계, 아동권리를 기반으로 하는 보육서비스 등에 대해 살펴보고자 한다.

1. 보육의 개념과 보육서비스

보육이란 「영유아보육법」 제2조에 의하면, 영유아를 건강하고 안전하게 보호하고 양육하는 것으로 영유아의 발달 특성에 맞는 교육을 제공하는 어린이집 및 가정양육

지원에 관한 사회복지서비스를 말한다. 이 법에서 '영유아'란 6세 미만의 취학 전 아동을 말하며, 보육은 영유아의 최선의 이익을 고려하여 제공되어야 한다고 명시되어 있다(제3조). 또한 모든 국민은 영유아를 건전하게 보육할 책임을 진다(제4조)라고 하였다.

1) 보육사업의 정의

보육사업이란 과거에는 탁아사업이라 하여 저소득층의 자녀들이 이용하거나 근로 또는 질병 등으로 인하여 양육해야 할 아동을 보호할 능력이 없을 경우에 보호자의 위탁을 받아 그 아동을 입소시켜 보호하기 위한 기관으로, 요보호아동을 위한 복지사업이라는 의미가 강하였다. 그러다가 1982년 12월 「유아교육진흥법」의 제정에 의해 탁아시설이라는 법적·행정적 용어는 폐지되었다가 1989년 9월 「아동복지법」의 개정 때 다시 탁아시설로 부활되었고, 이후 여성단체 등의 보육에 관한 독립된 입법 요청에 따라 1991년 1월 「영유아보육법」이 제정되면서 '보육시설'로 바뀌었으며, 2011년 '어린이집'으로 명칭이 개정되었다(윤매자 외, 2017).

2) 보육서비스의 이념

보육서비스의 이념은 서비스 대상을 바라보는 시각을 누구로 할 것인가에 따라 달라질 수 있다. 보육서비스의 이념은 기본적 보육관점, 대리적 보육관점, 보편적 보육관점으로 나누어 볼 수 있다. 이 세 가지 관점은 서로 강조하는 점이 다르지만 보완적인 관계를 가지며, 아동의 기본권 보장이라는 아동복지적인 측면이 강조되어야 한다. 또한 국가의 재정적인 현실과 우선순위라는 기준에 의해서 단계별로 확대되어야 한다. 현재 우리나라는 보편적 보육서비스로 자리매김하고 있다. 구체적으로 세 가지 보육관점을 윤매자 외(2017)에서 내용을 재구성하여 살펴보면 다음과 같다.

(1) 기본적 보육관점

기본적 보육관점은 계층 간의 불평등을 해소하는 방안 중의 하나로써 저소득층이나 저학력 기혼 여성의 취업으로 인한 양육 공백 감소에 초점을 맞춘 것으로, 저소득층 가정의 자녀 양육의 방치 상태를 예방하기 위해서 제공되어야 하는 관점으로 본다. 이 기준에 따르면, 보육은 가정보육이 어려울 때 제공되는 보충적 보육서비스로서 저소득층의 방치된 아동이나 저소득층 취업모의 아동 등에게 우선적으로 지원이 이루어지며 재정 부담은 국가가 맡게 되는 서비스이다.

(2) 대리적 보육관점

대리적 보육관점은 보육 수요를 여성의 사회 참여로 인해 가정보육이 어려울 때 제공되는 것으로 보는 관점이다. 즉, 기혼 여성의 취업률과 직접적인 상관관계가 있으며, 여성들의 자아실현을 위한 것이든 그 취업 동기와 상관없이 공적인 보육이 필요하다는 시각에서 여성복지의 증진을 위한 도구적인 성격을 갖게 된다. 취업 주부들이나 취업을 원하는 기혼 여성들의 욕구가 충족되어야 하며, 기혼 여성의 노동력을 필요로 하는 기업들의 참여가 적극적으로 필요한 서비스이다.

(3) 보편적 보육관점

보편적 보육관점은 궁극적으로 아동이 행복하게 살아갈 수 있는 아동복지의 실현에 있다. 보육은 아동이 신체적·정서적으로 건강하게 성장할 수 있는 환경을 보장해주는 필수적인 서비스임에 틀림없다. 현대 자본주의 사회에서의 핵가족은 자녀 양육의 환경으로서 적절하지 못하기 때문에 공동육아를 가능하게 하는 보육서비스가 모든 아동에게 제공되어야 한다. 따라서 보육은 국가의 책임 아래 보편적으로 추진되어야 하는 보육의 공공성이 확보된 서비스이다. 이러한 측면에서 볼 때, 학령기 이전의 일정한 연령의 아동은 보육의 기회를 공평하게 가져야 할 뿐만 아니라 각자의 개성에 따라 다양한 유형의 보육을 제공받아야 한다.

3) 보육서비스의 대상

우리나라는 보육서비스의 이념에 따라 변화되었으며, 현재 「영유아보육법」에 따라 보편적 보육서비스를 지향하고 있다. 아동보육의 대상을 기본보육 수요 충족, 대리보육 수요 충족, 보편 보육 수요 충족의 단계로 우선순위에 따르도록 하고 있다. 또한 필요한 경우 어린이집의 원장은 만 12세까지 연장하여 보육(방과 후 아동보육)할 수 있다(제27조).

다음은 「영유아보육법」 제28조에 따른 보육의 우선 제공 대상자는 다음과 같다(2019년 7월 1일 시행).

① 「국민기초생활보장법」에 따른 수급자의 자녀
② 「한부모가족지원법」 제5조에 따른 보호대상자의 자녀
③ 「국민기초생활보장법」 제24조에 따른 차상위계층의 자녀
④ 「장애인복지법」 제2조에 따른 장애인 중 보건복지부령으로 정하는 장애 정도에 해당하는 자가 형제자매인 영유아
⑤ 「다문화가족지원법」 제2조 제1호에 따른 다문화가족의 자녀
⑥ 「국가유공자 등 예우 및 지원에 관한 법률」 제4조 제1항에 따른 국가유공자 중 제3호의 전몰군경, 제4호 · 제6호 · 제12호 · 제15호 · 제17호의 상이자로서 보건복지부령으로 정하는 자, 제5호 · 제14호 · 제16호의 순직자의 자녀
⑦ 제1형 당뇨를 가진 경우로서 의학적 조치가 용이하고 일상생활이 가능하여 보육에 지장이 없는 영유아
⑧ 그 밖에 소득수준 및 보육수요 등을 고려하여 보건복지부령으로 정하는 자의 자녀

4) 어린이집의 유형

어린이집에는 국·공립어린이집, 사회복지법인어린이집, 법인·단체 등 어린이집, 직장어린이집, 가정어린이집, 협동어린이집, 민간어린이집 등이 있다(「영유아보육법」 제10조).

(1) 국·공립어린이집

① 국·공립어린이집은 국가와 지방자치단체가 설치·운영하는 어린이집을 말한다(「영유아보육법」 제10조 제1호).
② 상시 영유아 11인 이상을 보육할 수 있어야 하며(시행규칙 제9조), 어린이집 명칭은 "○○어린이집"으로 한다(시행규칙 제23조).
③ 국가 및 지방자치단체의 장이 인가절차 없이 직접 설치하되, 어린이집 수급계획 등을 포함한 보육계획을 사전에 수립한다(「영유아보육법」 제12조).

(2) 사회복지법인어린이집

① 「사회복지사업법」에 따른 사회복지법인(이하 "사회복지법인"이라 한다)이 설치·운영하는 어린이집을 말한다.
② 상시 영유아 21인 이상을 보육할 수 있는 시설을 갖추어야 한다(시행규칙 제9조).
③ 어린이집의 명칭은 "○○어린이집"으로 하여야 하며, 명칭 사용에 유치원, 학원 등 유사기관으로 오인할 수 있는 명칭은 사용할 수 없다(시행규칙 제23조).

(3) 법인·단체 등 어린이집

① 법인·단체 등 어린이집은 각종 법인(사회복지법인을 제외한 비영리법인)이나 단체 등이 설치·운영하는 어린이집으로서 다음의 어느 하나에 해당하는 어린이집을 말한다(「영유아보육법」 제10조 제3호 및 「영유아보육법 시행령」 제18조의2).

② 상시 영유아 21인 이상을 보육할 수 있는 시설을 갖추어야 한다(시행규칙 제9조).

(4) 직장어린이집

① 직장어린이집은 사업주가 사업장의 근로자를 위하여 단독 또는 공동으로 사업장 내 또는 그에 준하는 인근 지역과 사원주택 등 사업장 근로자 밀집 거주지역에 설치·운영하는 어린이집을 말한다(「영유아보육법」 제10조 제4호 및 제14조 제1항).

② 상시 영유아 5인 이상을 보육할 수 있는 어린이집(시행규칙 제9조)으로, 어린이집의 명칭은 "○○어린이집"으로 한다(시행규칙 제23조).

③ 상시 영유아 20인 이하를 보육하는 직장어린이집은 가정어린이집을 설치할 수 있는 곳에도 설치할 수 있다(시행규칙 제9조).

(5) 가정어린이집

① 가정어린이집은 개인이 가정 또는 그에 준하는 곳에 설치·운영하는 어린이집을 말한다(「영유아보육법」 제10조 제5호).

② 상시 영유아 5인 이상 20인 이하를 보육할 수 있는 어린이집을 말한다(시행규칙 제9조).

③ 어린이집의 명칭은 "○○어린이집"으로 하며, 명칭 사용에 유치원, 학원 등 유사기관으로 오인할 수 있는 명칭은 사용할 수 없다(시행규칙 제23조).

(6) 협동어린이집

① 보육 영유아를 둔 보호자 11명 이상이 또는 보호자와 보육교직원을 합하여 11명 이상이 출자하여 조합(영리를 목적으로 하지 않는 조합에 한함)을 결성해 설치·운영하는 어린이집을 말한다(「영유아보육법」 제10조 제6호, 「영유아보육법 시행규칙」 제9조 제1항).

② 어린이집의 명칭은"○○어린이집"으로 하며, 명칭사용에 유치원, 학원 등 유사기관으로 오인할 수 있는 명칭은 사용할 수 없다(시행규칙 제23조).

③ 상시 영유아 20인 이하를 보육하는 협동어린이집은 가정어린이집을 설치할 수 있는 곳에도 설치할 수 있다.

(7) 민간어린이집

① 민간어린이집이란 국공립어린이집, 법인·단체 등 어린이집, 직장어린이집, 가정어린이집 또는 협동어린이집이 아닌 어린이집을 말한다(「영유아보육법」 제10조 제7호).

② 상시 영유아 21인 이상을 보육할 수 있는 시설을 갖추어야 한다(시행규칙 제9조).

③ 어린이집의 명칭은 "○○어린이집"으로 하여야 하며, 명칭사용에 유치원, 학원 등 유사기관으로 오인할 수 있는 명칭은 사용할 수 없다(시행규칙 제23조).

5) 특수 보육서비스

특수 보육서비스에 관한 내용으로 영아전담 보육, 장애아 통합보육, 시간 연장 보육, 24시간 보육, 휴일보육, 방과 후 아동보육 등으로 구분하여 설명하면 다음과 같다(보건복지부, 2019a).

(1) 영아전담 보육

영아전담 어린이집은 보육정원을 기준으로 만 3세 미만의 영아만을 20인 이상 보육하는 어린이집을 말한다.

(2) 장애아 통합보육

장애아와 비장애아를 함께 통합하여 보육서비스를 제공하는 어린이집과 그밖에 기관 등을 말한다. 장애아 3명 이상을 통합보육하고 있는 기관으로써 국·공립어린이집(사회복지법인 어린이집, 학교·종교부설 설치비 지원 어린이집 포함)에 한한다.

(3) 시간 연장 보육

기준보육시간(07:30~19:30)을 경과하여 최대 24:00까지 시간을 연장하여 보육하는 어린이집을 말한다. 원칙으로는 해당 시설의 종일보육 아동을 연장하여 보육하는 것이 원칙이나, 주간에 다른 어린이집 등을 이용한 경우에도 가능하다. 다만, 시간 연장 보육교사 근무수당을 지원받는 어린이집의 경우, 교사 겸직 원장이나 보육교사가 시간 연장반 교사의 겸임이 가능하다.

(4) 24시간 보육

부모의 경제활동이나 가정형편으로 불가피하게 야간보육이 필요한 아동을 대상으로 24시간 보육서비스를 제공하는 것으로, 보육 아동이 수면하기에 적합한 시설과 조식·석식을 포함한 급식과 간식 제공의 여건, 자체 야간보육 프로그램을 구비해야 한다.

(5) 휴일 보육

일요일과 공휴일에 보육서비스를 제공한다. 휴일 어린이집은 공휴일에 보육하는 시설이므로 원래 시설 정원과는 별도로 휴일 보육정원을 책정할 수 있다. 지원대상 어린이집은 국공립·법인시설(사회복지시설, 학교·종교부설 설치비 지원 어린이집 포함) 및 직장어린이집 중, 휴일 어린이집으로 지정받은 시설이어야 한다.

(6) 방과 후 아동보육

초등학생을 대상으로 하여 방과 후 보육서비스를 제공하는 것으로, 방과 후 4시간 이상 운영해야 한다. 영유아보육의 연계선 상에서 초등학생 저학년 학생을 우선으로 하며, 맞벌이부부 등 아동을 맡길 곳이 없는 가정을 우선으로 한다.

2. 아동권리존중의 보육[13)]

아동권리존중 보육이란 영유아가 호기심 어린 마음으로 자신과 자기 주변을 탐색하고 느끼도록 지원하며, 영유아의 이해와 느낌, 생각을 잘 드러내도록 허용하고 북돋아주는 것이며, 또한 영유아가 자신의 의견을 자유롭게 표현할 수 있도록 격려하고, 그 목소리를 경청하고 존중하며 영유아의 의견이 실현되도록 함께 탐색해 가는 활동을 하는 것이다(서영숙 외, 2009). 이는 영유아의 흥미와 생각, 느낌을 존중하며 더불어 모든 보육과정을 진행한다는 점에서 영유아권리존중 보육이라고 할 수 있다.

1) 아동권리존중 보육의 중요성

생애 초기에 나양한 경험을 통해 형성되는 긍정적 자아개념과 안정애착은 영유아기의 행복하고 건강한 성장과 발달을 도모할 뿐만 아니라 그 이후의 삶에도 긍정적인 영향을 미친다는 연구들에 의해 그 중요성을 강조해 왔다. 특히 양육자를 통해 형성되는 애착관계는 하루아침에 형성되는 것이 아니라 주 양육자와의 상호신뢰 관계 속에서 안전기지로서의 역할을 한다. 주 양육자란 부모나 가족뿐만 아니라 영유아가 가정이 아닌 곳에서 돌봄을 받는 어린이집의 보육전문가도 포함된다. 그동안 어머니와 영유아 사이에만 형성된다고 믿었던 영유아 발달에 중요한 역할을 담당하는 정서적 유대와 애착은 아버지 또는 다른 양육자와의 관계를 통해서도 형성된다고 하였다(Honig, 1984/2004; Howes, 1999; Werner, 1993; 윤매자, 2010 재인용). 비록 영유아가 부모나 가족과의 친밀한 유대관계를 형성하지 못했더라도 보육교사가 그 자리를 대신하여 영유아기에 애착형성의 결핍을 방지할 수 있다(Honig, 1986). 그러므로 영유아가 가정이 아닌 어린이집에서 하루 종일 어떤 돌봄을 받는가에 따라 영유아의 신체와 정신은 물론, 자기 자신과 다른 사람에 대한 인식과 태도가 다르게 형성된다(서영숙

13) 윤매자(2010). 영유아권리존중 보육에 관한 자율장학의 효과와 의미. pp.13~19.재구성

외, 2009). 또한 돌보는 사람도 영유아와 익숙해질 시간이 필요하다. 영유아의 감정을 읽을 수 있어야 하며, 영유아를 대변해 줄 수 있도록 영유아의 권리를 존중해 줄 수 있는 감수성을 가지고, 영유아에게 다가가고, 옷을 입히고, 밥을 먹이고, 기저귀를 갈아 주고, 영유아의 눈을 맞추며, 안아 주고, 자신의 의사를 표현하도록 격려하는 등의 오랫동안 관심을 집중하는 것이 필요하다.

이러한 애정과 관심을 받게 된 영유아와 영유아를 돌보는 보육교사 사이는 서로에 대한 신뢰와 친밀감, 그리고 자신감이 커지면서 그들만의 의사소통을 하게 된다.

보육교사로부터 자기를 따뜻하게 안아 주고 자신의 감정과 의사를 존중하는 돌봄을 경험한 영유아는 보육교사와 긍정적인 애착관계를 형성하고(Honig, 1984/2004; 윤매자, 2010 재인용), 자신들의 주변 세계를 독립적으로 탐구하고 싶어 하며(서영숙 · 서지영, 2002), 긍정적이고 자부심 넘치는 태도가 어려움과 어떤 문제에 부딪쳤을 때 자신감을 갖게 한다(Honig, 1984/2004; 윤매자, 2010 재인용). 따라서 영유아권리존중 보육은 영유아가 이 세상에 태어나는 순간부터 시작되어야 하며, 가정이든 어린이집이든 대리양육자의 품에 안겨지는 순간부터 시작되어야 한다. 그러므로 영유아들은 자신과 다른 사람을 이해하고, 자연을 소중하게 여기며, 서로의 생각과 느낌을 교환하여 더욱 창조적으로 사고하고, 더불어 생활하고, 건강하고 행복하게 성장 발달하도록 하는 것이 필요하다.

2) 영유아권리존중 보육의 실천

영유아권리존중 보육을 실천하기 위해서는 보육교사의 영유아권리존중에 대한 감수성을 향상시키고, 영유아권리 주제에 대한 교사교육의 내용과 방법을 인식하고, 보육교사가 영유아의 흥미와 관심을 알아차리고 보육과정에 계획하고 실행하며 평가하는 등 보육과정의 새로운 패러다임과 영유아가 살고 있는 지역사회와의 연계를 통해 영유아권리존중 보육을 실천해야 한다.

(1) 보육교사의 영유아권리존중 감수성 키우기

영유아권리존중 보육이 이루어지기 위해서는 보육교사가 영유아권리존중 보육에 대한 감수성을 키워야 한다(서영숙 외, 2009).

① 영유아 존재에 대한 새로운 시각

영유아권리존중 보육의 중요성을 바탕으로 보육교사가 가지고 있는 아동관과 영유아에 대한 관점을 점검해 볼 필요가 있다. 그들이 신체적・인지적・정서적・사회적으로 미숙하여 적절한 법적 보호와 배려를 필요로 하는 존재에서 하나의 독립된 인격체로 인정하고, 사회의 한 개인으로서의 삶을 영위할 수 있도록 충분히 준비되어야 하는 존재로 보는 시각의 변화가 필요하다. 즉, 보호의 대상인 영유아에서 권리의 주체인 영유아라는 새로운 패러다임의 변화를 요구한다(서영숙 외, 2009).

② 영유아 발달에 대한 이해

영유아를 이해하기 위해서는 피아제(Piaget)의 견해를 살펴보면, 아동은 어른과 다른 자기 나름의 논리와 이해를 가지고 있어, 어른의 관점에서는 틀린 답변이라 할지라도 아동의 견해를 존중하여 경청하고 정당화할 기회를 주어야 한다고 보고 있다.

피아제는 영유아에게 인지적 갈등을 주는 문제에 대해 능동적이고 직접적인 행동이나 실험을 통해 새로운 지식을 구성해 간다고 하였다. 그동안 보육교사는 아동발달이론을 중심으로 영유아를 이해하는 것으로, 어른이 이미 알고 있는 지식이나 사고를 중심으로 영유아를 이해하려고 했으나 이제는 영유아의 행동을 관찰하거나 대화를 기록하여 새로운 맥락 속에서 영유아의 마음을 읽고, 아동 개개인에게 맞는 발달을 할 수 있도록 지원해야 한다.

비고츠키(Vygotsky)는 아동은 타인의 모방이나 사회적 상호작용을 통해 지식을 공동으로 구성해 간다고 하였고, 말라꾸찌(Malaguzzi)는 성인들은 아동이 예측하고 도약할 단계에 이르렀을 때, 성인이 가진 지식과 판단력을 아동에게 빌려줄 수 있고 또한 빌려주어야 한다고 주장하고 있다(윤매자, 2010 재인용). 이것은 보육교사와 영유아는 함께 생각과 느낌을 나누며 성장하는 지식공동체로 인식하고 영유아에게 자신을 드러내도록 충분한 시간을 허용해야 하며, 기다려 줄 수 있어야 함을 시사하고 있다. 또한 듀이(Dewey)는 학습을 경험의 끊임없는 재구성이라고 보고, 교육은 계속적인 재조직, 재구성, 변형과정으로, 능동적이고 구성적인 것이라 하였다(서영숙 · 서지영, 2002). 즉, 영유아는 능동적인 존재로 볼 수 있으며, 가르치는 것을 그대로 배우는 존재가 아니라 자신들의 활동을 통해서 배워 가는 존재로 보는 것이다.

③ 영유아 중심의 교육과정에 대한 이해

듀이(Dewey)의 진보주의 사상에 의해 아동의 개성, 흥미, 욕구, 자발성, 적성 등을 존중하는 교육과정으로 발달되었다. 아동을 존중하는 존재로 보는 관점이 발전한 계기는 19세기 이후 과학적 심리학의 태동이며, 이는 여러 학자들 Piaget, Kohlberg, Gesell, Freud, Erickson, Skinner 등에 의해 발달 단계와 발달적 특징을 영유아 보육과정의 구성 전제로 받아들여지게 하였다(김진숙, 2010). 특히, 구성주의 이론을 적용한 교수-학습은 발달의 결과가 아니라 학습 그 자체가 발달이라고 하였다(Catherine, 1987/2006; 윤매자, 2010 재인용).

영유아의 권리를 존중하는 교사는 영유아의 흥미와 관심에 따라, 그리고 영유아의 이해력에 따라 보육과정을 진행한다. 비록 처음에는 교사가 시작한 활동이라도 영유아가 제기한 질문이나 예상치 않았던 사건에 의해 보육과정의 방향이 바뀌어 진행되기도 한다.

예를 들어, 레지오에밀리아에서의 교육과정은 프로젝트 중심의 발현적 교육과정으로 비형식성을 특징으로 한다. 교사가 일반적인 교육목표를 세워 두지만 각 프로젝트나 활동의 세부 목표는 미리 세우지 않고 활동이 진행되어 가면서 영유아가 표현하는 흥미와 욕구, 교사가 유추해 내거나 유발 시킨 흥미와 욕구가 반영되도록 하는 교육과정이다(서영숙 · 서지영, 2002). 이러한 교육과정이야 말로 영유아권리존중 보육을 실행하는 원동력이 될 수 있다.

3. 보육정책의 발달과 현황

저출산과 여성의 사회・경제적 활동 증가 및 일・가정 양립에 대한 요구 등으로 보육의 중요성이 강조되고 있다. 정부는 1991년 「영유아보육법」을 제정하고, 보육 예산의 확대 편성하고 어린이집의 확충과 보육교사 양성 등 보육서비스 인프라를 확대하였다(박미경・조민효, 2018). 그 결과 「영유아보육법」 제정 이전인 1990년 어린이집은 1,919개에 불과하였지만 2018년 12월 39,171개소로 2013년 12월 43,770개소보다 다소 감소하였지만 급격하게 증가하였음을 볼 수 있다(보건복지부, 2018a). 어린이집의 양적 성장과 사회적 환경 변화에도 불구하고 보육서비스의 전문성과 책임성 등 보육서비스 질을 제고할 수 있는 논의는 상대적으로 부족하였다. 보육서비스의 질적 향상은 보육정책인 어린이집 평가인증제와 공공형 어린이집, 열린 어린이집, 표준보육과정과 누리과정 시행과 개정, 보육교직원의 자격증 제도, 시간제 보육 등의 정책을 시행하여 도모하여 왔다.

1) 보육정책의 발달 과정[14)]

우리나라의 보육사업은 1921년 서울 태화기독교사회관에서 저소득 취업모를 위한 탁아 프로그램을 개발함으로써 시작되었다. 1961년 「아동복리법」이 제정・공포됨으로써 탁아사업은 종래의 구빈사업 성격을 벗어나 아동의 복리를 증진시키기 위한 사업으로 그 성격이 변화하여 발전하였다.

14) 윤매자(2019). 보육교사(인성)론. 양성원. pp.91~101. 재구성.

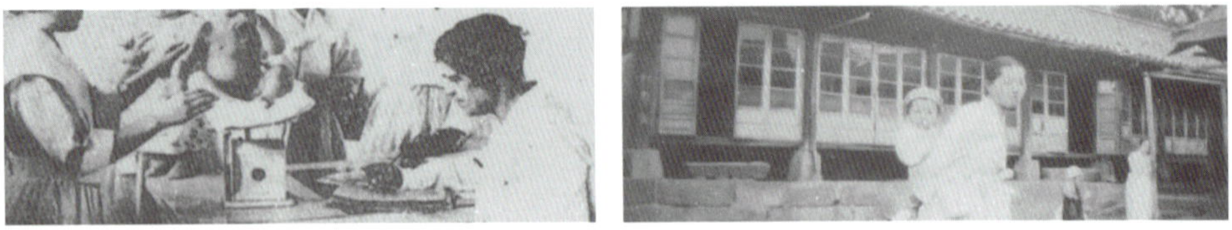

우리나라 최초의 어린이집[15]

이후 정부는 1982년 「유아교육진흥법」을 제정하여 기존의 어린이집, 새마을 협동 유아원, 농번기 탁아소를 새마을 유아원으로 흡수·통합하여 운영하였다. 1987년 12월 노동부에서는 「남녀고용평등법(현 「남녀고용평등과 일·가정 양립 지원에 관한 법률」)」에 따른 직장탁아제도를 도입하였고, 1989년 9월 보건복지부에서는 「아동복지법」에 따른 보육사업을 실시하였다.

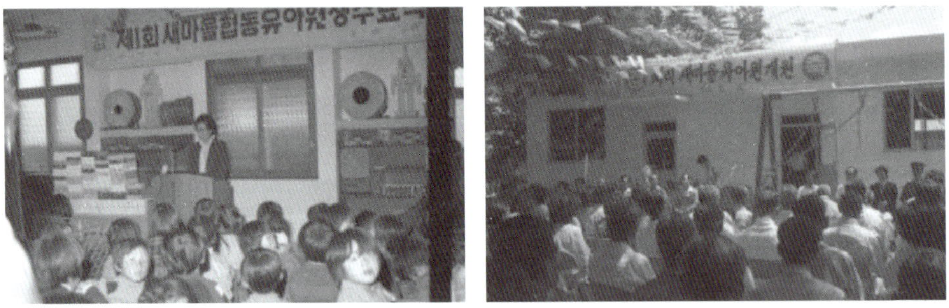

1983년 새마을 유아원[16]

이에 여성단체 등의 보육에 관한 독립된 입법 요청에 따라 국회에서 보육사업의 통합일원화를 내용으로 한 「영유아보육법」이 입법으로 추진되어 1991년 1월 제정, 1991년 8월 같은 법 시행령과 같은 법 시행규칙을 제정하였다. 「영유아보육법」령에

15) 출처: https://blog.naver.com/j1_edu/220326604722

16) https://blog.naver.com/kbnavi/220337310846

는 보육사업 주관부처를 보건복지부로 일원화하여 보호와 교육을 통합한 보육사업으로 확대·발전하였다. 이후 사회변화에 따른 보육서비스의 향상을 위해 2004년 1월 29일 「영유아보육법」의 전부 개정안이 공포됨으로써 보육의 다양화와 질적 수준 향상, 보육에 대한 공적 책임 강화를 통해 보육사업이 발전하는 계기를 마련하였다.

2005년 12월, 「영유아보육법」과 같은 법 시행규칙의 일부 개정으로, 시설장(현 어린이집 원장)의 국가자격증제 도입과 어린이집 운영위원회 설치 의무화로 어린이집 운영의 책임성과 투명성을 강화하였고, 어린이집 설치 사전 상담제를 실시하여 시설 설치에 따른 민원 불편을 해소하는 데 중점을 두었다.

2006년 11월, 「영유아보육법 시행규칙」 개정을 통해 표준보육과정을 마련하여 영유아가 건강하고 안전하며 바르게 생활하는 데 필요한 내용과 전인적 발달을 위해 갖춰야 할 것 등 사회구성원으로 성장할 수 있도록 보육환경의 질을 높였다.

2008년 2월, 정부조직법이 개정되어 여성가족부의 보육사업을 보건복지부로 이관되어 저출산·고령사회정책실 보육정책관에서 담당하였다. 보육사업은 수요자 중심의 보육정책으로, 보육료 지원확대, 양육수당 도입, 수요자 욕구에 맞는 보육서비스 제공, 보육서비스의 질제고, i - 사랑카드(아이행복카드)도입, 국·공립어린이집 확충 등을 제시하였다.

정부는 범국가적인 '제2차 저출산·고령사회기본계획(새로마지플랜 2015)'을 발표하였는데, 종전에 발표한 '제1차 저출산·고령사회기본계획(새로마지플랜 2010)'은 「저출산·고령사회기본법」(2005. 5. 18.) (제20조)에 의해, 5년마다 수립하여야 하며, 연도별 시행 계획은 중앙행정기관을 포함하여 지방자치단체도 수립 의무가 있다(동법 제21조). 발표된 기본계획 시안의 핵심은 저출산 정책의 기본 방향이 기존 저소득층 위주의 지원에서 중산층까지 확대된다는 것이라고 밝혔다(한국직업능력개발원, 2006).

2010년 2월, 어린이집 평가인증사무국과 보육자격관리사무국, 중앙보육정보센터(현 육아종합지원센터)를 합쳐 보건복지부의 위탁사업을 수행하는 기관으로 한국보육진흥원이 출범하였다.

2011년 8월, 「영유아보육법」 개정된 내용을 보면, "보육시설"을 "어린이집"으로, "시설장"을 "어린이집 원장"으로, "보육시설 종사자"를 "보육교직원"으로 명칭을 변경하였다. 또한, 보육수요와 시대의 변화와 흐름에 맞추기 위해 5년마다 실시해 오고 있는 보육실태조사를 3년으로 변경하여 실시하게 되었다.

2012년 3월, '만 5세 누리과정'을 실시하게 되었고, 0~2세까지 무상보육지원을 하게 되었다. 가정양육은 보육지원 대상에서 제외되었는데, 주로 어린이집에 다니는 3~4세가 보육지원 대상에서 제외되어 형평성에 문제가 있다는 지적에 전면 무상보육 시기를 2013년으로 앞당기고, 양육수당 지원도 확대하기로 하였다. 또한 무상보육 대상자를 장애아, 다문화가족의 자녀, 조손가족 등으로 확대하여 운영하였다.

2013년 3월, 모든 영유아를 대상으로 무상보육을 실시하게 되었고, 3차 표준보육과정 개정과 3~5세 누리과정의 도입으로 어린이집과 유치원이 연계된 보육과정을 시행하게 되었다. 한편, 양육수당은 어린이집이나 유치원을 다니지 않는 영유아에게 지급하는 수당으로써, 미취학 아동의 가정양육을 지원하고 어린이집과 유치원의 불필요한 수요를 줄이기 위해 2013년 3월부터 도입되었다. 「영유아보육법」(제34조의2 제1항)에는 '국가와 지방자치단체는 어린이집을 이용하지 않는 영유아에 대해 연령과 보호자의 경제적 수준을 고려해 양육비용을 지원할 수 있다'고 명시하고 있다.

2014년 3월, 보육교사의 인성 및 자질 향상을 위한 보육교사 자격기준을 강화하여 기존의 보육교사 2급 자격취득 교과목이 12과목(35학점)에서 17과목(51학점)으로 변경되었다.

2015년 3월, '가정양육수당' 지원사업을 실시하였고, 지원대상은 어린이집 · 유치원 · 종일제 아이돌봄서비스를 이용하지 않는 취학 전 84개월 미만의 가정양육 아동으로, 국적과 주민등록번호를 유효하게 보유하고 있는 아동에게 월령별로 10~20만원으로 차등 지원하였다.

2016년 1월, 보육교사 자격취득을 위해 17개 교과목 중 9개 교과목을 대면교육으로 지정하고, 대면교과목에 대해서는 8시간 출석 수업 및 1회 이상의 출석시험을 의무화하였다. 또한 같은 해 9월, 「영유아보육법」 시행규칙(보건복지부령 제439호) 일부 개정에 의해 '부모협동어린이집' 명칭을 「협동조합기본법」 상 사회적 협동조합 등 조합의 설립 형태와 무관함에 근거하여, 자격이 되는 자는 누구나 협동어린이집을 운영할 수 있다는 조항이 성립되어 '협동어린이집'으로 그 명칭이 변경되었다(보건복지부, 2016). 또한 "맞춤형보육"이 도입되어 시행하게 되었다. 자세한 내용은 보육서비스 현황에서 맞춤형 보육에 대해 다룬다.

2016년 3월, 직장어린이집 설치 의무 및 의무 미이행 시에 이행명령 및 이행 강제금 부과, 위탁보육 시행 등을 통해 직장어린이집의 설치 및 확대를 강화하였다.

2017년 3월, 국공립어린이집 위탁제 선정관리에 필요한 권장 표준안을 마련하여 인가절차와 인가 제한 시 주의사항을 개정하였다. 또한 어린이집 안전관리에 있어 어린이집에서 차량을 운행하는 경우, 운전자는 통학차량 내부에 안전수칙을 부착하고 차량용 소화기, 구급상자를 의무적으로 비치해야만 한다.

같은 해 11월, 3차 어린이집 평가인증 통합지표 및 운영체계를 개선하여 운영하였는데, 평가인증제도란 평가인증을 신청한 어린이집이 평가인증지표를 기준으로 질적 수준을 자체적으로 점검・개선하도록 한 후, 공정한 평가과정을 수행하여 인증을 부여하는 제도이다.

개정된 3차 어린이집 평가인증 통합지표는 4개 영역에서 21개의 지표(79개의 평가항목), 123개의 평가단위로 구성되어 있으며, 인증결정은 현장평가 결과(100%)를 바탕으로 평가하여 등급판정(4등급: A, B, C, D)하며, 인증유효기간은 'A등급' 어린이집은 인증유효기간을 1년 연장(4년), 'B, C등급'의 어린이집은 3년, 'D등급' 불인증을 받게 된다.

2017년 12월, 교육부는 국정과제를 구현하기 위해 2017년 12월 27일 출발선 평등을 실현하기 위한 '유아교육 혁신방안'을 발표하였으며, 주요 내용 중 하나로 '유아가 중심이 되고, 놀이가 살아나는 유아 중심・놀이 중심의 교육과정 혁신'을 발표하게 되었다. 개정 누리과정의 혁신 방향에는 발달적, 개별적 유아의 다양한 특성을 고려하였고, 유아의 자유놀이 권장, 현장의 자율성 확대 등의 내용이 포함되어 있으며, 누리과정 관련 선행연구는 「3~5세 연령별 누리과정」이 제정·개정되는 과정에서 누락된 누리과정의 성격과 인간상 등의 내용을 보완하여 국가수준 교육과정으로서 보다 완성된 체계를 갖출 것을 제안하였다.

2018년 8월, 아동양육의 국가적 책임을 강화하고 영유아에 대한 투자확충을 통해 영유아의 건강한 성장을 지원하기 위해 아동 수당 제도를 도입하게 되었다. 지급기준은 2018년 9월부터 3인 이상 가구로, 소득선정기준에 적합한 가정의 만 0~5세(최대 72개월)아동을 대상으로 아동 한 명당 월 10만 원이 지급되었다.

2019년 1월, 소득수준에 상관없이 만 7세 미만 아동에게 월 10만 원이 지급되어 아동 수당 지급대상의 연령이 확대되었다.

〈표 7-1〉 2018년 아동 수당 선정 기준액

(단위: 명, 원)

구 분	아동 1명 (3인 가구)	아동 2명 (4인 가구)	아동 3명 (5인 가구)	아동 4명 (6인 가구)	아동 5명 (7인 가구)
금액(월)	1,170만 원	1,436만 원	1,702만 원	1,968만 원	1인 증가 시마다 266만 원씩 가산

출처: 윤매자(2019). 보육교사(인성)론. 양성원. p.101.

2019년 7월, 교육부 고시(제2019-189호)·보건복지부 고시(제 2019-152호)에 의해 개정 누리과정이 고시되었다. 유아가 놀이를 통해 심신의 건강과 조화로운 발달을 이루고 바른 인성과 민주시민의 기초를 형성하는 데에 목적이 있다고 밝힘으로써, '놀이'와 '인성'이 추가되었음을 알 수 있다. 또한 추구하는 인간상을 신설하였는데, 내용으로는 건강한 사람, 자주적인 사람, 창의적인 사람, 감성이 있는 사람, 더불어 사는 사람 등의 5가지로 나타나 있다. 2020년 3월부터 보육현장에서 개정 누리과정(국가수준 공통 교육과정)을 적용하게 되었다.

2) 보육서비스 현황

(1) 보육업무 수행부서

보육업무는 보건복지부 산하 인구정책실의 보육정책관에서 맡고 있으며, 보육정책과, 보육사업기획과, 보육기반과로 나누어 업무를 수행하고 있다.

보건복지부

↓

인구정책실

↓

보육정책관

↓

보육정책과

- 중앙부처 및 지방자치단체의 영유아 정책 지원 정책 협의·조정·총괄
- 보육정책위원회 운영
- 보육관련 법령의 관리 및 운영
- 보육서비스 이용권제도의 운영·관리(보육전자 바우처)
- 보육행정 전산화 총괄(보육통합정보시스템)
- 지방자치단체 보육공무원 교육
- 보육 관련 대외협력 및 교류활성화의 지원
- 영유아 정책에 대한 조사·연구·평가 및 제도개선
- 어린이집연합회 등 법인·단체의 지도·감독
- 보육교직원 처우 개선에 관한 사항
- 보육교직원의 경력 및 자격관리
- 직장보육서비스의 확충
- 육아종합지원센터의 확충 및 운영·관리

보육사업기획과

- 영유아 보육료 및 양육 수당
- 보육료 및 양육 수당 지원 대상자 선정, 적정관리
- 보육료 및 양육 수당 소득기준액 결정에 관한 사항
- 영아, 장애아, 다문화가족 영유아 등 취약보육서비스
- 국공립어린이집 등의 인건비 지원
- 부모교육 및 관련 정보 제공에 관한 사항
- 영유아 및 부모 지원 보육서비스의 개발
- 맞춤형 보육 자격기준 및 관리에 관한 사항
- 가정양육 지원에 관한 사항
- 보육지원체계 기획·연구 및 일시보육 지원

보육기반과

- 어린이집의 설치 인가기준의 수립 및 관리
- 어린이집의 기능 보강 등 환경개선 지원
- 어린이집 지도 및 점검
- 보육아동의 건강, 영양, 안전 등의 관리
- 표준보육과정, 보육프로그램의 개발 및 보급
- 어린이집운영위원회의 설치 및 운영
- 어린이집 평가인증 계획 수립 및 평가인증 제도 운영
- 협동어린이집의 활성화
- 시간연장형, 종일형, 방과 후 어린이집 등의 보육 서비스 지원에 관한 사항

[그림 7-1] 보육업무 수행부서

출처: 보건복지부(2020). www.mohw.go.kr.

(2) 보육정책

① 영유아 보육료

어린이집을 이용하는 0세~5세 영유아를 대상으로, 부모 소득과 무관하며 전 계층에 지원된다. 2018년 지원금액을 살펴보면 〈표 7-2〉과 같다.

〈표 7-2〉 보육료 지원금액 (2019년 기준)

구분		0세	1세	2세	3세	4세	5세
부모보육료	종일반	441천원	388천원	321천원	220천원	220천원	220천원
	맞춤형*	344천원	302천원	250천원	-	-	-
기본보육료**		437천원	238천원	161천원	-	-	-

* 맞춤반은 60천원(월 15시간)의 긴급보육바우처 추가 지원
** 민간어린이집 등 정부 인건비 미지원시설은 어린이집에 기본보육료 추가 지원
출처: 보건복지부(2020). www.mohw.go.kr.

② 가정양육수당

지원대상은 어린이집 · 유치원 · 종일제 아이돌봄 서비스를 이용하지 않는 84개월 미만 아동을 대상으로, 부모 소득과 무관하며 전 계층에 지원된다. 2019년 지원금액을 살펴보면 〈표 7-3〉과 같다.

〈표 7-3〉 가정양육수당 (2019년 기준)

<table>
<tr><th>연령(개월)</th><th>양육수당</th><th>연령(개월)</th><th>농어촌 양육수당</th><th>연령(개월)</th><th>장애아동 양육수당</th></tr>
<tr><td>0~11</td><td>200천원</td><td>0~11</td><td>200천원</td><td rowspan="3">0~35</td><td rowspan="3">200천원</td></tr>
<tr><td>12~23</td><td>150천원</td><td>12~23</td><td>177천원</td></tr>
<tr><td>24~35</td><td>100천원</td><td>24~35</td><td>156천원</td></tr>
<tr><td rowspan="4">36개월 이상~
84개월 미만</td><td>100천원</td><td>36~47</td><td>129천원</td><td rowspan="4">36개월 이상~
84개월 미만</td><td rowspan="4">100천원</td></tr>
<tr><td>100천원</td><td rowspan="3">48개월 이상~
84개월 미만</td><td>100천원</td></tr>
<tr><td>100천원</td><td>100천원</td></tr>
<tr><td>100천원</td><td>100천원</td></tr>
</table>

출처: 보건복지부(2020). www.mohw.go.kr.

③ **어린이집 입소대기**

- 어린이집 입소대기: 입소를 희망하는 어린이집에 입소대기 신청, 입소우선순위에 따라 입소 결정
- 입소우선순위: 돌봄 지원 필요성이 높은 가구의 영유아가 어린이집에 우선적으로 입소할 수 있도록 점수를 부여(「영유아보육법」 제28조 및 시행규칙 제29조)
- 입소대기 신청 시점: 연중 수시
- 입소대기 신청 어린이집 수: 재원 중인 아동 2개소, 미 재원중인 아동 3개소
- 입소대기 대상 아동 범위: 보육 나이 0세~5세(단, 장애아동은 만 12세까지 가능)
- 대상어린이집: 입소 우선순위를 적용하는 전체 어린이집에 대하여 입소대기 신청 가능(직장어린이집, 협동어린이집 제외)
- 신청방법: 온라인신청(아이사랑포털 www.childcare.go.kr), 방문신청(입소를 원하는 어린이집에 직접 방문 신청)

④ **시간제보육**

시간제보육은 가정양육 가구(양육수당을 받는 대상)가 일시적인(긴급한) 보육수요 발생하는 경우 필요한 만큼만 시간당 일정 비용(1천원)을 지불하고 어린이집을 이용하는 보육서비스를 말한다. 신청방법은 온라인신청(아이사랑포털 www.childcare.go.kr, 전화예약 1661-9361)으로 한다.

⑤ **시간 연장형 보육**

시간 연장형 보육은 늦은 시간, 휴일에도 어린이집을 이용할 수 있도록 제공되는 보육서비스를 말한다. 시간 연장형 보육반을 운영 중인 어린이집 찾는 방법은 아이사랑포털(www.childcare.go.kr) 접속 후 메뉴 중 [어린이집] > [어린이집 찾기] 클릭 > 지역(시도 및 시군구) 입력 후 특성 '시간 연장형' 선택한다.

⑥ 육아종합지원센터

육아종합지원센터는 보육에 관한 정보의 수집·제공 및 상담 등을 제공하기 위하여 보건복지부장관과 지방자치단체의 장이 설치·운영하는 육아지원전문기관을 말한다. 지원 내용은 〈표 7-4〉와 같다.

〈표 7-4〉 육아종합지원센터 지원내용

어린이집 대상 지원	부모 대상 지원
• 보육컨설팅 • 보육교직원 상담 및 교육 • 아동학대 예방교육 • 대체교사 지원 및 관리 • 취약보육 지원 및 관리	• 초기부모 양육상담 • 부모교육 • 영유아 놀이공간 및 프로그램 제공 • 장남감 및 도서 대여 서비스 • 시간제 보육서비스 제공

출처: 보건복지부(2020). www.mohw.go.kr.

(3) 보육정책 현황

보육정책에서 연도별 어린이집, 어린이집 이용 아동 수, 가정양육수당 지원아동 현황에 대해서 살펴보면 다음과 같다.

〈표 7-5〉 연도별 어린이집 현황

(단위: 개)

연도	2015	2016	2017	2018
개소수(개)	42,517	41,084	40,238	39,171

출처: 보건복지부(2019a). 2019년 보육사업안내.

〈표 7-6〉 연도별 어린이집 이용 아동 현황

(단위: 명)

연도	2015	2016	2017	2018
인원(명)	1,452,813	1,451,215	1,450,243	1,415,742

출처: 보건복지부(2019a). 2019년 보육사업안내.

〈표 7-7〉 연도별 가정양육수당 지원아동 현황

(단위 : 명)

연도	2015	2016	2017	2018
인원(명)	1,009,346	993,153	836,290	745,677

출처: 한국보육진흥원(2019). 2018년 보육통계. p.277.

(4) 맞춤형 보육

① 맞춤형 보육의 개념

맞춤형 보육이란 아이와 부모의 다양한 보육서비스 요구 상황에 맞게 지원을 다양화하고자 2016년 7월부터 시행하는 제도이다. 맞벌이 가정 등 장시간 어린이집 이용이 필요한 가구에게 필요한 만큼 충분한 보육서비스를 제공하여 일 · 가정양립을 지원하고 있다. 가정 내 돌봄이 가능한 영아에게 적정시간의 보육서비스를 지원하여 영아 시기의 건강한 성장발달을 지원할 수 있다.

② 보육서비스 형태

보육서비스는 종일반인 경우, 주중 07:30~19:30(12시간), 토요일 07:30~15:30까지 이용할 수 있다. 맞춤형인 경우, 주중 09:00~15:00(6시간) + 긴급보육바우처(월 15시간)를 사용할 수 있다. 구체적 내용은 [그림 7-2]과 같다.

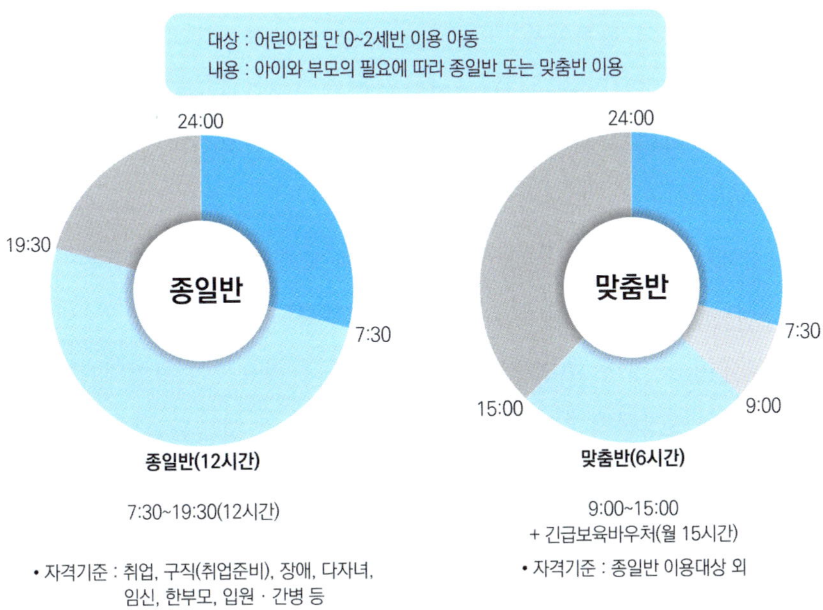

[그림 7-2] 보육서비스

출처: 보건복지부(2020). www.mohw.go.kr.

③ 종일반 · 맞춤형 보육료

기본보육료는 정부에서 인건비를 지원받지 않는 민간 · 가정어린이집에서 만 0~2세 및 장애아동 보육시 지원하며, 긴급보육바우처는 맞춤반 아동이 맞춤반 보육시간 이외에 어린이집 추가 이용이 필요할 때 사용(15시간 지원)할 수 있다. 종일반 · 맞춤형 보육료 지원 단가를 살펴보면 〈표 7-8〉과 같다.

〈표 7-8〉 종일반 · 맞춤형 보육료 지원 단가

(단위: 원)

연령	종일반		맞춤반		
	부모 보육료	기본 보육료	부모 보육료	기본 보육료	긴급보육 바우처
0세반	430,000	3950,000	344,000	395,000	60,000
1세반	378,000	191,000	302,000	191,000	60,000
2세반	313,000	125,000	250,000	125,000	60,000

출처: 보건복지부(2020). www.mohw.go.kr.

④ "어린이집 온종일 활기차게"[17]

2020년 3월부터 보육시간을 모든 아이들에게 보편적으로 제공하는 기본보육과 필요에 따라 추가 이용하는 연장보육으로 구분하고, 연장보육 전담교사를 배치하게 된다. 오후 4시까지의 기본보육시간에는 현행 담임교사가, 오후 4시부터 7시30분까지의 연장보육시간에는 연장보육 전담교사를 배치하여 보육서비스의 질을 높인다. 연장보육은 유아(3~5세)가 있는 가정에서는 필요한 경우 신청하여 이용할 수 있으며, 영아(0~2세)는 맞벌이, 다자녀, 취업준비 등 장시간 보육 필요성이 확인되어야 가능하다. 다만, 연장보육을 신청하지 않았어도 긴급한 보육수요가 발생한 때에는 연장보육 서비스를 이용할 수 있다.

17) 보건복지부(2019g). 어린이집 온종일 활기차게. 보도자료(2019.09.18)

〈표 7-9〉 연장반 인원 편성 (단위: 명)

구분	0세반 및 장애아반	영아반(1~2세)	유아반(3~5세반)
원칙	3명	5명	15명
탄력편성 가능 인원	0명	2명	5명

(5) 아이행복카드

① 보육전자바우처 도입(前 아이사랑카드 → 現 아이행복카드)

보육정책의 체감도를 높이고 수요자 중심 보육정책을 실현하기 위하여, 보육료를 어린이집에 지급하는 대신에 전자카드 형태로, 부모에게 직접 지급하여 어린이집을 이용하면서 결제하도록 하는 보육전자바우처(구. 아이사랑카드) 제도를 도입(2009년 9월 시행)하였다. 보육전자바우처 도입・시행으로 부모의 정책 체감도가 향상되었으며, 보육료 신청・지급・정산 등에 수반되는 어린이집과 행정기관의 업무 부담 대폭 경감할 수 있었다.

② 아이행복카드(보육료・유아학비 지원카드)

어린이집 및 유치원 시설 간의 이동 시 카드를 교체해야 하는 부모의 불편을 개선하고자 2015년부터 보육료 지원카드인 아이사랑카드와 교육부의 유아학비지원카드인 "아이즐거운카드"를 "아이행복카드"로 통합하였다. 아이행복카드를 발급받으면 어린이집과 유치원 어디서나 정부지원금 결제(인증)가 가능하다. 다만 보육료 또는 유아학비 등의 지원신청서가 필요하다.

(6) 국・공립어린이집 확충

① 저소득 주민 밀집 주거지역, 농어촌지역 등 취약지역에 국・공립어린이집을 우선 설치한다.

아동수, 접근성, 저소득층 비율 및 어린이집 공급 현황 등을 고려한 종합적인 분석을 토대로 우선 설치 필요지역에 선정한다.

② **신축에 따른 지자체 등의 재정부담 완화 등 효율적으로 확충 추진한다.**

- 가정어린이집(매입, 기부채납) 등 기존시설 전환을 적극 활용(2015년 1월, 시행규칙 개정)한다.
- 공동주택 의무어린이집 국공립 전환 시 입소우선권을 확대(2015년 9월, 시행규칙 개정)한다.

4. 보육서비스의 발전 방향

보육수요자의 요구에 따라 맞춤형 보육서비스 현장을 모니터링하여 양질의 보육서비스를 제공하고 있다. 시간제 보육은 가정양육을 하고 있는 양육자의 부담을 줄이기 위해 정부에서 지원하는 맞춤형 보육서비스의 하나이다. 이러한 정책들은 가임여성의 출산율 저하에 대한 대책으로 최근 보육서비스를 향상시키기 위해서 다양한 노력이 이루어지고 있다. 보육서비스의 발전 방향에 대해 몇 가지 제안을 하면 다음과 같다.

1) 국·공립어린이집의 확충

보육은 국가 책임하의 무상보육을 통해 보편성이 점차 강화되었다. 그러나 부모들의 보육 욕구가 상황에 따라 다양성이 확대되고 있으며, 이에 국가가 책임지는 보육지원의 틀을 확립하고자 '중장기 보육의 기본계획수립 및 시행'으로 국가의 의지를 보여 주었다(신갑숙, 2016). 저출산으로 인해 민간어린이집과 가정어린이집은 감소하고 직장어린이집과 국·공립어린이집은 증가하고 있다. 그러나 공공성 확보를 위한 국·공립어린이집의 비율은 전체 어린이집 대비 10.8%(2018. 12.)에 불과하다. 대부분의 보육수요자들은 국·공립어린이집을 선호하고 있어 국·공립어린이집 쏠림 현상에 정부가 적극적인 입장을 보여야 할 것이며, 자치단체장의 의지 여부에 따라 달라질 수 있으므로 지금보다 더 적극적인 의지가 필요하다.

2) 보육대상 범위의 명확화

2013년부터 0~5세 모든 영유아들에게 무상보육을 실시하고 있다. 2017년 7월부터 시작된 맞춤보육은 종일반과 맞춤반이라는 구분을 통하여 어린이집 이용시간을 제한하는 제도이다. 영유아의 권리를 존중하는 차원에서 영아기의 건강한 성장발달을 지원하고, 가정 내 돌봄이 필요로 하는 주 양육자와의 애착형성 시기임을 감안하여, 주 30시간으로 어린이집을 이용시간을 제한하였지만 보육수요자의 입장에서 받아들이기 이려운 부분들이 있었다. 신갑숙(2016) 연구에 의하면, 정부가 이야기하는 하루 6시간이 부모와의 애착형성시기에 있는 영아에게 적절한 시간인지, 종일반 영아의 애착은 중요하지 않은지, 이번 맞춤형 보육서비스에 대해서는 부모들의 입장과 영아들을 선별하기 위한 제도로 반드시 재검토가 필요하다고 하였다.

3) 국가수준의 표준보육과정과 누리과정의 다양화

보건복지부(2013)가 제시한 제3차 표준보육과정에 의하면, '영유아의 전인적인 성장과 발달을 돕고 민주시민으로서의 자질을 길러 영유아가 심신이 건강하고 조화로운 사회구성원으로 자랄 수 있도록 하는데 그 목적을 두고 있다'고 하였다. 표준보육과정은 6개 영역과 목표 및 내용범주, 수준별 보육과정을 실시하고 있으며, 누리과정은 5개 영역과 목표 및 내용범주, 연령별 보육과정을 시행하여 왔으나 2019년 7월 개정 누리과정을 통해 3세, 4세, 5세 연령별 보육과정을 삭제하고, 개정 누리과정의 성격 및 추구하는 인간상을 신설하여 유아의 놀이중심·경험중심의 '국가수준의 공동 교육과정'으로 개정하였다. 그동안 영유아의 다양한 보육프로그램을 배제한 것으로, 발달과정에 놓여 있는 유아들에게 자연친화적 교육, 생활주제에 따른 자발적인 놀이를 통해 흥미를 유발하고, 몰입하는 과정을 통해 창의성 발달시키는 중요한 학습요인으로 그 의미를 두고 개정하였다. 따라서 영유아들에게 양질의 보육서비스를 제공하기 위해서 각 유형별 어린이집 및 유치원의 특성, 부모님의 환경적인 상황, 지역사회 특성 및 협력으로 개별화된 보육서비스를 제공해야 한다.

[생각해 보기]

1. 현재 우리나라의 보육정책이나 보육서비스 중에서 앞으로 발전되어야 할 것에는 어떤 것이 있는지 학습자의 생각을 토론해 봅시다.

2. 우리나라 직장보육의 현황을 알아보고, 앞으로 나아가야 할 방향에 대해 어떤 것이 있는 토론해 봅시다.

3. 개정 누리과정에서 '유아중심'과 '놀이중심' 교육과정에 있어서 예비보육교사로서 가장 중요하게 생각하는 것은 무엇인지 이야기해 봅시다.

children's right & welfare | chapter 08

아동권리와 다양한 가족의 아동복지서비스

사회 변동에 따라서 가치관과 생활양식도 변하여 가족 기능과 가족의 형태도 다양하게 변화되어 가고 있다. 급변하는 사회·경제적 환경과 핵가족화, 저출산 문제로 가족의 기능이 약화되고 있으며 다양한 가족 형태가 발생하게 되었다. 이처럼 가족 구조의 다양화에 따라 한부모가족, 다문화가족, 조손가족, 미혼모(부)가족 등이 점차 증가하고 있다. 이러한 가족형태가 발생되는 과정에서 빈곤, 가정폭력, 아동학대 등이 발생할 수 있다. 따라서 아동이 가족으로부터 돌봄과 보호를 받고 자라 사회구성원으로서 성장할 수 있도록 아동과 그 가족을 돕는 아동복지, 가족복지, 여성복지 등의 서비스 지원이 필요하게 되었다. 이 장에서는 한부모가족, 다문화가족, 조손가족 등에 관한 개념과 유형, 현황, 지원사업, 아동권리를 위한 서비스 전달체계 등에 대해 살펴보고자 한다.

1. 한부모가족의 아동복지서비스

한부모가족은 불완전한 가족 형태에서 벗어나 점차 하나의 가족 형태로 자리매김되고 있다. 그러나 현실에서는 심리·사회적 불안, 경제적 어려움, 자녀양육 문제, 부모역할, 사회적 편견 등에서 여러 가지 문제가 발생되고 있어 국가와 정부는 한부모가족 아동과 가족을 위한 통합적인 접근이 필요하다.

1) 한부모가족의 개념과 유형

(1) 한부모가족의 개념

한부모가족은 여러 가지 사유로 인해 부나 모 중의 한 사람이 부모의 역할을 모두 수행하는 가족으로 정의되어지며, 「한부모가족지원법」에서의 한부모가족은 모자가족 또는 부자가족을 말한다(제4조 제2호). 즉, 배우자와 사별, 이혼, 유기 등으로 홀로된 자, 정신 또는 신체장애로 인하여 장기간 노동능력을 상실한 배우자를 가진 자, 배우자의 생사가 불분명하고, 가출, 해외거주, 장기복역 등으로 부양을 받을 수 없는 자, 미혼자(사실혼 관계에 있는 자 제외)인 세대주와 18세 미만의 자녀를 홀로 키우는 부모를 말하며, 부모 중 한사람이 사실상 부모의 기능을 단독으로 수행하는 가족이라고 정의할 수 있다.

(2) 한부모가족 지원대상 유형

「한부모가족지원법」에 따르면, 한부모가족으로 지원을 받을 수 있는 대상은 사별, 이혼, 유기에 따른 한부모가족, 미혼모(부)한부모가족, 청소년 한부모가족, 조손가족 등으로 구별할 수 있다.

① 한부모가족: 사별, 이혼, 유기에 의해 발생한 가족을 말한다.

② 미혼모(부)한부모가족: 사실혼 관계가 아닌 미혼으로 아이를 낳은 미혼모 또는 미혼부를 말하며, 출산 후 아이를 양육하는 경우와 양육하지는 않으나 미혼모 공동생활가정을 이용하는 미혼모의 경우에 해당한다.

③ 청소년 한부모가족: 한부모가족의 부 또는 모가 만 24세 이하인 경우로, 「한부모가족지원법」 제12조, 제17조의2 및 「한부모가족지원법 시행규칙」 제9조의2에 의해서 가족 정책의 우선대상이 된다.

④ 조손가족: 만 18세 이하인 손자나 손녀와 65세 이상 조부모로 구성된 가족으로, 부모로부터 사실상 부양을 받지 못하는 아동(이혼, 유기, 행방불명, 실종, 사망, 경제적 사유 등)을 (외)조부 또는 (외)조모가 손자녀에 대한 부양과 양육을 책임지고 있는 것을 의미한다.

2) 한부모가족의 현황

한부모가족의 주된 증가 요인으로는 이혼에 따른 가족해체로 모자가족이 주를 이루고 있다. 한부모가구 수는 그동안 이혼으로 인해 증가 추세를 보이다가 2017년에 다소 감소한 것으로 나타났으며, 18세 이상 자녀를 둔 모자가족이 절대다수의 가구를 차지하고 있음을 알 수 있다.

〈표 8-1〉 한부모가구 자녀 세대 구성 현황 (단위: 1,000가구)

세대 구성	막내자녀 연령구분	2016년	2017년	증감
계	소계	1,540	1,533	△7
	18세 이하	446	425	△21
	18세 이상	1,094	1,108	14
부+미혼자녀	소계	396	392	△4
	18세 이하	154	146	△8
	18세 이상	242	246	4

세대 구성	막내자녀 연령구분	2016년	2017년	증감
모+미혼자녀	소계	1,144	1,141	△3
	18세 이하	292	279	△13
	18세 이상	852	862	10

출처: 통계청(2018). 2017년 인구주택총조사

〈표 8-2〉 저소득 한부모가족 현황 (단위: 세대, 명)

연도별	계		모자가족		부자가족		조손가족	
	세대	세대원	세대	세대원	세대	세대원	세대	세대원
2014	192,244	484,232	147,592	371,367	43,617	110,297	1,035	2,568
2015	192,387	482,710	147,926	370,872	43,460	109,386	1,001	2,452
2016	187,841	468,414	145,258	362,137	41,627	103,966	956	2,311
2017	181,023	449,469	141,207	350,674	38,880	96,575	936	2,220

※기준: 「한부모가족지원법」에 따른 지원대상자(국민기초생활보장 동시보장결정가구 포함)
※자료: 사회보장정보시스템(행복e음)연도 말 기준
출처: 여성가족부(2019). 한부모가족지원사업안내. p.15.

3) 한부모가족을 위한 지원사업[18)]

(1) 지원대상자의 종류

① 한부모가족(모자가족 및 부자가족)

② 청소년 한부모가족

③ 조손가족

(2) 지원대상자 선정 조건

한부모가족, 조손가족, 청소년 한부모가족으로서 가구선정 기준 및 소득인정액 기준을 충족한 경우 지원 결정이 가능하다.

18) 여성가족부(2019). 한부모가족지원사업 안내. pp.21~24.

(3) 지원결정(복지급여)의 신청

① (신청주의) 생활이 어려운 저소득 한부모가족, 조손가족, 청소년 한부모가족의 가족구성원, 그 친족 및 기타 관계인이 신청한다.

② (직권주의) 사회복지전담공무원은 지원을 필요로 하는 자가 누락되지 않도록 관할지역내에 거주하는 지원대상 가구에 대한 지원 결정을 본인의 동의를 얻어 신청할 수 있다.

(4) 가족 현황 및 소득 · 재산조사

지원 결정 · 복지급여 신청자에 대해 시장 · 군수 · 구청장은 사회복지전담공무원으로 하여금 신청자의 가족구성원 현황, 소득과 재산 등에 관한 사항을 조사토록 하여 지원 결정 및 급여실시 여부와 급여내용을 결정한다.

(5) 지원 결정 및 통시

① 지원 및 복지급여의 결정

- 시장 · 군수 · 구청장은 신청자에 대하여 필요한 조사를 실시한 후 그 결과에 따라 지원 결정 및 급여실시 여부와 급여내용을 결정하여야 한다.
- 시 · 군 · 구에서 사회복지전담공무원이 조사한 내용을 사회보장정보시스템에 등록하면, 시장 · 군수 · 구청장은 해당 내용을 검토하여 결정내용(적합 또는 부적합)을 즉시 입력하여야 한다.
- 조사 실시 후 소득인정액 산정 기준 등의 변동으로 신규 지원 대상자로 선정되는 경우 매년 1월에 급여내용을 결정한다.

예시)
'18. 12월 신청자에 대한 조사과정에서 '19년부터 소득인정액 기준이 상향한 경우
- '18년도 소득인정액 기준 충족시 → 급여 개시일 12월, 신청일은 신청서를 제출한 날
- '18년도 소득인정액 기준을 충족하지 않으나, '19년도 기준 충족시 → 급여 개시일 1월로 처리, 신청일은 1월 1일로 처리한다.

② **신청자에 대한 통지**

- 시장 · 군수 · 구청장은 지원 결정 및 급여 신청에 대하여 그 결정요지, 급여 종류, 급여방법 및 급여개시 시기 등을 명시한 사회복지서비스 및 급여(결정 · 변경 · 중지 · 정지 · 상실)통보서를 지원대상자 또는 신청자에게 서면 통지를 원칙으로 한다. 다만, 신청인의 요청인 있는 경우 전화, 문자메시지(SMS) 또는 전자우편 등으로 추가 통지가 가능하다.
- 신청일로부터 30일 이내에 통지하되, 특별한 사유가 있는 경우 신청일로부터 60일 이내 연장 가능하다.

③ **급여신청자의 이의신청(심사청구)**

- 지원 결정 및 복지급여를 신청한 자, 그 친족이나 그 밖에 이해관계인은 시장 · 군수 · 구청장 · 특별자치도지사에게 서면으로 이의신청을 할 수 있다.
- 구두로 이의신청을 접수한 지원기관의 공무원은 이의신청서(서식 I -6호)를 작성할 수 있도록 협조를 의무적으로 한다.
- 이의신청을 접수한 시장 · 군수 · 구청장 · 특별자치도지사는 30일 이내에 이를 심사 · 결정하여 청구인에게 통보하여야 한다.

(6) 급여 실시 및 지원대상자 관리

① **급여 실시**

지원 결정된 가구 또는 가구원에 대하여 아동양육비, 아동교육지원비, 생활보조금, 자립촉진수당 등 결정된 급여를 지급한다.

② **지원대상자 관리**

- 지원대상자의 가족구성원, 소득 및 재산 등에 대한 변동사항을 당사자의 신고 또는 담당공무원의 확인조사 등을 통해 파악하여 지원 결정 및 급여 중지, 급여

변경 등에 반영한다.

- 부정 수급자 등에 대해서는 보장비용 징수기준에 의거하여 보장비용을 징수한다.

한부모가족지원사업 내용을 구체적으로 살펴보면, 〈표 8-3〉과 같다.

〈표 8-3〉 한부모가족지원사업

사업명 및 개요	사업대상	수행기관
〈한부모가족자녀 양육비 등 지원〉 • 아동양육비: 만 18세 미만 자녀, 월 20만 원 • 추가아동양육비: 조손 및 만 25세 이상 미혼 한부모가족, 5세 이하 자녀, 월 5만 원 • 학용품비: 중학생 · 고등학생 자녀, 연 5.41만 원 • 생활보조금: 시설 입소가구, 월 5만 원	소득인정액 기준 중위소득 52%이하 한부모 및 조손가족	자치단체
〈청소년한부모 자립지원〉 • 아동양육비: 월 35만 원 • 검정고시학습비, 고등학생교육비, 자립촉진수당 등 지원	소득인정액 기준 중위소득 60% 이하 만 24세 이하 한부모가족	자치단체
• 지역별 미혼모 · 부자 지원기관 운영 * 미혼모 · 부의 임신 · 출산 · 자녀양육을 위한 조기 지원, 교육 · 문화 프로그램, 자조모임, 상담 및 정보제공 등	미혼모 · 부자가족	지방자치단체 17개 지원기관
〈한부모가족복지시설 지원〉 • 시설 기능 보강: 신축, 개보수 등 • 시설 입소자 상담 · 치료 지원 • 시설 아이돌봄서비스 지원 • 공동생활가정형(매입 임대주택) 주거 지원 • 한부모가족복지단체 지원 • 시설 배치 사회복무요원 인력경비 지원	저소득 한부모가족 등	지방자치단체, 한부모가족 관련 시설 · 단체
〈한부모가족 무료법률구조〉 • 한부모가족 대상 법률상담, 소송대리, 기타 법률서류 등 무료법률구조	「한부모가족지원법」 제5조, 제5조의2 제2항 한부모가족	대한법률구조공단

출처: 여성가족부(2019). 한부모가족지원사업안내. p.13.

4) 아동권리에 기반한 한부모가족 아동복지서비스

(1) 「유엔아동권리협약」과 한부모가족 아동의 권리

한부모가족의 아동은 국제법인 「유엔아동권리협약」의 모든 조항에 해당하는 아동권리를 국내법과 동일하게 보호받는다. 아동이 처한 상황에 관계없이 차별금지와 인권보장을 받아야 할 것이다. 「유엔아동권리협약」의 핵심은 앞에서도 설명하였듯이 아동이 누려야 하는 기본적인 권리를 담은 협약이다. 1989년 11월 20일 국제연합 총회에서 채택되어 1990년 9월 2일 발효되었고, 다양한 한부모가족의 권리와 인권보장을 위한 국제아동인권센터(2019)의 내용을 참고로 하여 살펴보면, 〈표 8-4〉와 같다.

〈표 8-4〉「유엔아동권리협약」과 한부모가족 아동권리에 관한 내용

[제2조] 차별금지
당사국은 자국의 관할권 내에서 아동 또는 부모나 법정 후견인의 인종, 피부색, 성별, 언어, 종교, 정치적 또는 기타의 의견, 민족적, 인종적 또는 사회적 출신, 재산, 무능력, 출생 또는 기타의 신분에 관계없이 그리고 어떠한 종류의 차별함이 없이 이 협약에 규정된 권리를 존중하고, 각 아동에게 보장하여야 한다.

[제3조] 아동 최선의 이익
당사국은 아동의 부모, 후견인, 기타 아동에 대하여 법적 책임이 있는 자의 권리와 의무를 고려하여, 아동복리에 필요한 보호와 돌봄을 아동에게 보장하고 이를 위하여 모든 적절한 입법적 · 행정적 조치를 취하여야 한다.

[제6조] 아동의 생명 · 생존 및 발달
당사국은 모든 아동이 생명에 대한 고유의 권리를 가지고 있음을 인정한다. 가능한 최대한도로 아동의 생존과 발달을 보장하여야 한다.

[제7조] 출생등록 · 성명 · 국적 · 부모에 의해 보호받을 권리
아동은 출생 후 즉시 등록되어야 하며, 출생시부터 이름과 국적 취득권을 가지며, 가능한 한 자신의 부모를 알고 부모에 의하여 양육 받을 권리를 가진다.

[제9조] 부모로부터 분리방지
당사국은 법률 및 절차에 따라서 사법당국이 부모와의 분리가 아동에게 최선의 이익을 위하여 필요하다고 결정하는 경우 이외에는 아동이 그의 의사에 반하여 부모로부터 분리되지 아니하도록 보장하여야 한다.

또한 부모의 일방 또는 쌍방으로부터 분리된 아동이 정기적으로 부모와 개인적 관계 및 직접적인 면접교섭을 유지할 권리가 있음을 존중하여야 한다.

[제26조] 사회보장의 혜택을 받을 권리
당사국은 모든 아동이 사회보험을 포함한 사회보장제도의 혜택을 받을 권리를 있음을 인정하며, 자국의 국내법에 따라 이 권리의 완전한 실현을 달성하기 위하여 필요한 조치를 취하여야 한다.

(2) 「한부모가족지원법」과 한부모가족 아동의 권리

이 법은 한부모가족이 안정적인 가족의 기능을 유지하고 자립할 수 있도록 지원함으로써 한부모가족의 생활안정과 복지증진에 이바지함을 목적으로 2008년에 제정되었다. 또한 한부모가족의 권리와 책임을 명시하고 있으며 법률에 따라 국가와 지방자치단체에 한부모가족 복지증진을 위한 책임이 있음을 규정하고 있다. 국가나 지방자치단체는 한부모가족의 생활안정과 자립을 촉진하기 위하여 다음 각 호의 어느 하나의 자금을 대여할 수 있다(제13조 복지자금의 대여). 즉, 한부모가족에 사업에 필요한 자금, 아동교육비, 의료비, 주택자금, 그 밖에 대통령령으로 정하는 한부모가족의 복지를 위하여 급여를 받거나 필요한 자금을 대여할 수 있다. 이 외에도 한부모가족의 가족 기능을 회복하기 위한 상담, 부모교육프로그램, 돌봄서비스, 가사도우미 지원 등의 서비스도 제공하고 있다. 그러나 그 대상이 제한적이며 생활비나 서비스 지원 규모도 미흡하므로 지원을 강화할 필요가 있다.

(3) 한부모가족 아동지원을 위한 전달체계

한부모가족 아동을 지원하기 위한 중앙부처의 전달체계로 여성가족부 가족지원과에서 한부모가족 지원 관련 계획을 수립하고 법령을 관리·운영하며, 지원정책으로는 저소득 한부모지원, 미혼 한부모지원, 양육비 이행지원, 지역별 추가 지원 안내가 있다. 뿐만 아니라 한부모가족 아동양육과 교육지원 그리고 3년마다 한부모가족 실태조사 계획 및 수립·시행하는 업무를 담당하고 있다. 그 외 한부모가족을 지원하는 프로그램 및 서비스는 건강가정지원센터, 지역사회복지관, 여성인력센터, 민간단체 등을 중심으로 시행되고 있다.

2. 다문화가족의 아동복지서비스

다문화가족은 국가 간의 물적·인적 교류가 활성화되고, 인터넷의 발달로 인한 정보 공유의 확산 등으로 국내·외 인구 이동이 급격하게 증가하여 발생하였다. 이러한 현상으로 다문화·다인종 사회로 이행되고 있으며, 이러한 추세는 가속화될 것이라는 점에 이견이 없다.

또한 저출산, 고령사회를 맞아서 출산율의 지속적인 감소, 결혼연령 시기 및 성비의 격차, 도시와 농촌 간 인구 이동, 그리고 여성의 고학력 및 경제활동의 증대로 초혼 연령이 상승하고, 독신 미혼여성 비율이 증가함에 따라 만혼화 현상이 팽배해지고 있다. 이와 같은 인구 변화의 사회적 배경하에서 외국인에 대한 거부감 감소 및 가치관 변화, 한국인 배우자의 절대수 부족 등이 이질적 특성을 가진 외국인들과의 결혼으로 이어져, 새롭게 가족관계를 형성하는 다문화가족이 출현하였고 이에 따라 다문화가족 아동에 대한 복지서비스도 개별화가 요구되고 있다.

1) 다문화가족의 개념과 유형

(1) 다문화가족의 개념

다문화가족은 국제화·세계화의 시대가 도래됨에 따라 생겨난 사회적 현상이다. 근대 이후 한국의 다문화가족으로는 1950년 한국전쟁 이후 생겨난 미군 병사와 한국 여성으로 구성된 가족, 1980년대 중반 이후 외국으로부터 유입된 이주노동자를 중심으로 구성된 가족, 그리고 1990년대 후반 이후 결혼이민자와 한국인 배우자로 이루어진 다문화가족 등으로 유형화될 수 있다. 즉, 다문화가족이라는 용어는 국제결혼이라는 용어가 내포된 내국인과 외국인과의 결혼으로, 국적에 따른 차별성 대신에 한 가족 내에 다양한 문화가 공존하고 있다는 의미이다(한성심 외, 2017). 또한 한국의 역사적 특수성에 기인하여 새터민가족을 다문화의 주체로서 포함시키기도 한다. 한편, 「다문화가족지원법」은 다문화가족 구성원이 안정적인 가족생활을 영위하고 사회구성원으로의 역할과 책임을 다할 수 있도록 함으로써 이들의 삶의 질을 향상시키고 사회 통합에 이바지함을 목적으로 2008년에 제정되었으며, 이 법에서 사용하는 '다문화가족'이라는 용어의 뜻은 다음과 같다.

① **'다문화가족'이란 다음의 어느 하나에 해당하는 가족을 말한다고 규정하고 있다.**

- 「재한외국인 처우 기본법」 제2조 제3호의 결혼이민자와 「국적법」 제2조부터 제4조까지의 규정에 따라 대한민국 국적을 취득한 자로 이루어진 가족
- 「국적법」 제3조 및 제4조에 따라 대한민국 국적을 취득한 자와 같은 법 제2조부터 제4조까지의 규정에 따라 대한민국 국적을 취득한 자로 이루어진 가족

② **'결혼이민자 등'이란 다문화가족의 구성원으로서 다음의 어느 하나에 해당하는 자를 말한다.**

- 「재한외국인 처우 기본법」 제2조 제3호의 결혼이민자
- 「국적법」 제4조에 따라 귀화 허가를 받은 자

③ **'아동 · 청소년'이란 24세 이하의 사람을 말한다.**

또한 다문화가족에 대한 개념은 정부 부처 및 학자에 따라 다양하게 정의되고 있는데, 교육부는 '다문화가족'이라는 개념을 사용하여 다양해진 사회구성원에 대한 맞춤형 교육 및 사회적응을 위한 지원을 확대하고 있으며(교육과학기술부, 2008), 법무부의 경우는 '이민자'라는 용어를 사용하여 다문화사회의 사회통합 정책을 실시하고 있다.

(2) 다문화가족 유형

통계청이 분류하는 다문화가족은 결혼이민자와 귀화자가 포함된 가구를 말한다. 구체적으로 귀화자가 있는 가구 또는 한국인이 외국인 배우자와 결혼해 이루어진 가구 또는 그 자녀가 포함된 가족 등을 말한다. 또한 다문화가족의 아동은 한국인 배우자와 다른 문화적 배경을 가진 외국인과의 국제결혼을 통해 태어난 자녀를 말하며, '혼혈아동' 또는 '이주노동자(외국인노동자)자녀', '국제결혼가정 자녀' 등 다양하게 불려왔으며, 부모의 국적에 따라 '아메라시안(AmerAsian: American + Asian)', '코시안(Kosian: Korean+Asian)', '라이따이한(LaiDaihan)' 등으로 불려진다. 다문화가족의 유형을 살펴보면 다음과 같다.

① 내국인(출생)과 외국인(결혼이민자) 가족
② 내국인(출생)과 내국인(귀화) 가족
③ 내국인(귀화)로 구성된 가족
④ 내국인(출생)가구주와 다문화자녀 가족
⑤ 내국인(귀화)와 외국인(결혼이민자) 가족
⑥ 결혼이민자와 외국인(다문화자녀) 가족

2) 다문화가족의 현황

통계청이 발표한 인구주택총조사(2018)에 따르면, 우리나라에 거주하는 외국인 주민 수는 1,861,084명으로, 총인구 51,422,507명의 3.6%에 이르는 것으로 나타났다. 외국인 주민을 유형별로 살펴보면, 장기체류 외국인(외국인 근로자, 외국국적동포, 결혼이민자 등)이 1,479,247명(79.5%), 귀화자가 169,535명(9.1%), 외국인 주민 자녀(출생)가 212,302명(11.4%)으로 나타났다. 2017년 11월 1일 기준으로 한국국적을 취득한 자는 169,535명으로, 2016년 159,447명에 비해 10,088명(6.3%) 증가하였다. 외국인 주민 유형별 현황을 살펴보면, 〈표 8-5〉과 같다.

〈표 8-5〉 외국인 주민 유형별 현황

(단위: 명, %)

구분	외국인 주민 합계			장기체류 외국인						귀화자	외국인 주민자녀 (출생)
	계	남	여	계	외국인 근로자	결혼 이민자	유학생	외국국적 동포	기타 외국인		
2017	1,861,084	989,286	871,798	1,479,247	495,792	160,653	117,127	276,750	428,925	169,535	212,302
	구성비	(53.2%)	(46.8%)	(79.5%)	(26.6%)	(8.6%)	(6.3%)	(14.9%)	(23.1%)	(9.1%)	(11.4%)
2016	1,764,664	946,561	818,103	1,413,758	541,673	159,501	95,963	235,926	380,695	159,447	191,459
	구성비	(53.6%)	(46.4%)	(80.1%)	(30.7%)	(9.0%)	(5.4%)	(13.4%)	21.6%)	(9.0%)	(10.8%)
증감	96,420	42,725	53,695	65,489	△45,881	1,152	21,164	40,824	48,230	10,088	20,843
	(5.5%)	(4.5%)	(6.6%)	(4.6%)	(△8.5%)	(0.7%)	(22.1%)	(17.3%)	(12.7%)	(6.3%)	(10.9%)

출처: 행정안전부(2019). 지방자치단체 외국인주민현황조사. p.1.

〈표 8-6〉에서 살펴보면, 외국인주민 자녀 현황을 살펴보면, 2016년 201,333명이, 2017년 222,455명으로 21,122명(10.5%)이 증가하였다.

〈표 8-6〉 외국인 주민 자녀 현황

(단위: 명, %)

구분	합계			귀화 및 외국국적 자녀			국내출생 자녀		
	소계	남	여	소계	남	여	소계	남	여
2017	222,455	113,686	108,769	10,153	4,825	5,328	212,302	108,861	103,441
2016	201,333	102,961	98,372	9,874	4,683	5,191	191,459	98,278	93,181
증감	21,122	10,725	10,397	279	142	137	20,843	10,583	10,260
	10.5%	10.4%	10.6%	2.8%	3.0%	2.6%	10.9%	10.8%	11.0%

출처: 행정안전부(2019). 지방자치단체 외국인주민현황조사. p.8.

외국인 주민 자녀는 총 222,455명으로 귀화하였거나 아직 외국국적을 보유하고 있는 귀화 및 외국 국적 자녀가 10,153명(4.6%), 출생과 동시에 한국국적을 취득한 국내출생 자녀가 212,302명(95.4%)으로 나타났다.

또한 [그림 8-1]에서 자녀의 연령대는 미취학 아동연령(만 6세 이하) 51.7%(115,085명), 초등학생 연령(만 7~12세) 36.8%(81,826명), 중고생 연령(만 13~18세) 11.5%(25,544명)

로 나타나 미취학 아동이 대다수를 차지한다.

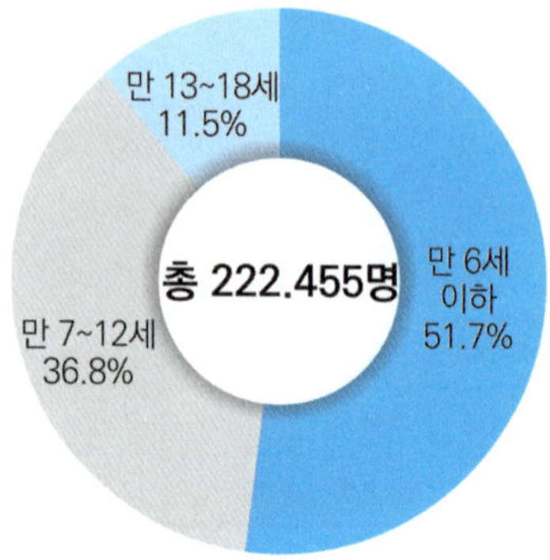

[그림 8-1] 외국인 주민 자녀의 연령별 현황

출처: 행정안전부(2019). 지방자치단체 외국인주민현황조사. p.8.

3) 다문화가족을 위한 지원사업

다문화가족을 위한 다문화정책으로, 외국인 노동자나 국제결혼 증가로 다문화사회에 대한 다양한 문제가 생겨나면서 이를 지원하기 위한 여러 가지 정책들이 마련되고 있다. 여성가족부(2019)에서는 다문화가족의 안정적인 정착과 가족생활을 지원하기 위해 가족 및 자녀 교육·상담, 통번역 및 정보제공, 역량강화지원 등 종합적인 서비스를 제공하여 다문화가족의 한국사회 조기적응 및 사회·경제적 자립을 도모하기 위해 다문화가족지원사업을 추진하고 있다. 다문화가족지원 정책은 「다문화가족지원법」(2008. 9. 22. 시행)을 근거로 하여, 다문화가족구성원이 안정적인 가족생활을 영위할 수 있도록 함으로써 이들의 삶의 질 향상과 사회통합을 지원하기 위함이다. 다문화가족 위한 주요 지원사업 내용을 살펴보면, <표 8-7>과 같다.

〈표 8-7〉 다문화가족을 위한 지원사업

사업명	내용
다문화가족지원센터 중앙관리사업	• 프로그램 및 업무 메뉴얼 개발 · 보급 • 직원 · 사업별 전문인력 양성 • 실적관리 및 홍보 • 현장 및 평가지원
이중 언어 가족환경조성사업	• 이중 언어 환경조성사업 표준교육교재 제작 및 배포 • 이중 언어코치 양성교육, 담당자 직무보수교육, 온라인 교육 콘텐츠 관리 운영 • 이중 언어 파트너즈 운영 • 이중 언어 인재풀 운영 • 이중 언어 환경조성사업 만족도 및 성과도 관리 • 이중 언어 환경조성사업 실적관리, 결과보고서 발간 • 사업홍보 및 사업현황 관리
방문교육사업	• 방문교육사 온라인교육 콘텐츠 수정 · 보완 • 방문교육사 양성교육, 직무보수교육, 온라인교육 콘텐츠 관리 운영 • 방문교육사 평가 • 방문교육사업 만족도 및 성과도 관리 • 방문교육사업 실적관리, 결과보고서 발간 • 사업홍보 및 사업현황 관리
언어발달지원사업	• 언어발달지원사업 아동평가분석 • 다문화 언어발달지도사 양성교육, 역량강화교육, 온라인교육 컨텐츠 관리 운영 • 다문화 언어발달지도사 슈퍼비전, 전문가 자문위원단 운영 • 다문화 언어발달지도사 평가 • 언어발달지원사업 만족도 및 성과도 관리 • 언어발달지원사업 실적 및 시스템 관리, 결과보고서 발간 • 사업홍보 및 사업현황 관리
통번역서비스 사업	• 통번역 전담인력 양성교육, 역량강화교육, 온라인교육 컨텐츠 관리 운영 • 통번역 전담인력 슈퍼비전, 멘토링 시스템 운영, 전문가 자문위원단 운영 • 통번역 전담인력 평가 • 통번역서비스사업 만족도 및 성과도 관리 • 사업 실적 및 시스템 관리, 결과보고서 발간 • 사업홍보 및 사업현황 관리
다문화가족 사례관리사업	• 다문화가족 사례관리사업 실적관리 • 다문화가족 사례관리사 직무교육 • 다문화가족 사례관리사 슈퍼비전 • 사업홍보 및 사업현황 관리 • 사례관리사업 결과보고서 발간

사업명	내용
결혼이민자 멘토링사업	• 결혼이민자 멘토링 실적관리 • 결혼이민자 멘토링 프로그램 워크북 인쇄 및 배포 • 결혼이민자 멘토링 사업 간담회 • 사업홍보 및 사업현황 관리
지자체 한국어사업	• 지자체 한국어사업 실적관리 • 지자체 한국어교육 담당자 역량강화교육 • 한국어교육 교재 제작 및 배포 • 지자체 한국어사업 만족도 및 성과도 관리 • 사업홍보 및 사업현황 관리
전국 다문화가족 네트워크대회	• 다문화가족, 사회통합 유공자 표상 • 토크콘서트, 축하공연, 오프닝 공연 • 우수 사업 및 사례 시상, 발표 • 자조모임 리더 워크숍, 종사자 워크숍 • 다문화인식개선 홍보대사 위촉식 및 캠페인 진행
다문화가족 자녀성장 지원사업	• 사업 안내 및 직무교육 • 그룹컨설팅 • 다문화가족 자녀 성장지원사업 실적관리
다누리콜센터 (1577-1366)	• 폭력피해 긴급지원 및 사후관리 • 종합생활정보 제공 • 생활통역 및 3자 통화서비스 • 가족상담 및 부부상담 • 변호사 상담

출처: 여성가족부 · 한국건강가정진흥원(2019). 2017년 가족지원사업 연간실적보고서. pp.111~112.

이밖에도 문화체육관광부에서는 다문화가족을 위한 문화예술교육지원프로그램을 개발하여 운영하고 있으며, 이주민 다문화체험 지원 등을 지원하고 있다. 법무부에서는 외국인 자녀를 위한 정착지원 및 별거 시 자녀 접견을 위한 국내 체류를 허가하여 지원하며, 교육부에서는 대학생 멘토링, 다문화교육센터 설치 · 운영, 시 · 도 다문화가족 자녀교육 활성화를 위해 다문화가족 유아 · 초등학생의 한국어 · 기초학력향상 지원, 다문화가족 학부모의 자녀교육 역량강화 지원 등을 통해 다문화교육 기반을 구축하고 있다(한성심 외, 2017).

4) 아동권리에 기반한 다문화가족 아동복지서비스

(1) 「유엔아동권리협약」과 다문화가족 아동의 권리

다문화가족 아동도 「유엔아동권리협약」의 모든 조항에 해당하는 권리를 보호받아야 한다. 국제결혼과 이주노동자의 증가, 산업구조의 변화 등으로 다문화가족 아동이 상처를 받거나 집단 왕따를 당하는 사례가 드러나고 있다. 아동권리에 관한 국제법과 국내법에 따라 아동이 처한 상황에 관계없이 다문화가족 아동의 차별금지와 인권이 보장되어야 한다.

「유엔아동권리협약」의 가장 핵심 이념은 비차별 원칙으로, 모든 아동은 부모님이 어떤 사람이건, 어떤 인종이건, 어떤 종교를 믿건, 어떤 언어를 사용하건, 부자건 가난하건, 장애가 있건 없건, 모두 동등한 권리를 누려야 한다(유니세프 한국위원회, 2019). 이처럼 부모가 어떠한 불리한 법적 지위에 있더라도 이로 인한 불이익을 받지 않도록 방어해 준다. 다문화가족 아동권리와 관련된 「유엔아동권리협약」의 내용을 살펴보면, 당사국에 거주 중인 아동에 대한 포괄적 차별금지(제2조), 고유의 생명에 대한 생존권과 발달권(제6조), 출생시 성명권 및 국적 취득권(제7조), 신분보존권(제8조), 교육권(제28조), 소수민족과 원주민 아동(제30조)을 보호하는 권리를 명시함으로써 다문화가족 아동에 대한 권리를 보장하도록 하고 있다.

(2) 「다문화가족지원법」과 다문화가족 아동의 권리

이 법은 2008년 제정되었으며, 다문화가족 구성원이 안정적인 가족생활을 영위할 수 있도록 마련된 사회 안전장치라고 할 수 있는 제도와 여건을 조성하기 위함이다. 즉, 결혼이민자 등이 생활하는 데 필요한 기본적인 정보를 제공하고 사회적응 교육과 직업교육 · 훈련 및 언어소통 능력 향상을 위한 한국어교육 등을 받을 수 있도록 필요한 지원을 수립하여 시행한다고 명시되어 있다. 또한 복지 한 부분을 담당하고 있는 「다문화가족지원법」은 생활에 필요한 기본적인 가족상담, 부모교육 등을 제공하면서 동시에 문화의 차이를 고려한 이중 언어에 대한 통번역서비스, 법률상담 등의 전문적인 서비스를 제공한다.

다문화가족 아동을 위한 보육 및 교육을 실시함에 있어서 다문화가족 구성원인 아동을 차별해서는 안 되며(제10조), 결혼이민자 등의 의사소통의 어려움을 해소하고 서비스접근성을 제고하기 위해 다국어에 의한 서비스 제공이 이루어지도록 노력해야 한다(제11조).

(3) 다문화가족 아동지원을 위한 전달체계

다문화가족 아동을 지원하기 위한 중앙부처인 여성가족부 소관 건강가정・다문화가족지원센터에서 다문화가족 지원을 계획하고 운영한다. 각 지역사회 다문화가족지원센터는 다문화가족을 대상으로 한국어교육, 가족교육상담, 자녀교육지원 등 종합적인 서비스를 제공하고 있다. 지원대상자는 결혼이민자(한국인과 결혼한 외국인)와 귀화자가 포함된 가족(「다문화가족지원법」 제2조)이 해당된다. 지원 내용으로는 가족관계 개선을 위한 상담, 부부교육, 부모자녀교육 등이 있으며, 방문교육서비스는 한국어교육, 부모교육서비스, 자녀생활서비스 등이며, 한국어교육은 1단계에서 4단계로 진행되며, 다문화가족 아동을 위한 언어(한국어)발달지원, 이중 언어, 가족환경 조성, 자녀성장 지원사업 등, 전국 217개 지역 다문화가족지원센터에서 시행하고 있다.

3. 조손가족의 아동복지서비스

조손가족은 급변하고 있는 사회변화에 따른 하나의 가족구조로써, 조부모가 부모를 대신하여 아동 양육의 일차적 책임자로서 역할을 다하며, 만 18세 이하인 손자녀와 65세 이상인 조부모와 동거하는 가족을 말한다. 이러한 조손가족의 형태는 IMF라는 경제위기, 이혼과 재혼의 증가 등으로 인해 새로운 가족 양상의 하나로 우리 사회에 자리하게 되었다. 그러나 일정한 수입이 없는 노인들의 경제적인 문제, 고령으로 인한 심리・건강문제, 손자녀의 교육문제, 손자녀로 인한 일상생활의 제약과 양육 부담 등으로 여러 가지 문제들이 발생하고 있어 조손가족 아동에 대한 다양한 지원서비스가 필요하다.

1) 조손가족의 개념과 유형

(1) 조손가족의 개념

조손가정은 부모의 이혼, 재혼, 가출, 실직, 사망, 건강상 문제, 약물 중독, 경제적 어려움, 학업, 해외 취업 등의 다양한 이유로, 부모가 자녀를 양육하지 못하고 조부모가 손자녀를 양육하면서 함께 동거하는 가족의 형태를 말한다. 또한 조손가족을 지원하는 법률 및 지침인 「한부모가족지원법」에서는 조손가족의 범위를 '부모의 유기 등의 이유로 65세 이상의 조부모가 18세 미만의 손자녀를 양육하는 가정'이라고 정의하고 있다.

(2) 조손가족의 유형

조손가족은 원가족의 해체가 다양한 원인에 의해 급격히 증가함으로 가족 기능이 약해지면서 나타나는 사회적 변화 속에서 출현한 가족 형태의 하나이다. 최근 우리나라에서는 조부모 - 손자녀 가족, 조부모가족, 조손가족 등 다양하게 일컫고 있다. 조손가족의 유형은 다음과 같다.

① 조부모와 미혼 손자녀 가구

② 조부 또는 조모와 미혼 손자녀 가구

2) 조손가족의 현황

조손가족은 1995년도 인구주택총조사 이후부터 분리하여 조사가 이루어졌고, 조부모의 자녀 이혼을 조손가족 형성의 가장 큰 원인으로 보았다. 조손가족은 2015년 113,111가구에서 2016년 109,241가구로 감소하였으나 2017년에는 112,578가구, 2018년 113,297가구로 증가하고 있다(통계청, 2019). 급속한 가족해체의 가속화 및 가족 기능의 안정성 약화, 이혼율 증가 속도, 빠른 노령화 사회를 통해 차후 조손가족의 수도 증가될 것이라고 예상한다(김희정・천미영, 2011). 다음의 〈표 8-8〉에서 보는 바와 같이 조손가구 수가 2016년을 제외하고 지속적으로 증가하고 있는 것을 알 수 있다.

〈표 8-8〉 조손가구 구성 현황 (단위: 가구)

연도	2015년	2016년	2017년	2018년
65세 이상 1인 가구	1,223,169	1,294,453	1,370,962	1,444,588
조부(모)+미혼 손자녀 가구(합계)	113,111	109,241	112,578	113,297
조부모+미혼 손자녀 가구	43,314	42,819	44,558	44,766
조부 또는 조모+미혼 손자녀 가구	69,797	66,422	68,020	68,531

출처: 통계청(2019). 2018년 인구주택총조사. 재구성.

3) 조손가족을 위한 지원사업

조손가족 형성과정에서 부정적인 원인에 의해 이루어지는 경우가 대부분을 차지하고 있어, 조손가족 아동이 겪을 여러 가지 어려움을 짐작할 수 있다. 일반가정의 아동에 비해 정서・사회적 발달에 어려움이 있으며, 경제적 어려움이 더하게 되면 사회관계망 형성에도 영향을 미치므로 조손가족 아동을 위한 다각적인 차원에서의 지원이 필요하다.

(1) 조손가족의 지원대상

조손가족의 「한부모가족지원법」(제5조의2 제2항)의 어느 하나에 해당하는 아동을 양육하는 조부모의 경우로서, 매년 여성가족부장관이 고시하는 소득 기준에 부합하는 때에는 조손가족 지원대상자가 되며 그 내용은 다음과 같다(여성가족부, 2019).

① 부모가 사망하거나 생사가 분명하지 않은 아동

② 부모가 정신 또는 신체의 장애 · 질병으로 장기간 노동능력을 상실하여 부양을 받을 수 없는 아동

③ 부모의 6개월 이상 장기복역 등으로 인해 부양을 받을 수 없는 아동

④ 부모가 이혼하거나 유기하여 부양을 받을 수 없는 아동

⑤ 부모가 가정의 불화 등으로 가출하여 부모의 부양을 받을 수 없는 아동

⑥ 그 밖에 부모가 실직 등으로 장기간 경제적 능력을 상실하여 부양을 받을 수 없는 아동

(2) 조손가족의 지원 관련 내용

조손가족을 위한 지원정책으로는 최저생계비 이하인 저소득층인 경우, 「국민기초생활보상법」에 근거한 국민기초생활보장제도에 의해 공공부조를 받을 수 있으며, 의료보험료도 면제가 가능하다. 또한 「한부모가족지원법」에 의해 조손가족의 가족기능 강화를 위한 서비스 및 시 · 군 · 구에서 지원하고 있는 지원조례들이 있다. 조손가족과 관련된 법에 의한 지원들을 살펴보면 다음과 같다(이재연 외, 2018).

① 「아동복지법」에 의한 지원

「아동복지법」상 가정위탁 유형 중 대리양육에 해당하는 것으로, 조부모가 손자녀를 양육할 시 지원기준에 따라 조손가족에게 양육비, 생계비, 상해의료비, 보험료, 심리치료 등을 지원하고 있으며, 그 외 지역건강가정지원센터에서 가족역량강화를 위해 자녀학습, 생활도움 등을 지원하고 있다.

② 「국민기초생활보장법」에 의한 지원

국민기초생활보장제도에 따른 지원은 생활수준에 따라 제1계층, 제2계층, 제3계층으로 구분하여 차등지원하고 있다. 제1계층은 조부모와 손자녀 모두 기초생활수급자

인 세대로서 아동학습 수당과 사회복지서비스를 제공받으며, 제2계층은 손자녀만 기초수급대상자로 조손가족 수당과 사회복지서비스를 받는다. 제3계층은 차상위계층에 해당하는 세대로서 사회복지서비스를 제공받을 수 있다.

③ 「한부모가족지원법」에 의한 지원

「한부모가족지원법」에 따른 조손가족의 지원인 경우, 조부모가 손자녀를 양육하는 최저생계비 130% 이하인 가정으로, 손자녀의 양육과 자립을 지원하고 있다. 조손가족에 대한 조항이 특례로 포함되어 있어 조손가족은 한부모가족에게 제공되는 아동양육비, 교육비, 건강보험료 지원 등 공적 지원을 받는다.

아동양육비는 소득인정액이 기준 중위소득 52% 이하인 가족의 만 18세 미만 자녀에게 자녀 1인당 월 20만 원을 지원하며, 추가 아동양육비는 소득인정액이 기준 중위소득 52% 이하인 조손 및 만 25세 이상 미혼 한부모가족의 만 5세 이하 아동에게 자녀 1명당 월 5만 원을 지급하고, 학용품비 지원은 소득인정액이 기준 중위소득 52% 이하인 가족의 중・고등학생 자녀에게 자녀 1명당 연 5.41만 원을 지원하고 있다.

④ 취약・위기가족 서비스 지원 강화

저소득 조손가족의 재난・사고 중인 긴급위기 가족에게 가족상담, 가족돌봄, 일시돌봄, 자녀학습・정서지원 등 서비스 지원을 확대하고 있다. 서비스를 제공하는 기관도 2017년 전국 47개소에서 2018년부터 61개소로 확대하여 서비스 사각지대를 보완한다고 하였다. 향후 취약・위기가족에게 지속적인 사례관리를 위한 서비스를 제공할 계획이며, 운영기관도 단계적으로 확대할 계획이다(여성가족부, 2019). 이 외에도 취약계층 조손가족 아동을 위한 아이돌보미 지원사업, 드림스타트, 방과 후 돌봄 서비스, 디딤씨앗통장 지원사업 등을 통해서도 조손가족 아동을 지원하고 있다.

4) 아동권리에 기반한 조손가족 아동복지서비스

(1) 「유엔아동권리협약」과 조손가족 아동의 권리

조손가정이 증가하면서 아동권리에 관한 국제법과 국내법은 아동이 처한 상황에 관계없이 아동의 차별금지와 인권보장을 위한 법적 대책을 마련하고 있지만 아직까지 우리사회에서는 조손가족 아동을 대상으로 하는 아동권리 차원에서의 별도의 지원체계나 정책은 존재하지 않는다(이재연 외, 2018). 조손가족 아동에게도 어떠한 상황에 처해 있더라도 차별금지와 인권보호 등이 최우선으로 보장되며, 직·간접적으로 최소한 4대 기본 권리를 보장받을 수 있다.

(2) 조손가족 아동지원을 위한 전달체계

조손가정 아동을 지원하는 중앙부처 복지서비스는 한부모가족, 다문화가족과 마찬가지로 여성가족부 가족지원과에서 담당하고 있으며, 지역건강가정지원센터, 지역사회복지관, 민간단체 등을 중심으로 시행되고 있다. 취약·위기가족이 가진 복합적인 문제해결 및 욕구 해소를 위해 지속적인 사례관리를 통해 가족기능 회복과 정서·경제적 자립역량 강화를 도모하기 위해 추진하는 사업이다. 주요 내용은 지원대상으로 중위소득 72%이하 한부모·조손가족 등 취약가족, 재난·사고 등을 경험한 긴급위기 가족이 해당된다. 즉, 사례관리, 가족상담, 긴급가족돌봄, 학습·정서지원 등을 기본사업으로 하고, 외부자원연계를 통해 사업의 효율성 제고 등을 지원한다. 수행기관으로는 61개 건강가족지원센터·다문화가족지원센터가 통합서비스 운영기관으로 운영되며, 시행일은 2018년 1월 1일부터 취약·위기가족 서비스지원을 강화하였다(여성가족부, 2019).

[생각해 보기]

1. 저소득 한부모가정에 도움을 줄 수 있는 한부모가정 지원사업에는 어떤 것이 있는지 토론해 봅시다.

2. 학습자가 조손가정의 사례관리자라고 가정했을 때 현실적으로 겪게 되는 어려움과 지원하는 방안에 대해 토론해 봅시다.

3. 다문화가정의 자녀가 유아교육기관에 재원하고 있을 때, 어떠한 태도로 영유아를 대해야 하는지 토론해 봅시다.

children's right & welfare | chapter 09

아동권리와 장애아동서비스

'장애'란 신체 손상 또는 정신 기능의 저하, 이상, 상실, 신체 일부의 훼손 등을 지칭하며, 장애를 개인의 문제로 간주하는 개별적이고, 의학적인 관점을 말한다. 장애아동은 선천적 기형으로, 신체가 본래의 제 기능을 하지 못하거나 병이나 사고, 정신능력의 결함으로 인하여 신체를 제대로 움직일 수 없어 일상생활이나 사회생활에 제약을 받는 아동을 의미한다. 이 장에서는 세계보건기구가 국제질병기준을 근간으로 장애의 개념, 유형, 현황을 살펴보고, 장애아동 권리와 복지서비스 및 관련 정책에 대해 알아보고 개선점을 찾아보고자 한다.

1. 장애의 개념

세계보건기구(WHO)의 장애에 대한 정의에 반영되어 1980년 국제장애분류(ICIDH: International Classification of Impairment, Disabilities, and Handicaps)를 기능장애, 능력

장애, 사회적 불리로 구분하였다(윤매자 외, 2017).

첫째, 기능장애는 개인적 차원에서 심리적·생리적 또는 해부학적 구조나 기능의 상실 또는 비정상을 의미한다. 즉, 일시적 또는 영구적 손실이나 비정상이 특징으로 질병을 다른 사람이 인식할 수 있게 됨을 의미하며, 기관 수준에서의 장애를 반영한 것으로 시각장애, 청각장애, 언어장애, 지체장애, 지적장애, 정서장애 등 외부로 현저하게 나타나는 비정상의 특성을 가진 자를 말한다.

둘째, 능력장애는 정신적·신체적 손상의 결과만이 아닌 그 상태에 대한 개인의 적응의 결과로서 개인 차원에서 일상적인 활동 영역에 나타나는 이차적인 장애를 의미한다. 즉, 행동장애, 의사소통장애, 개인생활보호장애, 운동장애, 숙련장애, 상황장애 등을 의미한다.

셋째, 사회적 불리는 사회생활의 참여에 제한을 받거나 지장을 초래하는 것을 의미하는 것으로 장애인과 그를 둘러싼 주변 환경과의 관계에서 발생되는 문제를 말한다.

1) 장애아동의 개념

우리나라 「장애인복지법」 제2조에서는 장애인을 지체부자유, 시각장애, 청각장애, 음성 및 언어기능 장애, 정신박약과 같은 정신적 결함 등으로 장기간에 걸쳐 일상생활 또는 사회생활에 상당한 제약을 받는 자로서 대통령령이 정하는 장애의 종류 및 기준에 해당하는 자로 규정하고 있다. 또한 「장애인 등에 대한 특수교육법」에서는 시각장애, 청각장애, 정신지체, 정서·행동장애, 자폐성장애, 의사소통장애, 학습장애, 건강장애, 발달지체가 있는 사람으로, 만 3세부터 만 17세까지를 특수교육대상자로 규정하고 있다. 또한 「장애아동복지지원법」에서 '장애아동(children with disability)'이란 18세 미만의 사람 중 「장애인복지법」 제32조에 따라 등록한 장애인을 말하며, 이외에 6세 미만의 아동으로 장애가 있다고 보건복지부장관이 별도로 인정하는 사람을 포함한다. 즉, 장애아동이란 장기간의 신체적, 정신적, 지적 혹은 감각적 손상(impairment)

을 가지고 있어 그 결과 다른 사람과 동등한 수준으로 사회에 참여하는 데에 여러 가지 방해를 경험하게 되는 18세까지의 아동을 말한다(이재연 외, 2018; 재인용). 장애아동은 유치원・초등학교・중학교 및 고등학교 과정의 의무교육을 받을 권리를 가지며, 의무교육 및 무상교육에 드는 비용은 대통령령으로 정하는 바에 따라 국가 또는 지방자치단체가 부담한다(제3조).

2) 장애아동의 권리

장애인은 인간의 존엄성과 가치를 가지며 행복을 추구할 권리를 가진다. 장애인인권헌장(2019)에 따르면, 장애아동 역시 건전한 사회구성원으로 책임 있는 삶을 살아가며 자신의 능력을 계발하여 자립하도록 노력해야 한다고 하였다. 국가와 사회는 헌법과 국제연합의 장애인권리선언의 정신에 따라 장애인의 인권을 보호하고 완전한 사회참여와 평등을 이루어 더불어 살아가는 사회를 만들기 위한 여건과 환경을 조성하여야 한다.

특수한 요구(needs)를 가진 아동도 「유엔아동권리협약」의 모든 조항에 해당하는 권리를 보호받는다. 「유엔아동권리협약」 제2조에 해당하는 '비차별의 원칙'은 장애를 가진 아동은 차별을 쉽게 받을 수 있기 때문에 이 조항은 특히 중요하게 다루어질 필요가 있으며, 제3조 '아동 최선의 이익 원칙'을 다루고 있는데 특수한 요구를 가진 아동의 안전과 보호를 우선으로 고려하여야 하며, 제6조에서는 아동의 고유한 생명권을 존중하고, 이들의 생존과 발달을 최대한으로 보장하여야 한다고 명시하고 있다(이재연 외, 2018). 따라서 장애아동도 비장애아동과 마찬가지고 주변 환경에 쉽게 접근할 수 있어야 하며, 자신의 의견을 표명할 수 있는 권리를 존중하고 사회에 참여할 수 있어야 한다.

우리나라 「장애아동복지지원법」(2011. 8. 4. 제정, 2012. 8. 5. 시행)에서는 장애아동의 권리보호를 위한 기본개념(제3조)과 장애아동의 권리(제4조)를, 〈표 9-1〉과 같이 명시하고 있다.

〈표 9-1〉「장애아동복지지원법」에 명시된 장애아동의 권리

제3조(기본이념)
① 장애아동을 위한 모든 활동에 있어서 장애아동의 이익이 최우선적으로 고려되어야 한다.
② 장애아동은 자신에게 영향을 미치는 모든 활동에 대하여 자신의 견해를 자유로이 표현할 권리를 최대한 보장받아야 한다.

제4조(장애아동의 권리)
① 장애아동은 모든 형태의 학대 및 유기·착취·감금·폭력 등으로부터 보호받아야 한다.
② 장애아동은 부모에 의하여 양육되고 안정된 가정환경에서 자라나야 한다.
③ 장애아동은 인성 및 정신적·신체적 능력을 최대한 계발하기 위하여 적절한 교육을 제공받아야 한다.
④ 장애아동은 가능한 최상의 건강상태를 유지하고 행복한 일상생활을 영위하기 위한 의료적·복지적 지원을 받아야 한다.
⑤ 장애아동은 휴식과 여가를 즐기고, 놀이와 문화예술 활동에 참여할 수 있는 기회를 제공받아야 한다.
⑥ 장애아동은 의사소통 능력, 자기결정 능력 및 자기권리 옹호 능력을 향상시키기 위한 교육 및 훈련 기회를 제공받아야 한다.

2. 장애의 유형

「장애인복지법」 제32조의 규정에 의하여 장애인으로 등록할 수 있는 사람은 다음 〈표 9-2〉의 장애인의 분류에 해당되는 사람으로서, 「장애인복지법」 시행규칙 [별표1]의 장애인의 장애 정도 표에서 정하는 기준에 부합하는 사람을 말한다. 다만, 만 6세 미만의 장애를 가진 영유아의 경우 가급적 특정 장애의 명을 칭하지 않기를 권유하고 있다. 대부분 발달상에서 중복 장애를 가지고 있는 경우가 있으며, 특정 장애로 진단할만한 명확한 증상을 찾기 어렵고, 발달의 가소성이 높은 때에 장애 특성으로 아동기 이후의 장애 특성을 예측할 수 없고, 특정한 장애의 명을 칭함으로서 그들에게 치명적인 낙인이 될 수 있기 때문이다(신현기 외, 2005).

〈표 9-2〉「장애인복지법」에 따른 장애인의 분류

대분류	중분류	소분류	세분류
신체적 장애	외부 신체기능의 장애	지체장애	절단장애, 관절장애, 지체기능장애, 변형 등의 장애
		뇌병변장애	뇌의 손상으로 인한 복합적인 장애
		시각장애	시력장애, 시야결손장애
		청각장애	청력장애, 평형기능장애
		언어장애	언어장애, 음성장애, 구어장애
		안면장애	안면부의 추상, 함몰, 비후 등의 변형으로 인한 장애
	내부기관의 장애	신장장애	투석치료 중이거나 신장을 이식 받은 경우
		심장장애	일상생활이 현저히 제한되는 심장기능 이상
		간장애	일상생활이 현저히 제한되는 만성·중증의 간기능 이상
		호흡기장애	일상생활이 현저히 제한되는 만성·중증의 호흡기기능 이상
		장루·요루장애	일상생활이 현저히 제한되는 장루·요루
		뇌전증장애	일상생활이 현저히 제한되는 만성·중증의 뇌전증
정신적 장애	발달장애	지적장애	지능지수가 70 이하인 경우
		자폐성장애	소아청소년 자폐 등 자폐성장애
	정신장애	정신장애	조현병, 조현정동장애, 양극성정동장애, 재발성우울장애

출처: 보건복지부(2019). 2019년 장애등록심사 규정집(보건복지부 고시 제2019-117호). p.3.

「장애인복지법」 시행령 제2조(장애인의 종류 및 기준)에서 제시하고 있는 장애유형은 신체적 장애와 정신적 장애로 구분하고 있으며, 신체적 장애는 외부 신체기능의 장애와 내부기관의 장애로 나누어진다. 외부 신체기능 장애는 지체장애, 뇌병변장애, 시각장애, 청각장애, 언어장애, 안면장애이며, 내부기관의 장애로는 신장장애, 심장장애, 간장애, 호흡기장애, 장루·요루장애, 뇌전증장애 등이 있다. 또한 정신적 장애는 지적정애, 자폐성장애(자폐스펙트럼장애), 정신장애 등이 있다. 각 장애 유형의 개념, 증상, 특성을 살펴보면 다음과 같다(보건복지부, 2019; 윤매자 외 2017).

1) 신체적 장애

(1) 지체장애

지체장애란 골격, 근육, 신경계 중 어느 부분에 질병이나 외상으로 신체기능에 영구적인 장애가 남아 있는 경우로 그 범위가 넓고 다양하다. 골절이나 근육의 파열상 등으로 어느 기간 동안 지체운동이 부자유한 상태일 때에는 지체장애로 보지 않는다. 즉, 사지와 몸통에 외상을 입거나 병변에 의해 절단, 기형, 마비 등으로 발생하는 운동기능 장애 또는 감각장애를 동반하는 상태로 그 증상이 나타나고, 장애가 영구적으로 남아 있을 경우에 지체장애라고 한다. 신체기능 장애는 심리적 발달에도 영향을 미치는데, 주로 유아기의 탐색활동을 제한시키고 학령기에는 경험 부족 등으로 학습부진이나 학습장애를 일으킬 수도 있다. 또한 자신의 신체나 운동에 대한 열등감이 생기고, 위축되고 자아개념에 부정적인 영향을 미칠 수 있다.

(2) 뇌병변장애

뇌병변장애란 중추신경의 손상 때문에 나타나는 복합적인 장애로 뇌성마비, 외상성 뇌손상, 뇌졸중(일반적으로 중풍이라고 함) 등, 뇌의 기질적 병변에 기인하여 보행 또는 일상생활의 동작에 제약을 받는 것을 의미한다. 뇌병변장애인은 운동마비 또는 감각마비 등으로 인한 배뇨・배변 등이 어렵고, 자기불신・불안증세 등 심리적 문제, 외부인과의 접촉을 기피하는 경향, 욕창이나 변비 등의 문제를 겪을 수도 있으므로 일상생활에서의 적절한 관리가 요구된다.

뇌성마비는 만 3세 이전 임신, 출산, 육아기의 뇌손상이 원인이 되어 발생한다. 이로 인해 언어, 인지, 지각, 감각 등의 중복 장애를 가져올 수도 있다. 정신적인 부분을 포함하는 장애로는 의사소통의 문제로 발음, 표현, 시각적 지각과 운동, 기억력, 사회적 고립, 비독립적, 자기중심적, 책임성 결여 등을 들 수 있다. 하지만 이는 장애 유형에 따른 일반적 특성이므로 개인의 차가 있음을 인지해야 한다.

뇌졸중은 주로 성인기 뇌혈관계 질환이 원인이 되어 뇌경색(뇌혈관의 막힘)이나 뇌출혈 등으로 인해 뇌 조직의 손상을 초래해 발생하며, 편마비, 기억력 장애, 언어장애, 시각장애, 감각 장애 등 다양한 증상을 보이게 된다.

(3) 시각장애

시각장애 아동은 시각의 기능적 또는 구조적 손상으로 물체를 식별하는 시각기능에 장애를 가지고 있으며, 시력장애와 시야 결손 장애로 구분된다. 시각장애의 종류는 시력, 시야, 색시, 맹, 약시로 나눈다. 의학적으로 실명 또는 맹(blind)은 눈앞의 광선을 전혀 느끼지 못하는 경우이고, 약시는 보조기를 착용하며 물체를 식별하는 경우이다. 시력의 저하는 안경으로 보완되므로 장애 유무를 판단하기 위한 시력은 안경 착용 후 측정한 시력으로 한다.

시각장애 발생 원인은 유전적 요인, 출생 후 후천적 요인이 있다. 유전적 요인은 수정체에 염증을 일으켜서 발생하는 종양증이 대표적인데 이는 열성으로 유선된나(김호년 외, 2016). 후천적 요인으로는 백내장, 녹내장, 망막과 시신경 이상, 당뇨, 영양결핍, 결핵, 풍진, 매독, 임질 등의 질병이나 산업재해, 교통사고 등으로 발생한다. 시각장애 아동은 두 눈의 교정시력이 각각 0.04 미만인 아동으로, 시력의 손상이 심하여 시각에 의한 정보 습득이나 학습과제를 수행하기 어렵고, 보행에 제한을 받아 운동기능이 떨어지고, 사회성 발달이 지연된다. 대신 손의 촉각으로 사물과 상상을 인지하는 능력은 발달되어 있다. 중복장애를 가지고 있지 않으면 언어 또는 인지발달에는 비장애아동과 큰 차이가 나지 않는다(김호년 외, 2016).

(4) 청각장애

청각장애 아동은 청력의 결여나 손상으로 인하여 소리를 청취하는 데 어려움이나 전정기관의 손상으로 평형을 유지하는 데 어려움을 겪는다. 일반적으로 일상생활에서 청각을 사용할 수 없는 상태 농(deaf)과 주로 큰 소리로 해야만 들리는 난청(hard of hearing), 농아(90dB이상의 소리를 듣는 아동)로 분류된다. 청각 손상의 일차적인 장애는 소리를 잘 듣지 못하는 것이다. 그리고 이로 인해 야기되는 이차적인 장애로 가장 흔한 것이 언어장애이다. 어릴 때부터 말소리를 듣지 못한 사람은 거의 대부분 언어장애를 수반한다. 언어발달의 지체는 의사소통이 불가능하여 또래, 친구, 대인관계가 원만하지 못하고, 두뇌활동의 저하, 위험인지 요인 감지하기의 어려움 등으로 일상생활의 어려움을 겪게 될 수 있다.

청각장애의 원인은 유전적 요인, 태내 요인, 출산 시 요인 및 출생 후 후천적 요인으로 다양하게 일어날 수 있다. 유전적 요인은 염색체의 이상으로 발생하며, 태내 요인은 내이(內耳)의 발달이 왕성한 임신 초기에 바이러스 감염, 풍진, 약물중독, 매독, 임질, 영양실조 등이 있고, 출산 시 요인으로는 인공분만 시의 뇌손상과 산소결핍으로 발생하고, 출산 후 요인은 심한 신생아 황달, 성홍열, 유행성이하선염(볼거리), 심한 감기, 중이염 등의 각종 질병과 사고로 인한 고막파열에 의해 발생한다(김호년 외, 2016).

(5) 언어장애

「장애인복지법」에서는 언어장애를 음성 기능이나 언어기능에 영속적으로 상당한 장애가 있는 상태로 정의한다. 즉, 소리를 전혀 낼 수 없던가, 소리는 낼 수 있더라도 말이 없다고 하는 것과 같이 음성이나 언어에 의해서 의사를 전달하는 것이 곤란한 장애를 말한다.

대개 생후 9개월부터 24개월까지를 언어형성기라 하는데, 일반적으로 연령이 2년 6개월에 이르러서도 언어발달이 충분하지 않을 때 언어발달지체라 하며, 7세에 이르러서도 완전하지 못할 때 언어장애가 있다고 한다. 말이나 언어장애를 보이는 아동들은 상대방으로부터 거절당하거나 열등감을 경험하며, 이러한 부정적 경험들은 좌절감과 분노를 경험하게 하고 때로는 적대감이나 행동을 위축하게 만드는 경우도 있다. 따라서 언어장애 아동을 대함에 있어 얼굴, 눈을 바라보고 대화에 충분한 주의를 기울이고, 말이 끝날 때까지 기다려 주며, 장애아동의 말을 함부로 추측하여 이해하는 경우가 없도록 경청하며, 불확실할 경우 재차 물어보는 것이 중요하다(윤매자 외, 2017).

(6) 안면장애

안면장애는 안면 근육의 마비, 부정교합, 화상 후유증 등으로 안면에 발생하는 장애이다. 안면장애가 있을 경우 외형의 손상으로 인해 자신감 상실 등 심리적·정서적 곤란을 겪을 수도 있다. 안면장애 아동은 주변 사람들이 자신의 상처를 보고 사람들이 보이는 반응이나 시선을 꺼려 하므로 한여름에는 긴 상의나 하의를 입거나, 모자 또는 장갑 등으로 상처를 가리고 다니는데, 이들에게 무리하게 상의나 하의를 걷게 하거나 모자나 장갑 등을 벗기는 행위는 삼가야 하며, 사회적 편견이나 차별을 받지 않도록 하여야 한다.

(7) 신장장애

신장장애는 신장의 기능이 90% 이상 소실되어 혈액투석이나 복막투석을 지속적으로 받아야 하거나 신장기능에 영속적인 장애가 있어 일상생활을 하는 데 현저한 제한을 받는 경우를 말한다. 신장기능 장애로는 지구력, 건강 문제, 집중력, 물건 옮기기, 끌기, 누르기 등의 문제, 수면, 장시간 격양된 상태, 투석 일정 중재 등의 문제가 있을 수 있고, 약화된 신체적 기능으로 인해 심리적으로도 무력감과 패배감이 느낄 수 있다. 신장장애 아동은 혈액투석을 하는 팔목에 무리가 가지 않도록 무거운 물건을 들어야 하는 일 등은 피하는 것이 좋으며, 운동과 자극적인 장난을 하면서 갑작스럽게 힘을 주어 혈액투석을 하는 팔목이나 복막투석을 하는 복강 부분을 잡거나 밀치는 일이 없도록 주의해야 한다.

(8) 심장장애

심장장애는 심장의 기능부전으로 인한 호흡 곤란 등의 장애로 일상생활에 상당한 제약을 받는 사람으로 규정하고 있다. 심장기능의 장애가 지속되며, 심부전증 또는 협심증 증상 등으로 일상생활에 현저히 제한되는 심장기능 이상으로 정의할 수 있다. 심부전이란 심장의 펌프 기능이 장애를 일으켜 정맥압이 상승하고, 충분한 양의 산소를 말초 조직에 공급할 수 없는 상태를 말한다. 심장장애 아동에게서 가장 큰 문제는 심리적 문제로 과도한 스트레스를 받지 않도록 주의환경에 신경을 써 주어야 하며, 무리하게 이동을 권하거나 하면 증상이 악화될 우려가 있다.

(9) 간장애

간장애는 만성 간질환으로 인한 장애로 6개월 이상 간 기능의 이상이 지속되는 경우를 말하며, 만성 감염, 간경변증, 간세포암종 등의 질환이 여기에 포함된다. 간의 만성적 기능부전과 그에 따른 합병증 등으로 인해 일상생활을 하는 데 상당한 제한을 받는 장애이다. 만성 간질환(간경변증, 간세포암종 등)과 그에 따른 합병증(복수, 자발성 세균성복막염, 간성뇌증 등) 및 간이식을 시술하고 일상생활을 하는 데 제한이 있는 경우가 많다. 간기능장애 아동에게는 무력감, 피로감, 식욕부진, 구역, 구토, 복부 팽만감, 우측 상복부의 둔통 등 여러 가지 증상이나 증후가 나타나고, 간 기능 저하와 함께 황달, 복수, 간성뇌증, 상부위장관 출혈 등 다양한 종류의 합병증이 나타나 만성 장애의 상태를 초래한다. 그러나 다른 내부 장애와는 다르게 지나친 안정보다는 효율적인 활동과 세균이나 바이러스에 감염되지 않도록 깨끗한 위생환경이 요구된다.

(10) 호흡기장애

호흡기장애는 충분한 내과적 치료에도 불구하고 호전되지 않고, 만성 호흡기 질환에 의한 호흡 기능의 손실로 비롯된다. 환기 기능의 손실이나 산소와 이산화탄소의 가스 교환에 이상이 발생하여 호흡 기능의 회복이나 호전이 불가능한 장애이다. 호흡기장애 아동은 만성적인 기침, 호흡 곤란, 객혈, 가슴 통증 등의 증상으로 일상적인 생활이나 집단생활에 어려움이 있다. 그에 따라 생활 반경이 축소되고 대부분 사회적·심리적 스트레스를 경험하게 된다. 호흡기 장애아동을 위해서는 청정한 공기 등 환경적 요소가 다른 장애유형보다 더 중요하다. 이를 위해 호흡기장애 아동이 생활하는 공간의 위생과 환경에 대한 배려가 필요하다(윤매자 외, 2017).

(11) 장루 · 요루장애

장루 · 요루장애는 장루에 현저한 변형이나 배뇨장애가 있거나, 장루 외의 구멍으로 장 속의 내용물이 계속 유출되는 등 장루 주변의 피부가 손상된 경우를 말한다. 대개 배변기능 또는 배뇨기능의 장애로 인하여 장루 또는 요루를 시술하여 일상생활을 하지만 상당한 제한을 받는다. 장루 · 요루장애 아동은 다른 장애 유형에 비해 장애로 인한 환경이나 보장구 등에 대한 큰 제약은 없지만 친구나 또래관계를 기피하는 현상이 있다. 따라서 배변에 어려움이 없도록 환경을 갖추어 주며 오랜 시간 이동하거나 무거운 물건을 들지 않도록 배려해야 한다.

(12) 뇌전증장애

뇌전증장애는 뇌신경세포 기능에 이상이 발생하여 강한 근수축을 동반한 발작(경련)이 일어나 일시적으로 의식을 잃고 쓰러지는 상황이 자주 반복됨으로써 일상생활 또는 사회생활에 어려움을 초래하여 다른 사람의 도움이 필요한 장애이다. 발작은 경련, 비정상적인 행동 등과 같이 뇌신경의 이상으로 나타나며 의식장애, 기억손실 등의 증상은 정보전달의 네트워크가 교란되면서 일시적으로 나타난다. 뇌전증장애 아동은 정신장애와 유사한 편견으로 인해 사회생활에 고통을 받는 경우가 많다. 발작이 일어날 경우 즉각적으로 주변의 위험한 물건을 치우고 안경을 벗겨 주며 입속의 이물질을 제거하고, 단추, 허리벨트를 풀어 주고 기도 유지를 해 주어야 질식사를 피할 수 있다. 또한 발작 이후, 다치거나 부상을 입는 등 신체적 문제뿐만 아니라 심리적 문제도 동반하므로 안정을 찾을 수 있도록 도와야 한다.

2) 정신적 장애

(1) 지적장애

지적장애(intellectual disability)는 선천적 및 후천적 요인에 의하여 지능의 발달이 비장애아동보다 뒤처져 있는 발달장애의 한 부분이며 정신장애이다. 초기에는 정신박약(精神薄弱)으로 불리다가 정신지체(精神遲滯)로 개명되었으며, 이후 지적장애라는 용어로 사용하게 되었다. 지적장애 여부를 알아내는 데는 표준지능검사가 흔히 사용되는데, 지능지수(IQ)가 70이하이면 특수 보호와 훈련이 필요하다. 미국 지적장애 및 발달장애협회((American association mental retardation: AAMR, 현 American association on intellectual developmental disorder: AAIDD)에서는 지적장애를 지적 기능과 함께 개념적, 사회적 실제적 적응기술로 표현되는 적응 행동에 있어서의 유의미한 제한성을 보이며 18세 이전에 나타난다고 하였다. 지적장애 아동은 아동용 웩슬러 지능검사 등 개인용 지능검사를 실시하여 얻은 지능지수(IQ)와 사회 성숙도 검사 등에 따라 판정하는데, 의사소통, 자기관리, 가정생활, 사회적응기능, 지역사회활동기능, 건강 및 안전, 학습능력, 여가, 직업 활동 등에서 두 가지 이상의 제한을 보이고 있다. 낮은 언어능력으로 인해 친구나 대인관계에 어려움이 있으며, 학습에 지장이 있다. 또한 스스로 상황에 적합한 행동을 할 수 있도록 조정하는 능력이 부족하다. 상황에 대한 판단력도 부족하여 주의가 산만하여 집중하는 시간도 매우 짧다. 따라서 지적장애를 가진 아동에게 적응능력, 건강(적절한 치료와 식이요법, 비타민)등, 개별화된 교육을 준비하고 적절히 제공해야 함을 명심해야 한다.

(2) 자폐성장애(자폐스펙트럼장애)

자폐성장애는 아직 원인이 확실하지 않고 여러 요인들이 관여하는 하나의 증후군으로 알려져 있다. 미국정신의학회에서 발간한 정신장애의 진단 및 통계편람(DSM-V)에서는 자폐장애, 아스퍼거장애, 비전형 전반적 발달 장애를 통합하여 자폐스펙트럼 장애로 진단한다. 사회적 의사소통 및 상호작용에서 현저한 결함을 가지고 있다 하더라도 자폐스펙트럼장애의 진단 준거에 부합하지 않는다면 사회적 의사소통장애로 평가된다.

자폐스펙트럼장애는 다양한 맥락에서 사회적 의사소통과 상호작용의 지속적인 결함을 보이며, 제한적이고 반복적인 행동, 흥미, 활동을 보이며, 증후가 초기 발달시기에 나타나야만 자폐스펙트럼장애라고 한다. 그러나 발달 시기별 사회적 요구가 제한된 능력을 조화할 때까지는 증후가 충분히 나타나지 않을 수도 있다. 또는 이후의 발달시기에 학습된 전략으로 인해 증후가 가려서 나타나지 않을 수도 있다. 자폐스펙트럼장애의 증후가 사회적, 직업적 또는 현재 기능수행의 다른 중요한 영역에서 임상적으로 유의미한 결함을 유발한다.

자폐성장애 아동의 일반적 특성은 대인관계 형성을 제대로 하지 못하고, 심리적으로 열등감, 불안증세, 과민반응, 우울 등이 나타나기도 하며, 주의집중 기간이 짧아 학습능력도 떨어지고 충동적인 돌발행동도 보인다. 또한 공격적 성향도 강하고 감정조절능력도 부족해 상황에 부적합한 행동을 하기도 한다. 언어 습득이 지연되며, 반향어(앵무새처럼 다른 사람의 말을 되풀이하는 식의 언어)를 사용하는 경향이 있다. 또한, 틀에 박힌 놀이를 반복하고, 동일성 유지에 대한 강박적인 집착을 갖고 있으며, 상상력이 약하고 기계적 암기력이 뛰어난 경우도 있다. 주위 사람에 대한 반응이 없고 특정 사물이나 생물에 집착하는 경우도 많다. 또한 일부 자폐성장애 아동에게는 지적장애도 함께 나타나고 있어 자폐성장애 아동 전체가 지적장애인으로 오해를 받기도 한다. 자폐스펙트럼장애와 지적장애로 동시에 진단되려면 사회적 의사소통이 일반적인 발달에서 기대되는 수준보다 낮아야만 한다.

(3) 정신장애

정신장애란 정신병·인격장애 기타 비정신병적 정신장애를 가진 자로 「장애인복지법」에서는 지속적인 정신분열증, 양극성 정동장애(조증과 울증이 반복됨. 조울증), 분열형 정동장애, 반복성 우울장애에 의한 기능과 능력 장애로 일상생활 혹은 사회생활을 영위하기 위한 기능수행에 있어 상당한 제약을 받아 사람을 말한다. 정신장애란 일반적으로 생각, 느낌, 행동이 병리학적으로 특징지어지는 상태를 의미하며, 어떤 조건에 의하여 영구적이거나 반영구적인 정신장애를 갖거나 질병으로 인하여 이전의 정신적 기능으로 되돌아갈 수 없는 것을 말한다.

정신장애 아동은 정신질환으로 생각·느낌·행동 등 사회적 기능이 저하되어 질병 이전의 상태로 회복하지는 못하나, 재활서비스기관에서 제공되는 재활훈련 프로그램을 통하여, 스스로 일상생활을 하는 데 큰 어려움이 없고 자신의 능력에 맞는 과업을 수행할 수 있으므로 자연스럽고 편안한 환경을 만들어 주는 것이 중요하다.

3. 장애아동의 현황

1) 장애아동 현황

2017년 장애인실태조사(보건복지부, 2018c)에 의하면, 우리나라 장애인출현율은 5.39%(2,668명)로 인구 1만 명당 539명이 장애를 가진 것으로 추정된다. 이는 2000년 대비 2.3% 증가한 것으로 후천적 장애 및 인구고령화에 의한 장애발생 증가에 기인한 것으로 해석할 수 있다. 장애아동 연령별 추정 수는 <표 9-3>과 같다. 0~4세가 5,673명, 5~9세가 21,583명, 10~14세가 24,178명, 15~19세가 38,352명 등 연령이 높아질수록 장애아동 수도 증가한다. 이는 후천적 원인으로 장애가 발생됨을 알 수 있다. 모든 연령에서 여아보다 남아가 더 많은 것은 여아보다 활동성이 높은 데에 기인한다고 볼 수 있다.

〈표 9-3〉 연령별 장애아동 수 (단위: 명)

나이(세)	남	여	합계
0~4세	3,380	2,293	5,673
5~9세	14,616	6,967	21,583
10~14세	15,819	8,359	24,178
15~19세	24,838	13,514	38,352

출처: 보건복지부(2018d) 2018년 보건복지통계연보. 장애인정책과. p.318.

2) 장애아동 교육 현황

장애아동에 대한 교육지원은 「장애인 등에 대한 특수교육법」에 근거하여 이루어진다. 아동의 성장단계에 따른 발달과 능력 개발을 위한 교육서비스는 필수적이나 장애아동에게 배제된 부분이 많다. 그래서 특수아동인 장애아동에게 각자 개별적 상황을 고려한 교육이 제공되는 것을 특수교육이라고 한다. 이러한 특수교육 대상자에는 특수한 교육을 필요로 하는 교육부령이 정하는 장애를 지닌 아동들이 해당되며, 장애 정도에 따른 구분은 없되 특수교육 대상자의 진단, 평가, 심사 선정기준에서 적용하여 장애 정도를 알 수 있다(윤매자 외, 2017).

(1) 장애아동 보육사업 현황

장애아 어린이집은 장애아를 위한 어린이집으로, 보다 장애아가 많은 장애아 전문 어린이집과 장애아와 비장애를 함께 보육하는 장애아 통합어린이집으로 구분한다. 장애아동 보육사업 현황을 통해 장애아 보육정책의 활성화 정도를 파악할 수 있다.

〈표 9-4〉 특수어린이집 및 아동수 (단위: 개소, 명)

구분		설립주체별							
		합계	국·공립	사회복지법인	법인·단체 등	민간	가정	협동	직장
장애아 전문	시설수	178	43	104	6	24	1	0	0
	아동수	6,161	1,292	3,923	204	724	18	0	0
장애아 통합	시설수	946	709	37	34	143	14	2	7
	아동수	4,066	3,007	166	194	653	22	4	20

출처: 보건복지부(2018e) 「보육통계」 2018년 보건복지통계연보. 보육정책과. p.367.

현재 장애아동이 다니고 있는 어린이집의 형태를 살펴보면, 〈표 9-5〉와 같다. 구체적으로 살펴보면, '다니지 않음'이 72.0%로 가장 비율이 높고, 그 다음으로 '장애아 통합어린이집'과 '장애아 전문어린이집'이 동일하게 12.2%로 나타났다. 장애 영유아나 아동이 일반어린이집을 이용하는 경우는 3.6%에 불과하였다. 지적장애인이 이용하는 현재 어린이집의 형태는 장애아 전문어린이집(23.1%), 장애아 통합어린이집(9.8%) 및 일반어린이집(3.4%)의 비율 순서로 나타났고, '다니지 않음'은 63.6%로 가장 높게 나타나 장애 영유아의 경우 가정에 돌봄과 교육이 이루어지고 있음을 알 수 있었다.

〈표 9-5〉 현재 다니고 있는 어린이집 형태 (단위: %, 명)

구분	지체장애	뇌병변장애	시각장애	청각장애	언어장애	지적장애	자폐성장애	정신장애	신장장애	심장장애	호흡기장애	간장애	안면장애	장루요루장애	뇌전증장애	전체
일반 어린이집	0.0	0.0	18.5	13.8	0.0	3.4	6.0	-	-	-	-	-	-	0.0	-	3.6
장애아 통합 어린이집	0.0	10.4	0.0	0.0	31.4	9.8	15.5	-	-	-	-	-	-	0.0	-	12.2
장애아 전문 어린이집	0.0	15.6	0.0	0.0	0.0	23.1	4.2	-	-	-	-	-	-	0.0	-	12.2
다니지 않음	100.0	74.0	81.5	86.2	68.6	63.6	74.3	-	-	-	-	-	-	100.0	-	72.0
합계	100.0	100.0	100.0	100.0	100.0	100.0	100.0	-	-	-	-	-	-	100.0	-	100.0
전국 추정수	2,645	7,299	1,716	767	4,416	14,838	8,649	-	-	-	-	-	-	184	-	40,514

출처: 보건복지부(2018c). 2017년 장애인실태조사. p.360.

(2) 특수교육 대상자 수

특수교육 대상자는 「장애인 등에 대한 특수교육법」 제2조 및 제15조에 의거하여 교육장 또는 교육감이 특수교육지원센터의 진단・평가 결과에 따라 특수교육을 필요로 하는 사람으로 선정한 장애영유아 및 아동을 의미한다. 특수교육대상자 수를 살펴보면, 〈표 9-6〉와 같다.

〈표 9-6〉 학교 급별 특수교육 대상자 수

(단위 : 명)

<table>
<tr><th>구 분</th><th>2013</th><th>2014</th><th>2015</th><th>2016</th><th>2017</th></tr>
<tr><td>합 계</td><td>86,633</td><td>87,278</td><td>88,067</td><td>87,950</td><td>89,353</td></tr>
<tr><td>장애영아</td><td>578</td><td>680</td><td>742</td><td>565</td><td rowspan="2">5,986</td></tr>
<tr><td>유치원</td><td>4,190</td><td>4,219</td><td>4,744</td><td>5,186</td></tr>
<tr><td>초등학교</td><td>33,518</td><td>33,184</td><td>33,591</td><td>33,770</td><td>35,505</td></tr>
<tr><td>중학교</td><td>22,241</td><td>22,159</td><td>21,108</td><td>19,793</td><td>19,218</td></tr>
<tr><td>고등학교</td><td>22,466</td><td>22,973</td><td>23,422</td><td>23,943</td><td rowspan="2">28,644</td></tr>
<tr><td>전공과</td><td>3,640</td><td>4,063</td><td>4,460</td><td>4,602</td></tr>
</table>

주: 장애영아는 특수학교, 특수교육지원센터 이용 등임.
출처: 교육부(2018). 특수교육통계(각 연도).

위에서 제시한 통계에서 살펴본 바와 같이 장애영아의 특수교육 대상자가 적은 이유로, 예를 들어 영유아기는 발달적 특성에 따라 일상생활에 현저한 장애가 발생하지 않는 경우, 미리 속단하는 것은 금물이다. 발달의 속도는 개인별로 차이가 있어, 성급한 진단보다는 치료나 재활로 회복 가능하다는 관점으로 보는 경우도 있다. 〈표 9-6〉에서 살펴본 바와 같이 특수교육대상자는 지속적으로 증가했으며, 2016년도 소폭 감소하였으나 2017년 이후 다시 증가 추세를 보이고 있다. 장애영유아의 발달적 특성과 교육적 개입의 중요성을 고려하여 「장애인 등에 대한 특수교육법」에서 규정하는 장애아동의 종류를 살펴보면, 시각장애, 청각정애, 지적장애, 지체장애, 정서행동장애, 자폐성장애, 의사소통장애, 학습장애, 건강장애, 발달지체로 분류하고 있다. 장애유형별 특수교육 대상자 수를 살펴보면, 〈표 9-7〉과 같다.

〈표 9-7〉 장애유형별 특수교육 대상자 수

(단위: 명)

구 분	2013	2014	2015	2016	2017
합 계	86,633	87,278	88,067	87,950	89,353
시각장애	2,220	2,130	2,088	2,035	2,026

구 분	2013	2014	2015	2016	2017
청각장애	3,666	3,581	3,491	3,401	3,358
지적장애	47,120	47,667	47,716	47,258	48,084
지체장애	11,233	11,209	11,134	11,019	10,777
정서행동장애	2,754	2,605	2,530	2,221	2,269
자폐성장애	8,722	9,334	10,045	10,985	11,422
의사소통장애	1,953	1,966	2,045	2,089	2,038
학습장애	4,060	3,362	2,770	2,327	2,040
건강장애	2,157	2,029	1,935	1,675	1,626
발달지체	2,748	3,395	4,313	4,940	5,713

출처: 교육부(2018). 특수교육통계(각 연도).

(3) 장애아동 학교적응 실태

학교생활(어린이집/유치원 포함) 적응 정도의 경우, '잘 적응하는 편'이라는 응답 비율이 68.9%로 가장 많았다. 다음으로는 '잘 적응하지 못하는 편'이 19.4%, 그리고 '매우 잘 적응'이 10.8%의 비율을 차지하였다. 장애유형별로 볼 때, 자폐성장애인과 지적장애인은 '잘 적응 못하는 편'이 각각 27.4%와 23.8%로 나타나, 이들 장애유형의 학교적응에 대한 추가 지원이 필요함을 알 수 있다. 구체적 내용은 〈표 9-8〉과 같다.

〈표 9-8〉 학교생활(어린이집/유치원포함)적응도

(단위: %)

구분	지체 장애	뇌병변 장애	시각 장애	청각 장애	언어 장애	지적 장애	자폐성 장애	정신 장애	신장 장애	심장 장애	호흡기 장애	간 장애	안면 장애	장루요 루장애	뇌전증 장애	전체
전혀 적응 못함	0.0	0.0	0.0	0.0	0.0	0.5	3.6	0.0	-	0.0	-	56.1	-	0.0	-	0.8
잘 적응하지 못하는 편	14.6	18.0	0.0	0.0	11.4	23.8	27.4	0.0	-	0.0	-	43.9	-	0.0	-	19.4
잘 적응 하는 편	45.4	69.6	73.1	86.9	73.9	71.7	64.0	100.0	-	27.6	-	0.0	-	0.0	-	68.9

구분	지체 장애	뇌병변 장애	시각 장애	청각 장애	언어 장애	지적 장애	자폐성 장애	정신 장애	신장 장애	심장 장애	호흡기 장애	간 장애	안면 장애	장루요루장애	뇌전증 장애	전체
매우 잘 적응	40.0	12.5	26.9	13.1	14.7	4.1	5.1	0.0	-	72.4	-	0.0	-	100.0	-	10.8
계	100.0	100.0	100.0	100.0	100.0	100.0	100.0	100.0	-	100.0	-	100.0	-	100.0	-	100.0
전국 추정수	6,281	11,781	4,348	4,808	5,337	39,855	13,192	188	-	463	-	114	-	184	-	88,551

출처: 보건복지부(2018c). 2017년 장애인실태조사. p.366.

4. 아동권리에 기반한 장애아동 지원정책과 제도

「장애아동복지지원법」(법률 제11009호, 2011. 8. 4. 공포, 2012. 8. 5. 시행)은 국가와 지방자치단체가 장애아동의 특별한 복지적 욕구에 적합한 지원을 통합적으로 제공함으로써, 장애아동이 안정된 가정생활 속에서 성장하고 사회에 참여할 수 있도록 하기 위해 장애아동 가족의 부담을 줄이는 데 그 목적을 가지고 있다. 시행규칙의 주요 내용으로는 중앙장애아동지원센터의 설치·운영, 지역장애아동지원센터의 설치·운영, 복지지원의 신청방법 및 절차, 개인별지원계획수립, 발달재활서비스의 제공, 돌봄 서비스의 지원, 장애영유아 어린이집 유형, 발달재활서비스 제공기관의 정보제공 등이 있다. 이에 국가와 지방자치단체는 장애아동의 특별한 복지적 욕구에 따라 의료비 지원, 보육지원 등 장애아동과 그 가족을 위한 복지지원대책을 강구하여 장애아동의 발달에 필요한 지원 등 다양한 인적·물적 자원을 제공해야 한다.

또한 장애아동을 위한 별도의 서비스 지원체계를 구축하여 장애아동을 위한 복지지원을 제공한다. 즉, 의료비 지원, 보조기구 지원, 발달재활서비스, 보육지원, 가족지원, 지역사회 전환서비스를 제공하고 이러한 서비스 제공기관의 관리감독 및 종사자의 처우 개선 등의 내용을 담고 있다. 장애아동을 위한 복지지원서비스의 내용은 다음과 같다.

1) 장애아동 수당제도

「국민기초생활보장법」에 의한 수급자 및 차상위 계층의 만 18세 미만 등록 장애아동(만 20세 이하로서 「초・중등교육법」에 따른 학교에 재학 중이거나 휴학 및 의무교육대상자, 유예자 포함)에게 최대 월 20만 원까지 장애아동 수당이 지급된다.

최근에는 장애인등급제가 개편되었다. 1988년 도입된 장애인등급제는 장애인의 인간다운 삶과 권리보장을 위함이라고 「장애인복지법」에 명시되어 있다. 1등급부터 6등급까지 장애 정도에 따라 각종 지원이 장애등급에 따라 차등적으로 제공되어 왔다. 그러나 장애인의 개별적 욕구를 고려하지 못한다는 비판과 함께, 장애인 복지가 심화됨에 따라 장애 등급제가 개별 서비스가 필요한 사람에게 혜택을 주지 못한다는 주장이 지속적으로 제기됨에 따라 2019년 7월부터 장애등급제 단계적 폐지를 개편하였다. 등급제 대신에 장애정도를 1~3급은 장애가 심한 사람, 4~6급은 장애정도가 심하지 않는 사람으로 분류하여 지원서비스를 제공하게 되었다.

2) 의료비 지원

「장애아동복지지원법」 제19조에 따른 ① 국가와 지방자치단체는 장애아동의 의료적 욕구에 따라 적절한 의료비 지원을 할 수 있다. ② 제1항의 의료비 지원은 「국민건강보험법」과 「의료급여법」에 따라 제공되는 의료에 드는 비용 중 장애아동의 부담을 지원하는 것으로 한다. ③ 제1항의 의료비 지원의 지원 대상・기준・범위 및 방법 등에 관한 사항은 「장애인복지법」 제36조에 따른다고 하였다.

3) 보조기구 지원

「장애아동복지지원법」 제20조에 따른 국가와 지방자치단체는 장애아동의 학습과 일상생활 활동에 필요한 보조기구를 교부・대여 또는 수리하거나 구입 또는 수리에 필요한 비용을 지급할 수 있다.

4) 발달재활서비스 지원

「장애아동복지지원법」 제21조에 따른 ① 국가와 지방자치단체는 장애아동의 인지, 의사소통, 적응 행동, 감각·운동 등의 기능향상과 행동발달을 위하여 적절한 발달재활서비스(이하 "발달재활서비스"라 한다)를 지원할 수 있다.

5) 보육지원

「장애아동복지지원법」 제22조에 따른 ① 국가 및 지방자치단체는 「영유아보육법」 제10조에 따른 어린이집 또는 「유아교육법」 제2조 제2호에 따른 유치원을 이용하지 아니하는 장애 영유아에세 「영유아보육법」 제34조의2에 따라 양육수당을 지급할 수 있다. ② 동법 제32조에 따른 장애영유아를 위한 어린이집은 장애영유아에 대한 체계적인 보육지원과 원활한 취학을 위한 보육계획을 수립·실시하여야 하며 대통령령으로 정하는 자격을 가진 특수교사와 장애 영유아를 위한 보육교사 등을 배치하여야 한다.

6) 가족지원

「장애아동복지지원법」 제23조에 따른 ① 국가와 지방자치단체는 장애아동의 가족이 장애아동에게 적합한 양육방법을 습득하고 가족의 역량을 키울 수 있도록 가족상담·교육 등의 가족지원을 제공할 수 있다. ② 지방자치단체는 제1항에 따른 가족지원 업무를 비영리법인에 위탁할 수 있으며 필요한 경우 예산의 범위에서 그 비용을 지원할 수 있다.

7) 돌봄 및 일시적 휴식서비스 지원

「장애아동복지지원법」 제24조에 따른 ① 국가와 지방자치단체는 장애아동 가족의 일상적인 양육 부담을 경감하고 보호자의 정상적인 사회활동을 돕기 위하여 돌봄 및 일시적 휴식지원 서비스를 제공할 수 있다.

8) 지역사회 전환서비스 지원

「장애아동복지지원법」 제25조에 따른 국가와 지방자치단체는 장애아동이 18세가 되거나 「초・중등교육법」 제2조의 고등학교와 이에 준하는 각종 학교 또는 「장애인 등에 대한 특수교육법」 제24조의 전공과를 졸업한 후 주거・직업체험 등의 지역사회 전환 서비스를 제공하도록 노력하여야 한다.

9) 문화・예술 등 복지지원

「장애아동복지지원법」 제26조에 따른 국가와 지방자치단체는 이 법에서 정한 복지지원 외에 문화・예술・스포츠・교육・주거 등의 영역에서 장애아동에게 필요한 서비스가 지원되도록 최대한 노력하여야 한다.

[생각해 보기]

1. 일상생활에서 경험한 장애아동에 대한 편견이나 고정관념에 대해 어떤 것이 있는지 생각해 봅시다.
2. 장애아동 가족이 경험하는 가족의 부담에 대해 생각해 봅시다.
3. 장애아동과 비장애아동과 함께 교육을 받는 통합교육의 필요성에 대해 토론해 봅시다.
4. 장애아동 권리에 대해 조사하여 발표한 후에 발표내용에 대해 논의해 봅시다.
5. 장애전담어린이집에서 실시되고 있는 장애아동을 위한 보육프로그램에 대해 조사하고 발표해 봅시다.

children's right & welfare | chapter 10

아동권리와 아동보호서비스

아동보호서비스는 보호자나 보호제공자에게서 자신의 욕구를 충족시킬 수 없는 아동에게 제공되는 사회적·의료적·법률적·교육적·주거 등의 보호와 같은 기본적인 아동권리를 존중하기 위해 필요한 아동보호서비스를 말한다. 이 장에서는 보건복지부(2018b)에서 제시하는 아동보호서비스 업무 매뉴얼을 참고로 하여, 아동보호서비스의 이해, 보호 대상 아동과 보호자, 아동보호서비스의 기본 원칙과 주요 내용, 보호 대상 아동의 보호 내용 등을 구체적으로 살펴보고자 한다.

1. 아동보호서비스의 이해

아동보호서비스는 보호대상 아동에 대한 보호조치뿐만 아니라 취약가정 아동을 위한 가족 기능회복, 통합서비스 지원 및 보호시설 퇴소 아동을 위한 자립 지원 등의 업무도 포함한다. 뿐만 아니라 보호를 필요로 하는 아동을 부모나 양육자를 대신하여 국가나 지방자치단체가 안전하게 보호하고 양육하는 서비스사업을 의미하는 아동복지서비스이다. 아동보호서비스는 아동보호에 시급성이 무엇보다 중요하며, 긴급한 보호가 필요한 아동이나 불가피한 사유가 없는 한 즉시 보호하는 것이 원칙이다. 따라서 아동의 최선의 이익에 합당한 권리보장과 보호서비스를 제공해야 한다.

1) 아동보호서비스의 목적

아동보호서비스의 목적은 아동보호서비스 원칙 및 기준 · 절차 등을 제시하여 아동보호서비스의 전문성 및 질적 수준을 향상하고, 지역사회 내의 자원을 활용하여 보호대상 아동과 가족에게 통합적 지원을 실시함으로써 궁극적으로 아동이 건강하게 성장할 수 있는 여건을 조성하는 데 있다.

2) 아동보호서비스의 적용 범위

시 · 도 및 시 · 군 · 구, 읍 · 면 · 동 아동복지(또는 사회복지)담당 또는 지자체(희망복지지원단, 드림스타트, 맞춤형 복지팀 등) 및 아동복지시설 등 민간 담당자, 기타 아동복지 관계자 등이다.

3) 아동보호서비스의 적용 방법

보호대상 아동(가족)에 대한 상담, 보호 계획 수립 및 보호, 사후관리 등 아동보호에 대한 원칙 및 절차 등에 대한 최소한의 가이드라인을 정함으로써 지자체 및 민간기관 담당자 등이 업무에 활용할 수 있도록 하기 위함이다. 또한 지역사회의 여건 등을 고려해 탄력적으로 적용하다.

2. 보호대상아동 및 보호자

아동보호서비스를 제공받기 위해서는 아동의 안녕과 복지를 기반으로 한 「아동복지법」을 근거로 하여, 보호의 필요성, 아동의 욕구, 서비스의 종류를 선택하여 통합적인 보호서비스를 제공해야 한다.

1) 아동의 개념

아동은 만 18세 미만의 자를 말함(「아동복지법」 제3조 제1호), 연령계산은 출생일을 산입하여 만 나이로 계산하며, 국내에 거주하는 외국인으로 등록한 외국 국적 아동을 포함한다. 또한 보호 필요성, 아동의 욕구, 서비스의 종류 등을 감안하여 보호대상 연령은 연상 가능하다(「아동복지법」 제16조 제2항).

2) 보호대상아동의 정의

보호대상아동이란 보호자가 없거나 보호자로부터 이탈된 아동 또는 보호자가 아동을 학대(방임 포함)하는 경우, 기타 보호자가 아동을 양육하기에 적당하지 아니하거나 양육하기 어려운 경우의 아동을 의미한다(「아동복지법」 제3조).

넓은 의미로는 빈곤이나 부모의 수감 · 실직 등으로 경제적 · 정서적 어려움 등을 겪고 있거나 어려움에 처할 위험이 높은 취약아동을 포괄한다(이하 '취약아동'이라 함). 예를 들어, 빈곤가정 아동, 저소득 한부모 · 조손가정, 부모의 수감 · 알콜 중독 · 약물중독 등으로 인해 방임되고 있거나 방임 위기에 있는 아동, 저소득 다문화가정의 아동 등이다(보건복지부, 2018b).

3) 보호자의 의미

보호자란 친권자, 후견인, 아동을 보호・양육・교육하거나 그러한 의무가 있는 자로서, 업무・고용 등의 관계로 사실상 아동을 보호・감독하는 자를 의미한다(「아동복지법」 제3조). 또한 보호자는 「아동복지법」 제5조에 따라 아동을 안전하고 건강하게 양육해야 하는 책무를 가지고 있다.

3. 아동보호서비스의 기본 원칙

아동보호서비스를 제공하기 위해서는 아동의 이익을 최우선적으로 고려하고, 아동의 원가정보호를 위해 최대한 노력하며, 아동과 보호자의 아동보호 계획 참여를 활성화하여 통합적인 서비스를 제공함으로써 보호아동의 발생을 사전에 예방하며, 보호아동의 권리를 존중해야 한다. 구체적 내용은 다음과 같다(보건복지부, 2018b)

1) 아동의 이익을 최우선적으로 고려

아동에 대한 상담, 보호조치 결정 등 아동보호 전 과정에 걸쳐 아동의 이익을 최우선으로 고려하여야 한다. 아동보호는 '시급성'과 '시의 적절성'이 무엇보다 중요하며, 긴급한 보호가 필요한 아동이 있는 경우, '선 보호, 후 행정 처리' 원칙에 따라 보호한다.

2) 원가정 보호를 위해 최대한 노력

아동의 경우 대부분 원가정에서 성장할 때, 아동의 욕구가 가장 잘 충족될 수 있으므로 원가정 보전을 위해서 최대한 노력하여야 한다. 원가정에서 아동이 보호될 수 있도록 지자체 등은 취약아동과 가구(가족) 등 사각지대 발굴을 위해 노력하여야 하며, 발굴된 가구에 대해서는 상담, 복지급여 및 서비스 연계・지원 등을 통해 가족해체를 예방하여야 한다. 보호자가 아동을 아동복지시설 입소나 입양을 희망하는 경우에도 일률적으로 시설입소나 입양기관 의뢰 등 절차를 진행하기보다는 우선 원가정에서 보호 가능한지 여부를 살펴보고, 가능한 경우 최대한 원가정에서 보호될 수 있도록 필요한 조치를 취해야 한다(서비스 연계・지원 등).

> 다만, 부모 등 보호자 가운데 가족과 관계가 있는 특정 아동양육시설 또는 공동생활가정(그룹홈), 위탁가정 등으로 배치를 요구하는 사례가 있음. 이 경우 보호자의 요구를 아동 배치 시에 최대한 고려하되, 반드시 따라야 하는 것은 아님에 유의해야 한다.
> ☞ 아동의 보호는 최대한 아동의 입장에서 실시되어야 하며, 보호자의 요구가 아동의 이익에 부합한다고 인정되는 경우 보호자의 배치 요구를 수용하되, 보호자의 요구가 아동보호에 현저히 부적절하다고 판단되는 경우, 아동 최선의 이익에 부합하는 방향으로 보호조치를 의뢰해야 한다.

아동 최선의 이익을 위해 원가정 보호가 어려운 경우에도 원가정에 대한 지속적인 관리와 지원을 통해 아동이 조기에 가성에 복귀할 수 있도록 노력하여야 한다.

3) 아동과 보호자의 참여 활성화

아동과 보호자가 상담, 아동보호 계획 수립 및 보호 등 전 과정에 참여하여 의견을 제시할 수 있도록 하는 등 아동 및 보호자의 의견을 최대한 반영한다. 또한 아동에 대한 보호조치 후 보호자와 연락이 단절되지 않도록 주의해야 한다.

4) 예방적 접근(통합적 서비스 제공)

취약아동과 가족(가구)의 경우 빈곤, 질병, 이혼 등 복합적 욕구가 있는 경우가 대부분이기 때문에 취약아동과 가족(가구)에 대한 보호조치 요청이 있는 경우, 단순 신청에 의한 급여 제공에 그치지 않고, 사례관리 등을 통해 아동과 가족(가구)에 대한 위험도를 종합적으로 평가하여 필요한 복지급여 및 서비스를 통합적으로 제공해야 한다. 또한 복지사각지대 취약계층(단전, 단수, 단가스, 사회보험료 체납 등), 국가아동학대정보시스템 정보, 의무교육 미취학 및 장기결석 자료 등 공공 빅데이터를 활용하여 위기 아동을 사전 발굴・예방할 수 있도록 상시적 발굴・예방 체계를 구축한다(e아동행복지원시스템, 2018. 3월 시행).

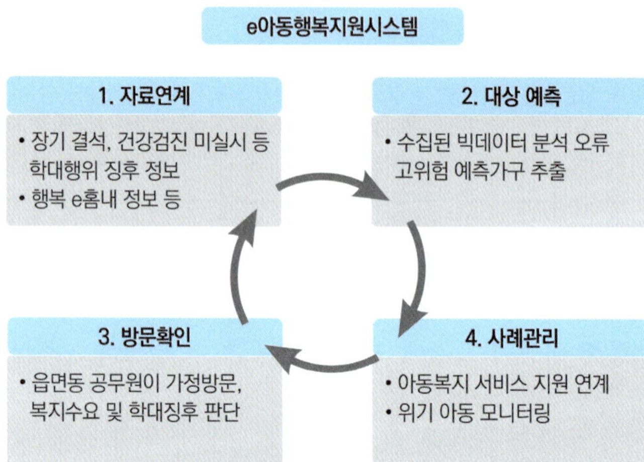

출처: 보건복지부(2018b). 아동보호서비스 업무 메뉴얼. p.40.

5) 수요자의 편의를 최대한 고려

보호자 등의 신청 또는 사각지대 발굴 등을 통해 보호대상 아동과 가족(가구)을 발견한 경우, 담당자가 해당 가구를 직접 방문하거나, 통합상담을 실시하는 등 보호자가 읍・면・(또는 시・군・구)에 방문을 최소화하는 방안을 강구한다. 아동보호를 위해 불가피하게 여러 번 상담 등이 필요한 경우, 보호자 등에게 절차를 사전에 설명하여 양해를 구하고, 보호자가 희망하는 시간・장소 등을 최대한 반영하는 등 수요자의 편의를 고려한다.

〈참고〉 아동보호 조치의 기본원칙

원가정 보호를 최우선으로 하되, 원가정 분리가 불가피한 경우,
☞ 국내 입양(친권 포기 시) → 가정위탁 → 그룹홈 → 아동양육시설 등 보호 조치 실시

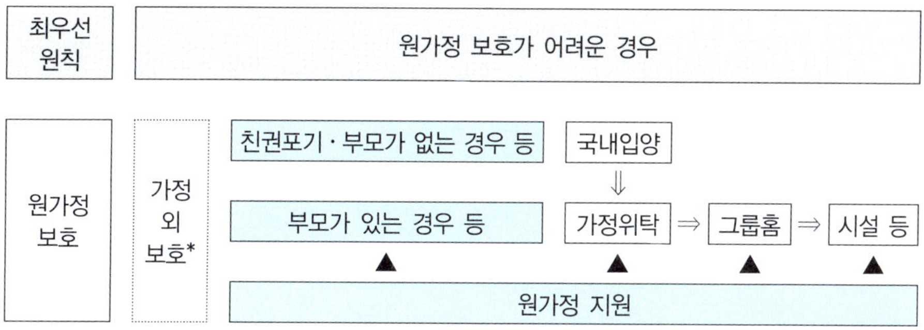

* '18. 3월부터 원가정 분리 전 지자체 사전 상담 · 심리 검사 등 의무화

출처: 보건복지부(2018b). 아동보호서비스 업무 메뉴얼. p.28.

4. 아동보호서비스의 주요 내용

아동보호서비스의 주요 내용을 보호조치, 아동보호서비스 유형, 아동보호서비스 절차, 운영체계 등을 구체적으로 살펴보면 다음과 같다(보건복지부, 2018b).

1) 보호조치

시 · 도지사 또는 시장 · 군수 · 구청장은 그 관할 구역에서 보호대상 아동을 발견하거나 보호자의 의뢰를 받은 때에는 아동의 최선의 이익을 위하여 필요한 보호조치를 하여야 한다(「아동복지법」 제15조 제1항).

① 아동발견 또는 보호자 의뢰 → ② 아동과 보호자 상담 · 지도 → ③ 원가정 복귀 → ④ 가정위탁, 아동복지시설 입소, 전문치료기관 · 요양소 입원 · 입소, 입양 등 아동 최상의 이익을 위하여 필요한 보호조치 실시함

- 아동의 건강한 성장을 위해 '원가정 복귀'를 최우선적으로 고려하되, 원가정을 통한 보호가 어렵거나 아동보호를 위해 불가피한 경우 연고자 가정 대리양육, 가정위탁, 아동복지시설 입소, 입양 등에 의한 보호를 추진한다.
- 아동과 보호자 상담・지도, 원가정 복귀, 연고자 가정 대리양육, 가정위탁 등에 의한 가정 보호가 어렵거나 적합하지 아니한 경우에 한해 시설보호를 실시한다(「아동복지법」 제15조 제4항).
- 시・도 및 시・군・구는 해당 아동이 원가정에서 제대로 보호받을 수 있도록 복지급여 및 서비스 등을 최대한 연계・지원하도록 한다.
- 원가정에서 보호가 적합하지 않거나 어려운 경우, 아동의 이익에 부합하도록 필요한 보호조치를 실시하되, 원가정에 대해서도 지속적인 지원을 실시하여 아동이 조속히 가정에 복귀할 수 있도록 조치한다.

2) 아동보호서비스의 유형

(1) 원가정 보호(복귀)

보호자가 그 가정에서 아동을 보호・양육할 수 있도록 필요한 조치를 하는 것이다(「아동복지법」 제15조 제1항 제2호). 또한 아동과 보호자에 대한 상담・지도를 실시하고, 그 결과에 따라 필요한 복지급여 및 서비스를 연계・지원한다(「아동복지법」 제15조 제1항 제1호).

> 참고: 「아동복지법」 개정 사항(2016. 3. 22. 개정)
> 제4조(국가와 지방자치단체의 책무)에서 국가와 지방자치단체는 아동이 태어난 가정에서 성장할 수 있도록 지원하고, 아동이 태어난 가정에서 성장할 수 없을 때에는 가정과 유사한 환경에서 성장할 수 있도록 조치하며, 아동을 가정에서 분리하여 보호할 경우에는 신속히 가정으로 복귀할 수 있도록 지원하여야 한다(2018. 3. 23. 시행).

(2) 연고자 대리 양육 및 가정위탁

보호대상 아동을 보호자 또는 대리 양육을 원하는 연고자 가정에서 보호・양육하거나 아동보호를 희망하는 자에게 가정위탁을 통해 보호한다(「아동복지법」 제15조 제1항 제2호 및 제3호).

① 연고자 대리양육은 친부모, 조부모, 친・인척에 의한 보호양육 또는 조부모, 친・인척에 의한 가정위탁 아동의 특성에 따른 적합한 위탁 부모 발굴 등을 통해 가정위탁 보호・양육을 적극 추진한다.
② 2세 미만 아동은 애착이 형성되는 중요한 시기인 만큼 가정위탁을 우선 배치하도록 노력한다.
③ 연고자 대리 양육 및 가정위탁 관련 내용 및 절차 등 자세한 사항 「2018년 아동분야 사업안내(1)」을 참고한다.

(3) 아동복지시설 내 보호

아동에 적합한 아동복지시설의 입소(「아동복지법」 제15조 제1항 제4호)는 연고자 대리 양육 또는 가정위탁에 의한 가정보호가 어렵거나 적합하지 아니한 경우에 시설보호를 고려한다.

(4) 전문치료기관 및 요양소 입원과 입소

약물 및 알콜중독・정서장애・발달장애 등으로 특수한 치료나 요양 등의 보호를 필요로 하는 아동에 대하여 전문치료기관 또는 요양소에 입원 또는 입소시킨다(「아동복지법」 제15조 제1항 제5호).

(5) 입양

보호자가 없거나 보호자가 양육을 포기하고 입양을 의뢰한 아동에게 영구적인 가정을 찾아주는 조치를 한다(「입양특례법」, 「아동복지법」 제15조 제1항 제6호). 보호자가 입양을 원하는 경우에도 초기 상담 등을 통해 최대한 원가정 보호, 대안양육제도 등을 설명하여 보호자가 선택권을 가질 수 있도록 하고 아동보호를 위해 입양이 불가피한 경우 국내입양을 우선 추진한다.

3) 아동보호서비스의 절차

아동보호서비스 절차는 보호대상 아동 발굴・접수→ 상담・조사・사정→ 보호조치 결정 및 보호조치 실시→ 사후관리 등의 단계로 구분한다.

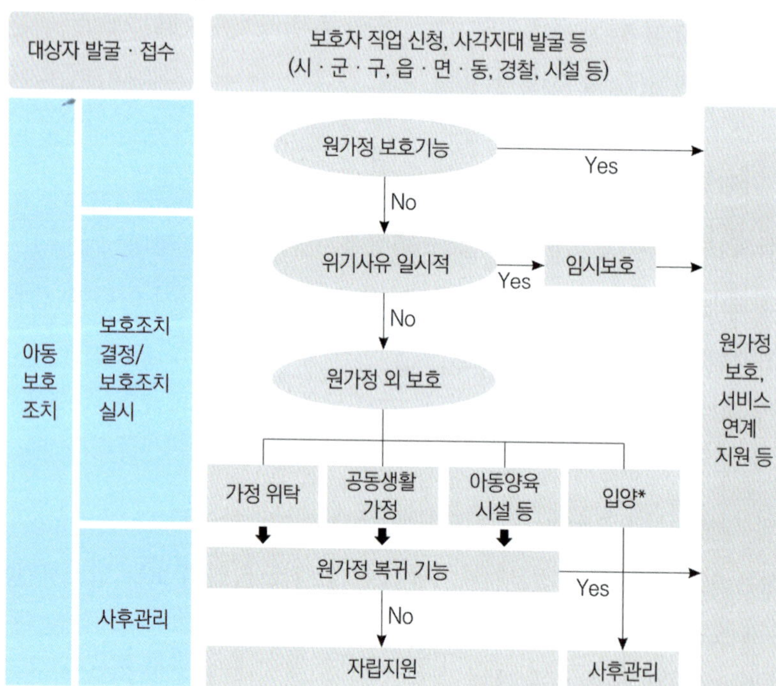

* 친생부모의 동의에 의한 입양 절차 진행 중이더라도 법원의 입양허가 전에는 입양동의 철회 가능

[그림 10-1] 아동보호 업무 흐름도

출처: 보건복지부(2018b). 아동보호서비스 업무 메뉴엘. p.27.

4) 아동보호서비스의 운영체계

구분	수행 주체	주요 업무
읍·면·동	아동복지(사회복지) 담당	• 보호자 등 보호 의뢰 시 초기 상담 실시 • 상담결과에 따른 복지서비스 신청접수 • 사례관리 필요시 드림스타트(아동 대상), 맞춤형복지팀(가구 대상 복합적 욕구가 있는 경우) • 보호종결 아동에 대한 사후관리
	맞춤형 복지팀	• 복지 사각지대 발굴(보호대상아동 등) • 읍·면·동 아동복지 담당 의뢰에 따라 해당 가구에 대한 찾아가는 상담 실시 • 보호대상아동이 속한 가구에 대한 욕구·위기도 조사 및 통합사례관리 실시
시·군·구	아동복지 담당	• 보호대상아동 보호조치, 보호중 양육상황 점검, 보호 종결 등 수행 • 아동복지심의위원회 운영 총괄
	희망복지 지원단	• 읍·면·동에서 관리하기 어려운 고위험·고난이도 사례에 대한 통합지원 실시 • 해당 가구에 아동이 있는 경우 사례관리 회의 등에 드림스타트 담당자 참여, 역할 분담
	드림스타트	• 아동에 특화된 전문적 서비스 실시 ※ 가족지원서비스를 병행하되, 집중적·통합적 서비스가 필요한 경우 희망복지지원단에 연계(참여)
시·도	아동복지 담당	• 전원 등 아동보호 조치, 아동복지 관련 시·군·구 간 총괄·조정 역할 • 시·도 아동복지심의위원회 운영 총괄

[그림 10-2] 아동보호서비스 운영체계

출처: 보건복지부(2018b). 아동보호서비스 업무 메뉴엘. p.29.

5. 보호대상아동의 발생 원인

보호대상아동의 발생 원인은 아동학대, 빈곤이나 실직 등으로 부모의 경제적 어려움, 부모의 질병, 장애 등의 이유로 양육의 어려움, 부모 등 보호자의 입양 의뢰, 미아 또는 유기로 등으로, 이러한 사유로 보호아동이 신고 접수된다.

1) 아동학대

아동보호전문기관으로 의뢰 및 모니터링에 의해 아동학대가 의심되는 경우, 시・군・구, 읍・면・동 담당자 등은 아동보호전문기관 및 경찰에 신고에 의해 발굴되어, 아동보호전문기관 및 경찰의 아동학대 사례판단 여부에 따라 조치하며 원가정 복귀, 일시보호 혹은 장기보호가 필요할 수 있다. 아동학대로 판단된 경우, 아동보호전문기관에서 아동학대 위험 감소를 위한 사례관리를 시작하게 된다.

아동학대 의심사례(예시)

- 생후 36개월 이하의 영아에게 체벌 혹은 학대가 발생한 경우
- 아동이 성학대를 당한 경우 혹은 성학대 행위 의심자와 지속적으로 함께 지내야 하는 경우
- 학대 행위자가 보호자로서 심각한 정신질환 및 폭력성이 있어 수시로 학대가 발생하는 경우
- 의도적으로 늦은 시간까지 아동들만(0~12세) 방치되는 경우
- 아동 본인이 학대로 인해 보호를 요청하는 경우 등

출처: 보건복지부(2018b). 아동보호서비스 업무 메뉴엘. p.42.

읍・면・동에서는 아동보호전문기관과의 협력을 통해 보호자(부모)가 「아동학대범죄의 처벌 등에 관한 특례법」 제19조에 규정한 '아동학대행위자에 대한 임시조치' 규정을 숙지하고, 아동보호를 담당할 민간기관에서도 법원의 판결에 따른 조치가 이루어질 수 있도록 조치한다.

참고: 「아동학대범죄의 처벌 등에 관한 특례법」 제19조에 의한 임시조치
- 피해아동 또는 가족구성원의 주거로부터 퇴거 등 격리, 피해아동 또는 가족구성원의 주거 · 학교 또는 보호시설 등에서 100미터 이내의 접근 금지, 피해아동 또는 가족구성원에 대한 전기통신을 이용한 접근 금지, 친권 또는 후견인 권한 행사의 제한 또는 정지, 아동보호전문기관 등에의 상담 및 교육 위탁, 의료기관이나 그밖의 요양시설에의 위탁, 경찰관서의 유치장 또는 구치소에의 유치 등
- 판사의 결정으로 아동학대 행위자에 대해 해당 임시조치를 실시함

출처: 보건복지부(2018b). 아동보호서비스 업무 메뉴엘. p.42.

아동을 원가정에서 분리하여 보호할 필요성이 인정되는 경우, 아동보호전문기관은 아동 주소지 또는 보호시설 주소지, 관할 시 · 군 · 구 아동복지 담당에게 시설보호를 의뢰하되, 긴급한 보호가 필요한 경우 우선 보호조치 후 아동 주소지 또는 보호시설 주소지 관할 시 · 군 · 구에 그 결과를 통보하여야 한다.

참고: 「아동학대범죄의 처벌 등에 관한 특례법」관련
- 아동보호전문기관 또는 경찰에서 '아동학대범죄의 처벌 등에 관한 특례법' 제12조에 의거하여 응급조치 3호(아동학대 관련 보호시설로 인도) 실시 후 '피해아동 보호사실 통보'를 받은 경우, 지체 없이 아동을 의료보호 대상자로 지정하고 아동의 안전한 시설보호가 되도록 지원
- 아동보호전문기관 또는 경찰을 통해 응급조치에 따른 임시조치(「아동학대범죄의 처벌 등에 관한 특례법」 제15조) 진행사항을 파악하고 72시간을 경과하여 아동의 시설보호가 필요한 경우, 아동복지법(제15조)에 따른 보호조치로서 아동의 안전한 시설보호를 지원

출처: 보건복지부(2018b). 아동보호서비스 업무 메뉴엘. p.43.

2) 부모의 경제적 어려움

부모의 경제적 어려움(빈곤, 실질 등)의 문제로 의뢰된 아동은 다음과 같은 단계로 구분되어 보호를 받는다.

(1) 1단계: 원가정 보호(아동 비분리)

긴급지원 및 경제적 지원이 제공될 경우 가정해체 예방이 가능하여 원가정 보호가 가능한지를 파악하여, 가능하다고 판단되는 경우, 해당 아동을 원가정에서 보호하

도록 하며 경제적 지원을 받도록 조치한다.

(2) 2단계: 일시보호시설 또는 위탁가정에 일시보호조치 고려 (아동 분리 → 일시 보호)

긴급복지 지원이 제공된다 하더라도 아동의 원가정 보호가 가능하지 않다고 판단된 경우, 단기조치로 경제적 문제해결이 가능하다면 일시보호시설 또는 위탁가정에 일시보호조치를 고려한다.

> 보호자(부모)의 열악한 경제적 상황이 아동을 원가정에서 보호하지 못하는 실제 원인인지와 함께한 부모의 아동에 대한 양육의지 정도를 동시에 면밀히 파악한다.

(3) 3단계: 가정위탁, 그룹홈, 아동양육시설로의 보호조치 가능성 고려 (아동 분리 → 장기 보호)

긴급복지 지원 또는 단기조치에도 불구하고 가정의 경제적 상황이 회복 불가하여 아동이 가정 외 보호가 더 안전하다고 판단된 경우, 아동을 분리하여 장기보호할 필요성이 있다. 이때 가정위탁, 공동생활가정(그룹홈), 아동양육시설로의 보호조치 가능성을 고려하도록 한다.

> 분리 보호하는 경우, 아동 최선의 이익에 부합되는지 판단하여 최적의 보호조치 방법을 염두에 두어야 하며, 신속히 원가정에 복귀할 수 있도록 지원하여야 한다. 다만, 2세 미만 보호대상아동은 가정위탁을 우선 배치해야 한다.

3) 부모의 양육 어려움

부모의 양육 어려움(질병, 장애, 수감 등)의 문제로 의뢰된 아동은 다음과 같은 단계로 구분되어 보호를 받는다.

(1) 1단계: 원가정 보호(아동 비분리)

부모에게 장기 질병, 장애 등의 어려움이 있으나 복지서비스(예시: 장애인복지관 및 종합사회복지관 연계, 희망복지지원단 연계, 장애인활동지원서비스, 아이돌봄서비스, 치료바우처, 후견인 연계 등)가 제공될 경우, 가정해체 예방이 가능하여 원가정 보호가 가능한지를 파악한다.

가능하다고 판단되는 경우, 해당 아동을 원가정에서 보호하도록 하며 관련 서비스 지원을 받도록 조치한다.

(2) 2단계: 일시보호시설 또는 위탁가정에 일시 보호조치 (아동 분리 → 일시 보호)

복지서비스 지원으로 아동의 원가정 보호가 가능하지는 않으나 단기조치로 문제해결이 가능하다고 판단되면, 일시보호시설 또는 위탁가정에 일시 보호조치를 고려한다.

(3) 3단계: 아동양육시설, 그룹홈, 가정위탁으로의 보호조치 (아동 분리 → 장기보호)

장기 보호조치가 불가피하다고 판단된 경우, 그에 따른 보호조치를 고려한다. 부모가 장기 질병이나 장애로 인해 아동을 적절히 양육할 상황이 되지 못함에도 불구하고 아동에 대한 양육 의지가 강한 경우, 부모(보호자)의 보호가 적절한지 아니면 아동을 부모로부터 분리하여 보호조치 하는 것이 아동 최선의 이익에 부합되는지 판단할 필요가 있다.

4) 보호자가 입양기관에 의뢰한 아동

부모가 아동을 양육할 수 없는 경우 다음과 같은 절차에 의해 대리적 아동보호서비스를 받을 수 있다.

(1) 1단계: 원가정 보호 추진(아동 비분리)

① 기관별 역할

입양기관은 친부모와 입양될 아동(13세 이상인 아동에 한한다)에게 아동 양육지원 등에 대하여 최초 상담을 실시하고, 친부모 등이 희망하는 경우에는 시・군・구 아동복지 담당자에 의한 추가 상담을 받을 수 있도록 조치한다(「입양특례법」 시행규칙 제11조).

② 시기

친부모 등이 아동에 대한 입양 의뢰 직후에 가능하다.

③ 방법

친부모 등이 입양기관에 아동에 대해 입양을 의뢰한 경우 입양기관은 관할 시・군・구에 친부모에 대한 상담내용 등을 보고한다(친부모 상담확인서).

④ 상담 내용

입양기관 관할 시・군・구 아동복지 담당은 친부모 등 상담 시 우선 경제적 지원이나 양육지원, 일시 보호 등을 제공할 경우 원가정 보호 또는 추후 원가정 복귀가 가능한지를 파악하는 한편, 입양절차는 법원 허가 전에는 언제든지 취소 가능함 등을 안내한다.

(2) 2단계: 입양 절차 진행

① 기관별 역할

입양기관에 입양 의뢰된 아동의 후견인으로서 입양절차 진행, 아동의 보호 방법・장소 등이 변경된 경우 시・군・구에 보고하고, 입양기관의 입양절차 진행 과정 및 아동의 보호 상태에 대해 모니터링한다.

② **방법**

입양기관은 관할 시 · 군 · 구에 입양대상 아동 확인서 발급을 의뢰하고, 시 · 군 · 구에서는 입양기관의 친부모에 대한 양육상담 이행 여부 등을 확인한 후 입양대상 아동 확인서를 발급한다.

③ **입양절차 진행 시 유의사항**

- 상담과 지원 제공에도 불구하고 양육이 어려워 보호자가 입양을 원하는 경우 입양절차를 진행한다.
- 입양기관은 입양절차 진행 중에 아동의 보호방법 및 보호장소 등이 변경된 경우, 입양기관 관할 시 · 군 · 구에 아동의 상황에 대해 보고하고(입양대상아동 상황변경 보고서), 시 · 군 · 구는 아동보호를 위해 필요하다고 판단되는 경우 보호조치 변경 등 조치해야 한다.
- 시 · 군 · 구 담당자는 입양기관에서 아동의 보호방법 · 장소 및 양육자(위탁부모 등)에 대한 변경 보고를 받은 경우, 즉시 아동의 상태를 확인하고 필요한 조치(심리치료 등)를 취하여야 한다.
- 입양 대상 아동이 위탁가정 보호 등으로 입양기관 소재지 시 · 군 · 구가 아닌 타 시 · 군 · 구에서 보호되고 있는 경우, 필요한 경우 아동이 거주하고 있는 시 · 군 · 구에 해당 아동 양육 현황 등에 대한 조사를 의뢰할 수 있다.
- 의뢰받은 시 · 군 · 구는 직접 또는 읍 · 면 · 동, 아동위원 등을 통해 해당 가구를 방문하여 아동 양육 현황 확인 등 조치를 취하고, 그 결과를 의뢰한 시 · 군 · 구에 문서로 통보해야 한다.

5) 미아 및 유기로 신고된 아동

시 · 도지사가 지정한 일시보호센터(64개소, 붙임 참고) 등에 보호조치 후 「실종아동 등의 보호 및 지원 등에 관한 법률」 제6조에 따라 사회복지시설을 포함한 보호시설의 장 또는 그 종사자, 사회복지전담공무원, 사실상 아동을 보호·감독하는 사람 등은 경찰(실종아동찾기 센터 182번)에 지체 없이 신고하고 조치한다.

지자체의 장은 신고 접수서를 5년간 보존하되, 실종아동의 복귀절차를 완료한 경우에는 신고 접수서를 지체없이 폐기하고 폐기책임자 및 폐기에 관한 최종 확인 등에 관한 사항이 기록된 서류를 5년간 보존한다.

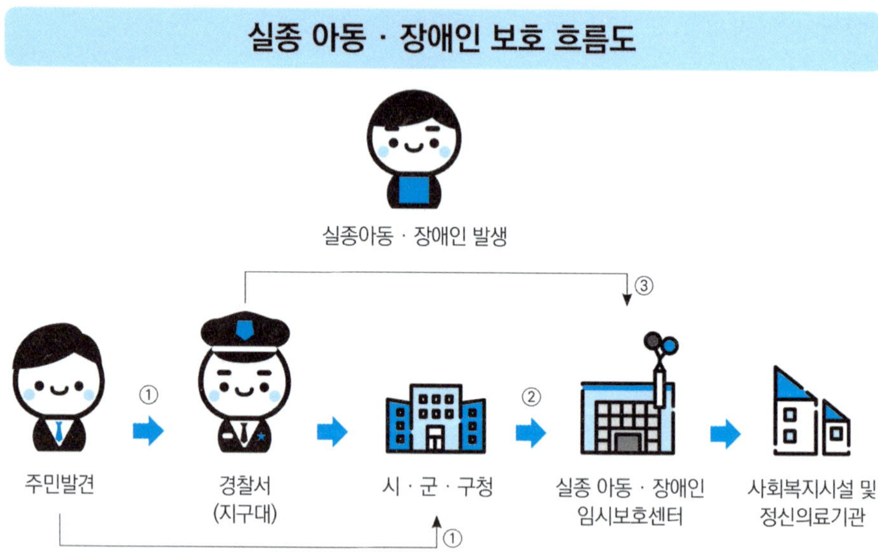

① 실종 아동·장애인 발생 신고
② 주민신고 접수, 경찰관서(지구대)로부터 인계된 실종 아동·장애인을 지자체의 장이 임시보호센터에 보호조치한 경우
③ 경찰관서(지구대)가 실종 아동·장애인을 임시보호센터에 보호조치한 경우

[그림 10-3] 실종 아동·장애인 보호 흐름도

출처: 보건복지부(2018b). 아동보호서비스 업무 메뉴엘. p.42.

6. 아동복지심의위원회 및 보호 결정

아동복지심의 위원회 심의 및 보호 결정은 다음과 같은 보고사항을 체크 한다. 예시를 살펴보면, 〈표 10-1〉과 같다.

〈표 10-1〉 아동복지심의위원회 보고사항 체크리스트(예시)

주요 항목	실행 여부		비고
1. 아동에 대한 상담을 실시하였는가?(만 12세 이상 아동에 대해서는 불가피한 사유가 없는 한 아동의 의견을 들어야 함)	예	아니오	
2. 아동상황점검표에 따라 아동의 기본적 욕구가 충분히 파악되었는가?	예	아니오	
3. 아동상황점검표 항목 이외에 추가적인 특이사항은 고려되었는가?	예	아니오	
4. 보호자상황점검표에 따라 보호자의 상황이나 욕구가 충분히 파악되었는가?	예	아니오	
5. 보호자상황점검표 이외에 보호자 상황, 가구 여건 등에 대한 상황은 충분히 고려되었는가?	예	아니오	
6. 아동에 대한 보호 조치 계획 및 보호조치기간 수립 시 아동의 이익이 최대한 고려되었는가?	예	아니오	
7. 아동이 받을 수 있는 복지 급여 및 서비스 제공이 이루어졌는가? 아닌 경우 언제부터 가능한가?	예	아니오	
8. 아동이 질병, 장애, 학대 등으로 추가적인 보호가 필요한 경우 동 내용이 보호계획에 반영되었는가?	예	아니오	
9. 아동에 대한 보호 조치 후 사후관리 또는 모니터링 계획은 수립되었는가?	예	아니오	
10. 원가정에 대한 지원 계획은 수립되었는가?	예	아니오	
11. 아동 및 원가정 보호를 위해 추가적으로 고려해야 할 사항이 있는가?	예	아니오	

출처: 보건복지부(2018b). 아동보호서비스 업무 메뉴엘. p.75.

1) 아동복지심의위원회

(1) 개념과 원칙

보호대상 아동 등에 대한 상담・조사 및 건강검진, 심리검사 결과 등을 근거로 해당 아동에 대한 보호조치 여부, 보호유형 등에 대한 계획을 수립하고, 아동복지심의

위원회 심의를 거쳐 최종 보호조치 결정한다. 필요한 경우에는 우선 보호조치를 취할 수 있는데, 사후심의 아동복지심의위원회의 개최 및 심의 등에 상당한 시간이 소요되어 해당 아동에 대한 보호조치가 신속·적절하게 이루어지지 않을 것으로 판단될 경우, 해당 지자체장의 재량에 따라 우선적으로 필요한 조치를 취한 후, 위원회의 사후심의를 받도록 할 수 있다. 다만, 이 경우의 보호조치는 해당 아동의 의사를 존중하고 최선의 이익을 보장하는 방향으로 이루어져야 한다.

(2) 수행 주체

시·군·구 아동복지 담당(또는 시·도 아동복지 담당)한다.

(3) 시기

읍·면·동 또는 시·군·구 등으로부터 보호조치 요청받은 보호대상 아동에 대하여 「아동복지법」 제15조에 따른 보호조치에 관한 사항 결정이 필요할 때 이행한다.

(4) 수행방안

보호대상 아동에 대한 상담, 건강검진, 심리검사 및 친부모상담·조사 결과와 지자체 가용한 자원 등을 종합적으로 고려하여 아동복지심의위원회에 대상 아동에 대한 보호조치 관련 안건으로 상정한다. 또한 아동복지심의위원회는 해당 아동의 원가정 분리의 타당성, 보호유형의 적합성 등을 검토·심의하여 최종 분리 보호조치 여부 또는 보호유형 등을 결정한다.

2) 아동복지심의위원회 구성 및 운영

(1) 법적 근거

「아동복지법」 제12조 및 동법 시행령 제13조, 제13조의 2에 의해 시·도지사, 시장 · 군수 · 구청장은 지역내 아동관련 정책의 전문성 및 충실성을 제고하고, 아동의 최선의 이익에 부합하도록 아동복지 및 아동보호가 이루어질 수 있도록 아동복지심의위원회를 두어야 한다.

(2) 주요 기능

시 · 도 지사, 시장 · 군수 · 구청장은 다음 사항에 대해 아동복지심의위원회의 심의를 받아야 한다. 주요 기능은 다음과 같다.

① 아동정책 시행 계획 수립 및 시행에 관한 사항
② 친권행사 제한이나 친권상실 선고 청구에 관한 사항
③ 아동의 후견인의 선임이나 변경에 관한 사항
④ 지원대상 아동의 선정과 지원에 관한 사항
⑤ 그밖에 아동의 보호 및 지원서비스를 위하여 시 · 도 시사 또는 시장 · 군수 · 구청장이 필요하다고 인정하는 사항

(3) 아동복지심의위원회의 구성

아동복지심의위원회는 위원장 및 부위원장 각 1명을 포함한 10인 이내의 위원으로 구성한다. 위원장은 시 · 도 지사 또는 시장 · 군수 · 구청장(자치구의 구청장)이며, 부위원장은 위원 중에서 호선하고, 부위원장은 위원장을 보좌하며, 위원장이 부득이한 사유로 직무를 수행할 수 없을 때에 그 직무를 대행할 수 있다. 위원의 임기는 2년이다.

(4) 아동복지심의위원회의 운영

- 「아동복지법」 제1조 제2항에 따라 시장 · 도 지사 또는 시장 · 군수 · 구청장은 아동복지심의 위원회 운영 등에 관하여 필요한 사항을 조례로 정할 수 있다.
- 「아동복지법」 및 동법 시행령, 조례 등에서 정한 바가 없는 경우 아동복지심의위원회 의결에 따라 운영하되, 필요한 경우 다음의 지침을 참고로 한다.

① **위원회 회의 개최**

- 아동복지심의위원회는 보호대상 아동이 있거나 심의 · 보고 안건이 있는 경우 수시 개최를 원칙으로 한다(가급적 분기 1회 이상은 개최).
- 아동보호와 관련된 안건이 있는 경우 반드시 아동복지심의위원회를 개최하여 위원들의 의견을 들어야 한다. 다만 긴급한 아동보호 필요성이 있는 경우 '先 보호조치, 後 회의 개최'가 가능하다.
- 회의는 재적위원 과반수 출석으로 개의하고, 출석위원 과반수 찬성으로 의결(「아동복지법」 시행령 제13조 제5항), 다만 법령에 정한 사항 이외의 안건에 대해서는 조례 또는 위원회 의결로 다르게 정할 수 있다. 또한 위원장 또는 재적위원 1/3 이상의 요구에 의해 위원회 개최가 가능하다.

② **소위원회 운영**

아동복지심의위원회는 심의를 효율적으로 수행하기 위하여 필요하다고 인정하면 소위원회를 둘 수 있다(아동복지법 시행령 제13조의2). 소위원회의 구성은 아동복지심의위원회의 위원장이 아동복지심의위원회의 위원 중에서 성별을 고려하여 지명(7명 이내로 구성)한다. 또한 소위원회 위원장은 소위원회 위원 중에서 아동복지심의위원회 위원장이 지명하는 자가 된다.

소위원회 구성 및 운영에 필요한 사항은 아동복지심의위원회 의결을 거쳐 아동복지심의위원회 위원장이 정하되, 별도로 정한 바가 없는 경우 아동복지심의위원회 운영규정을 준용하거나 소위원회 위원의 의결에 따라 운영한다.

[생각해 보기]

1. 아동보호서비스의 기본 원칙에 대해 생각해 봅시다.

2. 보호대상아동의 발생원인에 대해 알아보고 학습자의 의견을 논의해 봅시다.

3. 아동복지심의위원회의 구성과 운영에 대해 생각해 봅시다.

children's right & welfare | chapter 11

아동권리와 학대아동서비스

아동은 인종, 성별, 종교, 언어 등에 따른 차별과 편견 없이 모든 권리와 자유를 누리며, 사회의 구성원으로서 행복한 삶을 영위하기 위해 특별한 보호와 지원을 받을 권리가 있다.

아동학대는 아동의 건강한 성장과 발달을 저해하는 행위로, 피해 아동뿐만 아니라 사회 전반에 걸쳐 심각한 폐해를 초래한다. 그러므로 국가와 성인들은 아동을 학대하거나 질병으로부터 보호하고 그들의 이익을 대변해 주어야 한다. 이 장에서는 아동학대의 개념, 원인, 유형, 징후 등을 중심으로 아동학대의 기본적인 이해와 더불어, 아동학대 발생 원인과 현황, 지원체계, 학대 피해 아동에 대한 아동보호 서비스와 문제점 등 정책 방향에 대해 살펴보고자 한다.

1. 아동학대의 개념

학대는 아동의 생존과 전인적인 발달 도모하는 데 있어서 부정적인 영향을 미치며, 아동의 전생애 발달뿐만 아니라 세대를 거쳐 전이될 수 있다는 점을 고려할 때 아동학대를 예방하고 대처할 수 있는 서비스를 적극적으로 모색할 필요가 있다.

1) 아동학대의 정의

「아동복지법」 제3조 7호에 의하면, '아동학대'라 함은 보호자를 포함한 성인이 아동의 건강 또는 복지를 해치거나 정상적 발달을 저해할 수 있는 신체적・정신적・성적 폭력이나 가혹 행위 및 아동의 보호자에 의하여 이루어지는 유기와 방임을 말한다. 즉, 아동에 대한 적극적인 가해행위뿐만 아니라 소극적 의미의 방임행위까지 아동학대로 명확히 규정하고 있으며, 이는 아동의 신체적・심리적 잠재력을 발휘하지 못하도록 막은 모든 행위를 포괄한 것이다(윤매자 외, 2017). 세계보건기구에서 아동학대란 아동의 양육을 책임지고 있거나 신뢰 관계에 있거나 권위를 가진 사람에 의한, 모든 형태의 신체적・정신적으로 가혹한 행위의 학대, 방임 또는 보호태만 및 상업적이거나 다른 형태의 착취로서, 그 결과 아동의 건강・생존 발달 및 존엄성에 실제적인 해를 끼치거나 그러한 가능성을 초래하는 것이라고 정의하고 있다.

2) 아동학대의 발생 모델

계속해서 증가하고 있는 아동학대의 가해자는 아동의 부모가 가장 많으며, 연령은 30~40대가 70% 이상을 차지하며(보건복지부, 2018), 어느 특별한 곳에서 일어나는 것이 아니라 보통의 가정에서 일어난다. 아동학대의 원인에 관한 이론으로는 다음과 같은 모델을 구분하여 이해를 돕고자 한다(윤매자 외, 2017).

(1) 정신병리학적 모델

가해자의 정신적 스트레스, 정신적 문제, 질병, 폭력 등 정신병리에 초점을 맞춘다. 즉, 다른 사람으로부터 인정받지 못하고 자랐거나 질책이나 감금 등을 당했을 때 자기보다 약한 사람에게 화풀이의 대상이 될 수 있다. 가해자의 특성은 자기 표현적 분노 및 좌절에 대한 통제력이 부족, 낮은 자존감, 우울증, 신체・정신적 건강문제, 약물남용, 과잉반응 등과 관련이 있다고 보는 이론이다.

(2) 발달론적 모델

아동이 가지고 있는 발달 특성이나 장애, 기질적인 성향이 학대와 방임을 유발한다는 관점이다. 즉, 타고난 기질, 미숙아, 발달지체 및 장기 투병 아동, 입양아동, 미혼모 아동, 부모가 원치 않는 출생, 자녀의 수가 많은 가정의 아동에게 많이 발생한다.

(3) 사회적 모델

아동과 가족을 둘러싼 사회적 요인이 가해자로 하여금 아동학대를 유발할 수 있다. 즉, 경제적인 궁핍, 과중한 업무, 직장업무 시간의 증가, 낮은 사회적 직위, 실직 및 시간제 직업, 사회적 고립 등과 관련이 있다고 보는 이론이다.

(4) 사회적 상호작용 모델

잘못된 아동 양육방법이 아동에게 주는 영향에 초점을 두고, 부모 - 자녀의 상호작용 속에서 발생하는 학대를 초점을 두고 있다. 육아 문제, 정보 부족, 미숙한 양육, 부모 역할의 어려움 등과 관련된다고 간주하는 이론이다.

(5) 생태학적 관점

아동의 발달 특성, 아동을 둘러싼 가족 환경, 가족이 처한 사회환경, 더 나아가 한 사회가 지닌 문화, 제도, 정치적 요소까지 미시적 체계에서 거시적 체계, 나아가 시간

체계까지 광범위하게 통합하여 아동학대 발생의 원인을 규명한다는 데 초점을 맞춘다. 즉, 아동을 중심으로 개인, 가족, 사회, 문화, 제도, 정치에 이르기까지 복잡한 요소들이 생태적으로 연계되어 아동학대가 유발된다고 보는 이론이다.

2. 아동학대의 유형

보건복지부 산하 중앙아동보호전문기관은 「아동복지법」 제3조의 아동학대의 정의에 기반하여 학대 유형을 신체학대, 정서학대, 성학대, 방임 등으로 구분하여, 구체적인 학대행위 사례와 징후, 발생 요인, 신고, 개입절차 등을 제시하여 아동학대를 예방하고 긴급한 상황에 대처하고자 한다. 다음은 2020년 중앙아동보호전문기관(http://www.korea1391.go.kr)에서 아동학대 유형에 대해 발췌한 내용이다.

1) 신체학대((Physical Abuse)

보호자를 포함한 성인이 아동에게 우발적인 사고가 아닌 상황에서 신체적 손상을 입히거나 또는 신체손상을 입도록 허용한 모든 행위를 말한다.

〈표 11-1〉 신체학대의 행위 및 징후

구체적인 신체학대 행위 예	• 직접적으로 신체에 가해지는 행위(손, 발 등으로 때림, 꼬집고 물어 뜯는 행위, 조르고 비트는 행위, 할퀴는 행위 등) • 도구를 사용하여 신체를 가해하는 행위(도구로 때림, 흉기 및 뾰족한 도구로 찌름 등) • 완력을 사용하여 신체를 위협하는 행위(강하게 흔듦, 신체 부위 묶음, 벽에 밀어붙임, 떠밀고 잡음, 아동 던짐, 거꾸로 매담, 물에 빠트림 등) • 신체에 유해한 물질로 신체에 가해지는 행위(화학물질 혹은 약물 등으로 신체에 상해를 입히는 행위, 화상을 입힘 등)
신체적 징후	• 설명하기 어려운 신체적 상흔 • 발생 및 회복에 시간차가 있는 상처 • 비슷한 크기의 반복적으로 긁힌 상처 • 사용된 도구의 모양이 그대로 나타나는 상처

	• 담배 불 자국, 뜨거운 물에 잠겨 생긴 화상 자국, 회음부에 있는 화상자국, 알고 있는 물체 모양(다리미 등)의 화상 자국, 회복속도가 다양한 화상자국 • 입, 입술, 눈, 외음부 상처 • 긁히거나 물린 자국에 의한 상처 • 손목이나 발목에 긁힌 상처, 영유아에게 발견된 붉게 긁힌 상처 • 성인에 의해 물린 상처 • 겨드랑이, 팔뚝 안쪽, 허벅지 안쪽 등 다치기 어려운 부위의 상처 • 대뇌 출혈, 망막출혈, 양쪽 안구 손상, 머리카락이 뜯겨나간 두피 혈종 등을 동반한 복잡한 두부 손상 • 고막 천공이나 귓불이 찢겨진 상처와 같은 귀 손상 • 골격계 손상, 시간차가 있는 골절, 치유 단계가 다른 여러 부위의 골절, 복합 및 나선형 골절, 척추 손상(특히, 여러 군데의 골절), 영・유아의 긴 뼈에서 나타나는 간단 골절, 회전상 골절, 걷지 못하는 아이에게서 나타나는 대퇴골절, 골막하 출혈의 방사선 사진, 골절, 골막 변형, 골막 석회화, 간혈종, 간열상, 십이지장 천공, 궤양 등과 같은 복부 손상, 폐 좌상, 기흉, 흉막 삼출과 같은 흉부손상 등
행동적 징후	• 어른과의 접촉 회피 • 다른 아동이 울 때 공포를 나타냄 • 공격적이거나 위축된 극단적 행동 • 부모에 대한 두려움 • 집에 가는 것을 두려워함 • 위험에 대한 지속적인 경계

출처: 아동학대예방 및 치료 지침서.

2) 정서학대(Emotional Abuse)

보호자를 포함한 성인이 아동에게 행하는 언어적 모욕, 정서적 위협, 감금이나 억제, 기타 가학적인 행위를 말하며 언어적, 정신적, 심리적 학대라고도 한다.

〈표 11-2〉 정서학대의 행위 및 징후

구체적인 정서학대 행위 예	• 원망적/거부적/적대적 또는 경멸적인 언어폭력 등 • 잠을 재우지 않는 것 • 벌거벗겨 내쫓는 행위 • 형제나 친구 등과 비교, 차별, 편애하는 행위 • 가족 내에서 왕따시키는 행위 • 아동이 가정폭력을 목격하도록 하는 행위 • 아동을 시설 등에 버리겠다고 위협하거나 짐을 싸서 쫓아내는 행위

	• 미성년자 출입금지 업소에 아동을 데리고 다니는 행위 • 아동의 정서발달 및 연령상 감당하기 어려운 것을 강요하는 행위(감금, 약취 및 유인, 아동노동 착취) • 다른 아동을 학대하도록 강요하는 행위
신체적 징후	• 발달지연 및 성장 장애 • 신체발달 저하
행동적 징후	• 특정 물건을 계속 빨고 있거나 물어뜯음 • 행동 장애(반사회적, 파괴적 행동 장애) • 신경성 기질 장애(놀이 장애) • 정신 신경성 반응(히스테리, 강박, 공포) • 언어장애 • 극단행동, 과잉행동, 자살시도 • 실수에 대한 과잉반응 • 부모와의 접촉에 대한 두려움

출처: 아동학대예방 및 치료 지침서.

3) 성학대(Sexual Abuse)

보호자를 포함한 성인이 자신의 성적 충족을 목적으로 18세 미만의 아동에게 행하는 모든 성적 행위를 말한다.

〈표 11-3〉 성학대의 행위 및 징후

구체적인 성학대 행위 예	• 자신의 성적 만족을 위해 아동을 관찰하거나 아동에게 성적인 노출을 하는 행위(옷을 벗기거나 벗겨서 관찰하는 등의 관음적 행위, 성관계 장면을 노출, 나체 및 성기 노출, 자위행위 노출 및 강요, 음란물을 노출하는 행위 등) • 아동을 성적으로 추행하는 행위(구강 추행, 성기 추행, 항문 추행, 기타 신체 부위를 성적으로 추행하는 행위 등) • 아동에게 유사성행위를 하는 행위(드라이성교 등) • 성교를 하는 행위(성기삽입, 구강성교, 항문성교) • 성매매를 시키거나 성매매를 매개하는 행위	
신체적 징후	■ 신체적 지표 • 학령 전 아동의 성병감염 ■ 생식기의 증거 • 아동의 질에 있는 정액	 • 임신 • 찢기거나 손실된 처녀막

	• 질에 생긴 상처나 긁힌 자국 • 질의 홍진(紅疹) • 배뇨곤란, 요도염 • 생식기의 대상포진 ■ 항문증후 • 항문 괄약근의 손상 • 항문 주변의 멍이나 찰과상 • 항문 내장이 짧아지거나 뒤집힘 • 대변에 혈액이 나옴 • 회음부의 동통과 가려움 • 변비 • 항문 입구에 생긴 열창, 항문이 좁아짐 ■ 구강 증후 • 입천장의 손상 • 인두(咽頭)임질(pharyngeal gonorrhea)
행동적 징후	■ 성적 행동지표 • 나이에 맞지 않는 성적 행동 • 해박하고 조숙한 성지식 • 명백하게 성적인 묘사를 한 그림들 • 타인과의 성적인 상호관계 • 동물이나 장난감을 대상으로 하는 성적인 상호관계 ■ 비(非)성적인 행동지표 • 위축, 환상, 유아적 행동(퇴행 행동) • 자기 파괴적 또는 위험을 무릅쓴 모험적인 행동 • 충동성, 산만함 및 주의집중 장애 • 혼자 남아 있기를 거부 또는 외톨이 • 특정 유형의 사람들 또는 성에 대한 두려움 • 방화/동물에게 잔혹함(주로 남아의 특징) • 비행, 가출, 약물 및 알콜남용 • 자기 파괴적 행동(자살시도) • 범죄행위, 우울, 불안, 사회관계의 단절 • 수면장애, 유뇨증/유분증, 야노증, 섭식장애(폭식증/거식증) • 외상 후 스트레스 장애 • 저조한 학업 수행

출처: 아동학대예방 및 치료 지침서.

4) 방임(Neglect)

보호자가 아동에게 위험한 환경에 처하게 하거나 아동에게 필요한 의식주, 의무교육, 의료적 조치 등을 제공하지 않는 행위를 말하며, 유기란 보호자가 아동을 보호하지 않고 버리는 행위를 말한다.

〈표 11-4〉 방임의 행위 및 징후

방임 유형 예	■ 물리적 방임 • 기본적인 의식주를 제공하지 않는 행위 • 불결한 환경이나 위험한 상태에 아동을 방치하는 행위 • 아동의 출생신고를 하지 않는 행위, 보호자가 아동들을 가정 내 두고 가출한 경우 • 보호자가 친족에게 연락하지 않고 무작정 아동을 친족 집 근처에 두고 사라진 경우 등 ■ 교육적 방임 • 보호자가 아동을 특별한 사유 없이 학교(의무교육)에 보내지 않거나 아동의 무단결석을 방치하는 행위 ① 입학 · 재취학 · 전학 또는 편입학 기일 이후 2일 이내에 입학 · 재취학 · 전학 또는 편입학하지 아니한 경우 ② 정당한 사유 없이 계속하여 2일 이상 결석하는 경우 ③ 학생의 고용자에 의하여 의무교육을 받는 것이 방해당하는 때 지체 없이 그 보호자 또는 고용자에게 해당 아동이나 학생의 취학 또는 출석을 독촉하거나 의무교육을 받는 것을 방해하지 아니하도록 경고하여야 함(초 · 중등교육법 시행령 제25조) ■ 의료적 방임 • 아동에게 필요한 의료적 처치 및 개입을 하지 않는 행위 ■ 유기 • 아동을 보호하지 않고 버리는 행위 • 아동을 병원에 입원시키고 사라진 경우 • 시설 근처에 버리고 가는 행위
신체적 징후	• 발달지연 및 성장 장애 • 비위생적인 신체상태 • 예방접종과 의학적 치료 불이행으로 인한 건강상태 불량 • 아동에게 악취가 지속적으로 나는 경우
행동적 징후	• 계절에 맞지 않는 부적절한 옷차림 • 음식을 구걸하거나 훔침 • 비행 또는 도벽 • 학교에 일찍 등교하고 집에 늦게 귀가함 • 지속적인 피로 또는 불안정감 호소 • 수업 중 조는 태도 • 잦은 결석

출처: 아동학대예방 및 치료 지침서.

3. 학대아동의 현황[19)]

1) 아동보호전문기관의 설치 · 운영 현황

아동학대는 아동의 생존과 발달에 영향을 미치는 중요한 사건이지만, 우리 사회에서 학대아동에 대한 보호서비스가 공적인 아동복지체계로 편입된 것은 2000년 1월에 개정된 「아동복지법」에서 아동학대와 방임이 정부의 개입을 필요로 하는 상황으로 규정되면서부터이다.

정부는 이를 통해 학대 피해 아동에 대한 신속한 처리를 수행하고 아동학대 예방사업을 전달하는 아동보호전문기관의 설치 근거를 마련하였다. 현재 아동보호전문기관은 중앙과 지역에 설치하여 운영 중에 있다. 중앙아동보호전문기관(현재 아동권리보장원)은 아동학대 예방을 위한 교육 · 홍보, 아동보호전문기관의 상담원 직무교육과 전산시스템 구축 · 운영, 지역 아동보호전문기관에 대한 지원 등의 업무를 수행하고 있다. 지역 아동보호전문기관은 아동학대신고 접수 · 현장조사 · 응급 보호를 통한 학대 피해아동 격리 · 보호, 학대 피해 아동과 학대행위자, 가족을 위한 상담 · 교육서비스 제공, 아동학대 예방 교육 · 홍보 추진 등의 역할을 수행하고 있다(윤매자 외, 2017).

2) 아동학대 현황

(1) 연도별 아동학대사례 및 아동보호전문기관 수

연도별 아동학대사례 건수 및 아동보호전문기관의 수는 꾸준히 증가하였다. 아동학대사례 건수는 2016년 전년 대비 약 50% 이상 증가하였고, 2018년의 경우 전년 대비 아동학대사례 증가율이 10%이었다. 기관 수의 경우 2014년 51개소에서 2018년 62개소로 증가했다.

19) 보건복지부(2019e). 2018년 아동학대 주요 통계에서 발췌.

〈표 11-5〉 연도별 아동학대사례 건수 및 아동보호전문기관 수 (단위: 건, %, 개소)

구분 \ 연도		2014년	2015년	2016년	2017년	2018년
아동학대사례	건수	10,027	11,715	18,700	22,367	24,604
	증가율(%)	47.5	16.8	59.6	19.6	10.0

출처: 보건복지부(2019e). 2018년 아동학대 주요 통계. p.17.

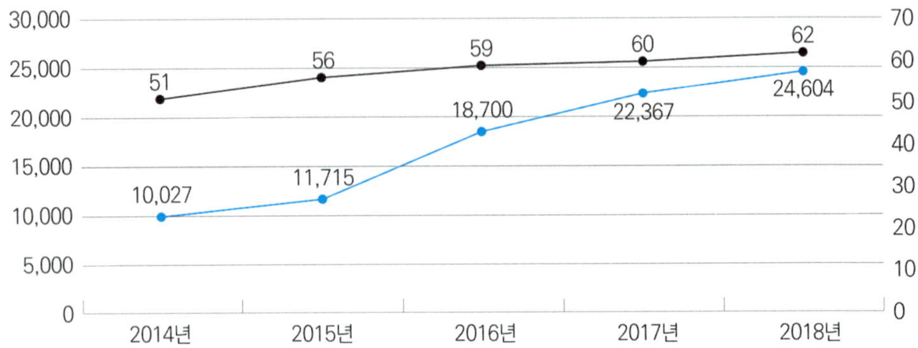

[그림 11-1] 연도별 아동학대사례 건수 및 아동보호전문기관 수

출처: 보건복지부(2019e). 2018년 아동학대 주요 통계. p.18.

(2) 아동학대 신고 접수 현황

2018년 아동보호전문기관에서 집계된 전체 신고 접수 건수는 총 36,417건으로 전년 · 대비 약 6.6% 증가했다. 이 중 응급 아동학대 의심사례는 1,187건, 아동학대 의심사례는 32,345건으로, 총 아동학대 의심사례는 전체 신고 접수의 92.1%로 나타났다. 이외 동일신고는 420건(1.2%), 일반 상담은 2,464건(6.8%)이었다.

〈표 11-6〉 신고 접수 건수

(단위: 건, %)

아동학대사례	조기지원사례	일반사례	조사진행중사례*	계
24,604	2,392	6,368	168	33,532
(73.4)	(7.1)	(19.0)	(0.5)	(100.0)

* '조사진행중사례'란 2018년 신고된 사례 중 아동학대 의심내용의 학대 여부 판단에 필요한 근거 및 증거 확보를 위해 현장조사가 진행 중인 사례를 뜻함(2019년 2월 28일 기준).

출처: 보건복지부(2019e). 2018년 아동학대 주요 통계. p.12.

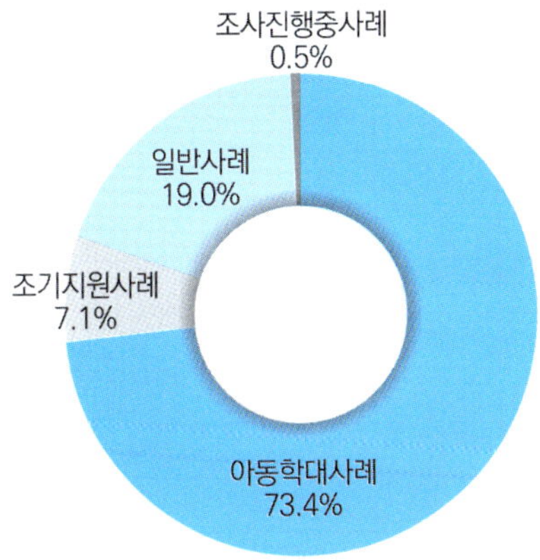

[그림 11-2] 사례판단 결과

출처: 보건복지부(2019e). 2018년 아동학대 주요 통계. p.12.

(3) 아동학대 신고자 유형

응급 아동학대 의심사례 및 아동학대 의심사례로 신고 접수된 33,532건에 대한 신고자 유형을 살펴보면 다음과 같다. 아동학대 신고의무자에 의한 신고는 9,151건(27.3%)으로 나타났으며, 세부적으로는 초・중・고교 직원이 6,406건(19.1%), 아동복지시설종사자 411건(1.2%), 의료인・의료기사 325건(1.0%) 순으로 높게 나타났다.

비신고의무자에 의한 신고접수 건수는 24,381건(72.7%)이었으며, 아동보호전문기관 종사자 7,756건(23.1%), 부모 6,089건(18.2%), 아동 본인 4,512건(13.5%), 이웃・친구 1,859건(5.5%) 순으로 가장 낮게 나타났다.

〈표 11-7〉 신고자의 유형

신고의무자			비신고의무자		
초·중·고교 직원	6,406	(19.1)	아동본인	4,512	(13.5)
의료인·의료기사	325	(1.0)	부모	6,089	(18.2)
아동복지시설종사자	411	(1.2)	형제,자매	403	(1.2)
장애인복지시설종사자	56	(0.2)	친인척	607	(1.8)
보육교직원	213	(0.6)	이웃·친구	1,859	(5.5)
유치원교직원, 강사	115	(0.3)	경찰	406	(1.2)
학원강사	18	(0.1)	종교인	18	(0.1)
소방구급대원	24	(0.1)	사회복지관련 종사자*	933	(2.8)
성매매피해시설상담소종사자	8	(0.0)	아동보호전문기관장과 종사자	7,756	(23.1)
한부모가족복지시설종사자	14	(0.0)	의료사회복지사	66	(0.2)
가정폭력상담소보호시설종사자	283	(0.8)	낯선사람	443	(1.3)
사회복지시설종사자	211	(0.6)	익명	228	(0.7)
가정위탁지원센터종사자	25	(0.1)	기타	1,027	(3.1)
아동복지전담공무원	2	(0.2)	법원	34	(0.1)
건강가정지원센터종사자	31	(0.1)			
다문화가족지원센터종사자	52	(0.2)			
정신건강복지센터종사자	48	(0.1)			
성폭력피해자보호시설종사자 성폭력피해자통합지원센터종사자	168	(0.5)			
응급구조사	0	(0.0)			
청소년시설, 단체종사자	276	(0.8)			
청소년보호센터 청소년재활센터종사자	121	(0.4)			
아이돌보미	11	(0.0)			
취약계층아동 통합서비스 지원인력	255	(0.8)			
육아종합지원센터종사자	4	(0.0)			
입양기관종사자	4	(0.0)			
소계	9,151	(27.3)	소계	24,381	(72.7)
계			33,532(100.0)		

※ 기존 아동학대처벌법 제10조(아동학대범죄 신고의무와 절차) 제7항에 규정된 사회복지전담공무원의 경우 사회복지사업법 제14조 삭제로 인해 기존 신고의무자 중 사회복지전담공무원 항목을 삭제하고 비신고 의무자의 사회복지 관련 종사자 항목에 통합하였음.

출처: 보건복지부(2019e). 2018년 아동학대 주요 통계. pp.13-14.

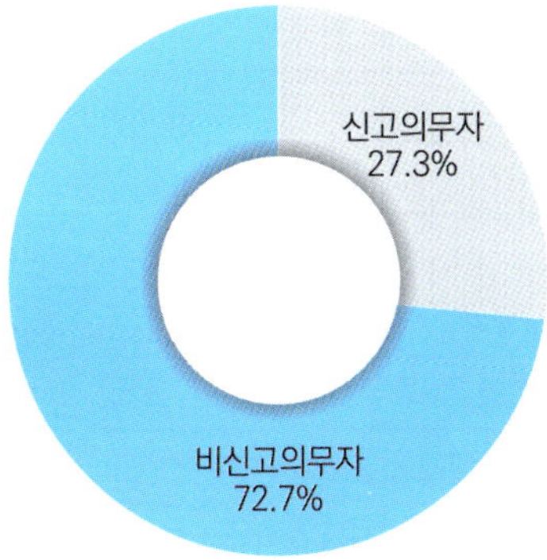

[그림 11-3] 신고자 유형

출처: 보건복지부(2019e). 2018년 아동학대 주요 통계. p.14.

(4) 아동학대 유형별 현황

아동학대의 유형은 신체확대, 정서학대, 성학대, 방임 등으로 분류되며, 유형별 현황은 다음 그림과 같다([그림 11-4]참조).

중복학대를 별도로 분류하여 아동학대의 유형을 살펴본 결과, 중복학대가 11,792건(47.9%)으로 가장 높았다. 정서학대 5,862건(23.8%), 신체학대 3,436건(14.0%), 방임 2,604건(10.6%), 성학대 910건(3.7%) 순으로 높게 나타났다. 중복학대 중 신체학대・정서학대가 9,376(38.1%)으로 가장 높았고, 정서학대・방임이 779건(3.2%), 신체학대・정서학대・방임이 683건 (2.8%), 모든 학대 유형이 함께 발생한 신체학대・정서학대・성학대・방임은 11건(0.0%)이었다.

〈표 11-8〉 아동학대사례 유형(중복학대 별도 분류)

(단위: 건, %)

유형		건수(비율)	
신체학대		3,436	(14.0)
정서학대		5,862	(23.8)
성학대		910	(3.7)
방임		2,604	(10.6)
중복학대	신체학대 · 정서학대	9,376	(38.1)
	신체학대 · 성학대	63	(0.3)
	신체학대 · 방임	254	(1.0)
	신체학대 · 정서학대 · 성학대	199	(0.8)
	신체학대 · 정서학대 · 방임	683	(2.8)
	신체학대 · 성학대 · 방임	1	(0.0)
	신체학대 · 정서학대 · 성학대 · 방임	11	(0.0)
	정서학대 · 성학대	422	(1.7)
	정서학대 · 방임	779	(3.2)
	정서학대 · 성학대 · 방임	3	(0.0)
	성학대 · 방임	1	(0.0)
	소계	11,792	(47.9)
계		24,604	(100.0)

출처: 보건복지부(2019e). 2018년 아동학대 주요 통계. p.27.

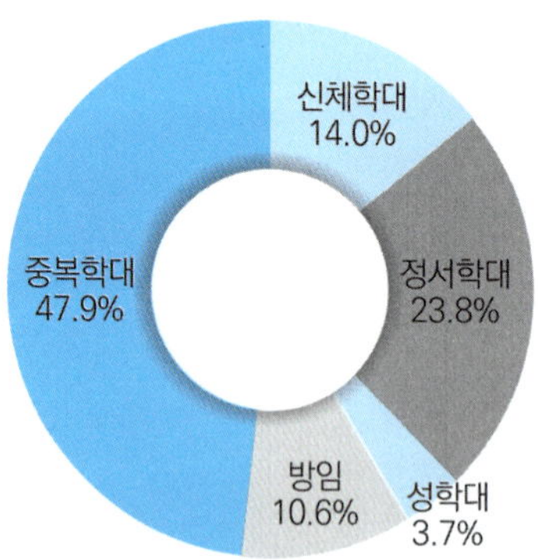

[그림 11-4] 아동학대사례 유형(중복학대 별도 분류)

출처: 보건복지부(2019e). 2018년 아동학대 주요 통계. p.27.

(5) 피해아동 성별 및 연령

① 피해아동 성별

2018년 아동보호전문기관으로 신고접수 된 사례 중 아동학대로 판단된 24,604건 중 여아가 12,737건(51.8%), 남아가 11,867건(48.2%)으로 여아가 약 3.6%p 많은 것으로 나타났다.

〈표 11-9〉 피해아동 성별 (단위: 건, 명, %)

구분	남아		여아		계	
건수(비율)	11,867	(48.2)	12,737	(51.8)	24,604	(100.0)
명수(비율)	9,707	(48.5)	10,311	(51.5)	20,018	(100.0)

※ 아동학대사례 24,604건에 동일한 아동이 한번 이상 신고되어 아동학대로 판단된 경우이거나 혹은 동일한 아동이 한 명 이상의 학내행위자에게 학대를 받은 경우가 포함되어 있으므로 피해아동 특성값의 건수와 명수는 일치하지 않을 수 있음.
출처: 보건복지부(2019e). 2018년 아동학대 주요 통계. p.20.

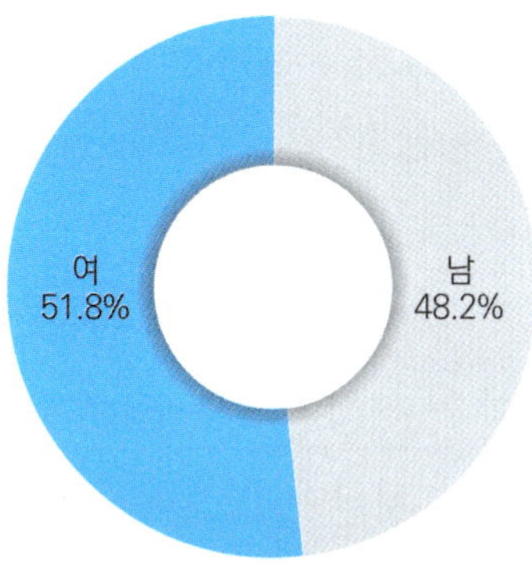

[그림 11-5] 피해아동 성별

출처: 보건복지부(2019e). 2018년 아동학대 주요 통계. p.20.

② 아동학대사례 유형별 피해아동 연령

아동학대사례 유형별 피해아동의 연령을 살펴본 결과, 1세 미만을 제외한 전반적으로 모든 연령대에서 신체학대와 정서학대가 높게 나타났다.

〈표 11-10〉 아동학대사례 유형별 피해아동 연령 (단위: 건, %)

학대유형 / 연령(만)	신체학대		정서학대		성학대		방임		계	
1세 미만	133	0.9	177	1.0	2	0.1	313	7.2	625	1.7
1~3세	930	6.6	1,433	8.3	8	0.5	770	17.8	3,141	8.4
4~6세	1,400	10.0	1,938	11.2	42	2.6	807	18.6	4,187	11.2
7~9세	2,430	17.3	3,052	17.6	134	8.3	847	19.5	6,463	17.3
10~12세	3,067	21.9	4,035	23.3	452	28.1	782	18.0	8,336	22.3
13~15세	4,042	28.8	4,408	25.4	575	35.7	581	13.4	9,606	25.8
16~17세	2,021	14.4	2,291	13.2	397	24.7	236	5.4	4,945	13.3
계	14,023	100.0	17,334	100.0	1,610	100	4,336	100.0	37,303	100.0

출처: 보건복지부(2019e). 2018년 아동학대 주요 통계. p.28.

(6) 학대행위와 피해아동과의 관계

아동학대사례 유형별 학대행위자와 피해아동과의 관계의 경우, 성학대를 제외한 학대 유형에서 부모의 의한 학대가 가장 높았다. 특히 방임사례에서 부모가 행위자인 경우는 85.3%로 나타났다. 성학대의 경우에는 학대행위자가 대리양육자인 경우가 51.1%, 부모의 경우는 24.0%로 나타났다.

〈표 11-11〉 아동학대사례 유형별 학대행위자와 피해아동과의 관계 (단위: 건, %)

학대유형 / 관계	신체학대		정서학대		성학대		방임		계	
부모	11,343	80.9	13,801	79.6	386	24.0	3,698	85.3	29,228	78.4
친인척	725	5.2	743	4.3	95	5.9	132	3.0	1,695	4.5
대리양육자	1,702	12.1	2,473	14.3	823	51.1	490	11.3	5,488	14.7
기타	253	1.8	317	1.8	306	19.0	16	0.4	892	2.4
계	14,023	100,0	17,334	100.0	1,610	100.0	4,336	100.0	37,303	100.0

출처: 보건복지부(2019e). 2018년 아동학대 주요 통계. p.29.

4. 아동학대서비스 현황

1) 피해아동을 위한 복지서비스

학대아동을 위한 복지서비스로는 피해아동의 신체적・심리적 손상 정도를 판단하기 위해, MRI, CT 등의 정밀 진단과 지능검사, 성격검사 등을 실시한다. 지능검사는 KEDI-WISC(아동지능검사)가 있고, 성격검사는 HTP(집・나무・사람검사), KFD(동적가족화), SCT(문장완성검사), MBTI・MMTIC(아동성격유형검사) 등이 있으며, 그 외에 CAT(아동주제통각검사), CBCL(아동문제행동검사), 로르샤흐검사(아동인성검사), 발달평가(사회 성숙도 검사, 덴버발달검사) 등이 있다(윤매자 외, 2017). 또한 피해아동의 신체손상의 치료를 위한 의료서비스가 제공되며, 심리적 손상을 치료하기 위해서는 개별 상담, 집단 상담, 심리검사, 놀이지료, 미술치료, 치료놀이, 가족치료, 예술치료 등의 심리치료가 제공되고 있다.

2) 피해 아동의 최종 조치 결과

2018년 아동학대사례로 접수된 24,604건의 사례를 바탕으로 피해 아동의 초기조치 및 최종조치 결과를 포함한 피해 아동 상황, 학대피해 아동 쉼터의 피해 아동보호 현황 등의「아동학대처벌법」조치 결과를 살펴보면 다음과 같다.

(1) 피해 아동의 상황

피해 아동의 상황은 원가정 보호, 가정복귀, 사망, 기타로 나누어 볼 수 있다. 2018년에 발생한 아동학대사례 24,604건을 바탕으로 피해 아동의 상황을 살펴보았다. 피해 아동 상황은 아동의 초기조치와 최종조치를 포함한 전체 상황을 의미한다. 원가정보호가 지속된 경우 20,164건(82.0%)으로 가장 많았고, 분리조치 된 경우 3,287건(13.4%),

가정복귀는 1,020건(4.1%)로 나타났다.

〈표 11-12〉 피해아동의 상황

(단위: 건, %)

피해아동 상황		2018	
원가정보호 지속		20,164	82.0
가정복귀	원가정보호-가정복귀	101	0.4
	분리조치-가정복귀	888	3.6
가정복귀	기타-가정복귀	31	0.1
	소계	1,020	4.1
분리조치	분리조치 지속	2,841	11.5
	원가정보호-분리조치	394	1.6
	분리조치-분리조치	46	0.2
	기타-분리조치	6	0.0
	소계	3,287	13.4
기타		101	0.4
사망		32	0.1
계		24,604	100.0

출처: 보건복지부(2019e). 2018년 아동학대 주요 통계. pp.29-30.

(2) 학대피해아동 쉼터의 피해 아동 보호 현황

학대피해아동 쉼터는 학대 행위자로부터 피해 아동을 분리하여 안전하게 보호하는 곳으로 피해 아동의 숙식뿐 아니라 생활지원과 상담 및 치료, 교육 등을 제공하고 있다.

2018년 전국 총 65개 학대피해아동 쉼터가 총 973명의 아동을 보호하였다. 이중 2018년 이전에 입소하여 2018년도에도 보호받은 아동의 수는 전체의 251명(25.8%)이었고, 2018년도에 입소한 아동은 722명(74.2%)이었다. 반면에 퇴소한 아동은 673명(69.7%)이었고, 재원하고 있는 아동은 295명(30.3%)이었다.

〈표 11-13〉 학대피해아동 쉼터 입소·퇴소 현황

(단위: 명, %)

	2018년 이전 입소아동		2018년 입소아동		총 보호아동	
아동 수	251	25.8	722	74.2	973	100.0
	퇴소아동		재원아동		총 보호아동	
아동 수	678	69.7	295	30.3	973	100.0

출처: 보건복지부(2019e). 2018년 아동학대 주요 통계. p.30.

(3) 퇴소 아동의 거주지

2018년 학대피해아동쉼터에서 보호를 받고 퇴소한 아동 전체 678명을 대상으로 거주지를 살펴보면, 원가정 복귀한 아동이 347명(51.2%)로 가장 높았다. 타 시설 입소는 260명(38.3%), 병원, 연고자보호, 자립, 가출 등의 사유로 퇴소한 기타 아동 44명(6.5%), 학대행위자가 부모일 때 다른 부모에 의한 보호를 포함한 친족(친인척)보호된 아동은 19명(2.8%), 가정위탁 8명 (1.2%)순으로 나타났다.

〈표 11-14〉 학대피해아동쉼터 퇴소 아동 거주지

(단위: 명, %)

퇴소 후 거주지	명수(비율)	
원가정 복귀	347	51.2
친족(친인척)보호	19	2.8
가정위탁	8	1.2
타 시설 입소	260	38.3
기타	44	6.5
계	678	100.0

출처: 보건복지부(2019e). 2018년 아동학대 주요 통계. p.31

3) 학대행위자 고소·고발 결과

2018년 전체 아동학대사례인 24,604건 중 학대행위자를 대상으로 고소·고발 등의 사건처리 조치를 취한 것은 7,988건(32.5%)이었다. 고소·고발이 진행된 경우는 7,449

건(93.3%)이었고 고소·고발은 진행되지 않았으나, 아동학대처벌법에 따라 처분이 행해진 경우는 539건(6.7%)이었다.

〈표 11-15〉 학대행위자 고소·고발 등 사건처리결과

(단위: 명, %)

고소·고발 등 수사진행						수사미진행·처벌법조치완료	계
고소	고발	수사의뢰	인지수사	파악불가	소계		
369(4.6)	993(12.4)	1,121(14.0)	4,901(61.4)	65(0.8)	7,449(93.3)	539(6.7)	7,988(100.0)

출처: 보건복지부(2019e). 2018년 아동학대 주요 통계. p.37.

4) 아동학대 실천기술과정

아동학대 사례가 신고되면, 아동보호전문기관을 통해 이루어진 전체 아동학대 의심사례 중 응급아동학대, 조기지원 사례, 일반사례로 분류하여 현장조사와 초기 사정을 진행한다. 이후에 잠재 위험 사례, 학대 사례, 일반사례 등으로 사례 판정 후 사례 유형에 따라 서비스를 제공하게 된다(보건복지부, 2018b). 현재 아동보호전문기관이 학대아동을 조사하기 용이하도록 시·도지사와 시·군·구청에 신분 조회 요청 시 정당한 사유가 없는 한 거절하지 못하도록 하고 있으며, 상담원에게는 「공무원증규칙」(제17조)의 규격 및 서식을 준용하여 아동보호전문기관 직원신분증을 발급하여 아동조사시 소지하도록 하고 있다.

「아동복지법」 제27조에 따르면, 아동학대신고를 접수한 아동보호전문기관 직원이나 사법경찰관리는 지체없이 아동학대의 현장에 출동해야 하며, 아동학대 행위자로부터의 격리 또는 치료가 필요한 때에는 아동보호전문기관 또는 치료기관의 인도에 필요한 조치를 하도록 하고 있다. 같은 법 제28조에 따르면 법원의 심리과정에서 변호사, 법정대리인, 직계친족, 형제자매, 아동보호전문기관의 상담원은 학대아동 사건의 심리에 있어서 보조인이 될 수 있도록 하고 있다. 아동학대 서비스의 실천기술과정을 각 단계별로 살펴보면 다음과 같다(윤매자 외, 2017).

(1) 신고 및 접수

아동학대를 알게 되었을 경우 아동보호전문기관이나 1577-1391, 129, 112, 119로 신고할 수 있다.

(2) 현장조사 및 사례 판정

아동학대 사례가 신고되면 반드시 현장을 방문해야 하며, 단순 아동학대 사례인 경우에도 현장조사를 통해 조사 내용을 서면으로 작성해야 한다. 현장조사 및 사례 판정의 목적은 충분한 자료와 정보를 수집하고 분석하여 학대 사실 및 위험성 여부를 확인하고, 사례 개입 및 서비스 계획을 수립하기 위함이다.

현장조사자는 피해 아동이 가해자로부터의 격리 또는 치료 등의 긴급한 조치가 필요할 경우 지체없이 아동을 수용할 수 있는 아동복지시설이나 의료기관에 보호조치를 의뢰할 수 있다. 아동을 3일 이상 장기긴 보호할 필요가 있을 경우에는 현장조사서를 첨부하여 관할 시·도지사 또는 시장, 군수, 구청장에게 보호조치를 의뢰해야 한다. 구체적 절차는 아동보호 신청을 해서 아동복지지도원 및 해당 보호를 필요로 하는 아동의 의견을 듣고 적당하다고 인정될 경우 아동보호 신청인이 아동을 보호, 양육할 수 있도록 조치한다.

(3) 개입

아동학대 사례 중 응급 아동학대 또는 단순 아동학대 사례의 경우 아동과 가족의 욕구를 확인하고 학대를 유발하는 원인을 줄이기 위해서 적절한 서비스를 제공한다. 격리가 필요하다면 가정위탁 보호를 의뢰하거나 아동복지시설에 입소시킨다. 잠재위험 사례인 경우는 학대 발생의 위험성이 높기 때문에 아동학대 예방 교육을 실시하고 정기적인 모니터링을 해야 하며, 학대 아동에 대한 서비스와 학대 부모 및 가정에 대한 서비스가 있다.

① **학대 아동에 대한 서비스**

피해자인 아동에게는 개별적인 상담과 치료서비스로서 아동의 감정을 표현하도록 지지해 주고 긍정적인 자아개념을 형성하도록 도와준다. 이러한 상담과정을 통해 학대로 인한 심리적 상처를 치유하고 건강한 인성발달을 도모해 준다.

구체적인 실천기술로는 놀이치료와 미술치료 등이 효과적으로 활용되며, 집단 활동 프로그램은 학대를 경험한 아동들로 집단을 구성하여 안정감과 소속감을 제공하고 연령에 적합한 역할 수행 능력과 자아 존중감을 기를 수 있도록 도와준다.

② **학대 부모 및 가정에 대한 서비스**

보호자가 학대를 했을 경우 이들에게 상담과 교육서비스를 제공한다. 개인 상담이나 집단 상담을 통하여 분노 통제기술과 의사소통 능력을 향상시킬 수 있는 기술을 훈련시키며, 자아 존중감을 높여 준다. 또한 집단 상담은 비슷한 어려움을 지닌 부모들이 자신들의 경험과 느낌을 공유하고 서로 정서적 지지와 정보 등을 주고받으면서 효율적인 부모교육 훈련을 하도록 해 준다. 그리고 학대 행위자가 알코올 및 약물중독, 정신질환의 문제가 있을 경우 의료서비스를 받을 수 있도록 자원을 연결해 주는 것이 바람직하다. 부모를 지원해 주는 서비스로는 상담서비스, 가정방문서비스, 재정지원, 교육서비스, 의료서비스 등이 있다.

③ **개입절차**

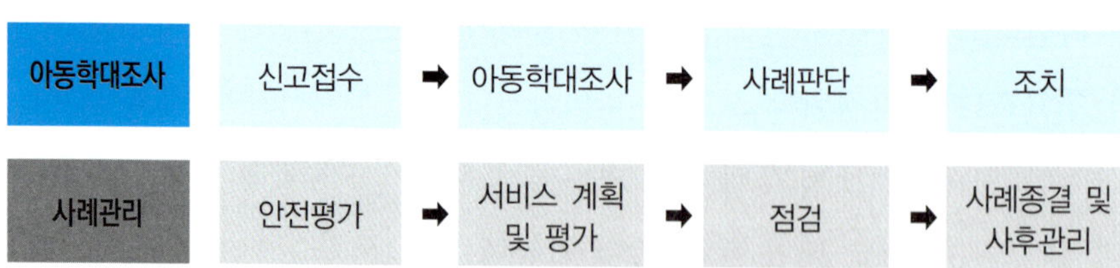

[그림 11-6] 아동보호전문기관 업무진행도

출처: 중앙아동보호전문기관(2020) .http;//www.korea1391.go.kr.

④ 사법처리 절차

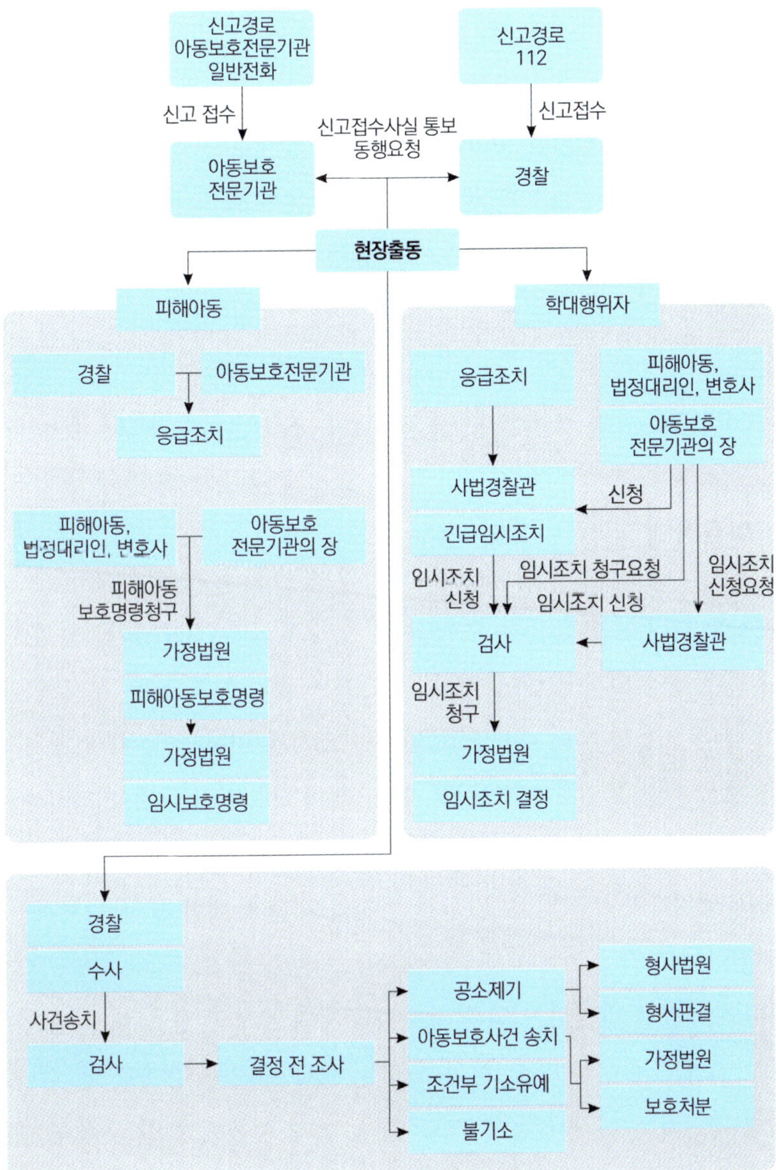

[그림 11-7] 사법처리 절차

출처: 중앙아동보호전문기관(2020). http;//www.korea1391.go.kr.

(4) 평가 및 종결

학대사례의 개입결과에 대한 평가는 목표가 달성되었는지를 판단하는 마지막 단계이다. 제공된 서비스로 목표가 달성되지 않았을 때는 타 기관으로 의뢰하면서 종결되기도 한다. 종결은 사후관리를 필요로 하는데 학대 재발이나 가족의 안정 유지를 목적으로 한다. 가정방문이나 전화 통화 등의 방법으로 학대 재발생 여부를 확인하고 타 기관에 의뢰한 경우는 해당 기관에서 적절한 서비스를 제공받고 있는지를 반드시 확인해야 한다.

5. 아동권리에 기반한 아동학대 문제점과 개선 방향[20)]

1) 아동학대 관련 법규의 개정

피해 아동을 격리 보호 조치할 수 있는 법적 강제 조항이 보완되어야 한다. 즉, 부모인 학대 행위자의 의사에 반한 격리 보호 또는 격리 보호 이후 부모의 아동 귀가 요구 등이 발생시 법적 대응 수단으로 법적인 조치가 미흡하다. 학대 행위자인 부모의 친권을 상실시킬 수 있도록 「아동복지법」 제12조에 법적 근거를 제시하고 있음에도 불구하고, 그 실효성이 거의 없어 아동을 안전하게 보호하는 데 제약이 따른다. 따라서 학대 행위자인 부모의 친권 일시 정지와 제한에 대한 보다 구체적인 법적 근거가 마련되어야 한다.

아동학대의 재발을 방지하기 위한 학대 행위자인 부모의 양육 태도 변화나 치료가 우선되어야 함에도 불구하고 교육 참여 또는 상담 수강을 강제로 할 수 없어 학대 행위자에게 개입하는 데 어려움을 겪고 있다. 현재 시행되고 있는 학대 행위자에게 80~120시간 교육이수만으로 아동학대의 재발가능성을 사라지게 하는 것은 어려울

20) 윤매자 · 신혜경 · 주정형(2017). 아동복지론. pp.181~184 발췌 및 재구성.

것이며, 피해 아동에 대한 보호 명령과 친권 제한이 필요하거나 이에 대한 위험성 평가에 대한 절차가 부재한 실정이다. 따라서 행정기관인 법원과 아동보호전문기관은 처리 및 관리 사항을 상호 보고하고 이상이 생기거나 위험요소 발견 즉시, 보고 후 강한 처분으로 변경하는 방안이 필요하다.

2) 학대행위자에 대한 상담 및 치료서비스 강화

학대 행위자의 특성은 분노, 좌절, 불행감, 스트레스, 불신감, 사회적 고립, 공감 능력 부족 등의 정서적 특성이나 언어적 공격, 신체적 공격, 무시, 가정폭력, 대화단절, 비일관적 양육태도 등의 행동적 특성을 보이기도 한다. 이외에도 어린 시절 피학대 경험, 가족 간의 애착 결핍, 배우자에 대한 의심과 불만, 경제적 어려움, 정신장애, 알코올 혹은 약물남용 등이 학대 행위자에게서 나타난다. 따라서 아동학대를 예방하고, 재발을 방지하기 위해서는 학대 행위자에 대한 개입이 필수적이다. 학대 유형과 정도 등, 학대 행위자 부모의 특성에 맞는 학대 행위자 개입 프로그램 개발을 통해 다양한 서비스가 제공되어 아동학대의 재발을 방지하도록 해야 할 것이다

3) 가족지원서비스 강화

학대 부모와 아동의 상담과 치료뿐 아니라, 가정환경의 개선과 가족 기능을 강화하는 가족지원서비스를 적극적으로 제공함으로써, 학대를 예방하고, 아동이 원가정에서 보호될 수 있도록 최대한의 노력을 기울여야 한다. 피해 아동과 부모 격리뿐만 아니라 가족 재통합 교육과 절차 등을 상세하게 고려하되, 법원이 예후 관찰과 개입해야 할 필요가 있다. 이를 위해서는 가정에서의 스트레스 대처를 위한 상담서비스, 소득지원서비스, 직업훈련과 취업연계서비스, 보육 및 방과 후 보육서비스 연계, 집안일을 돕기 위한 가정봉사원서비스, 자조 집단 참여 등의 다양한 서비스를 제공해 주어야 한다.

4) 아동보호전문기관의 인력 확충

아동보호전문기관의 상담원 업무의 과중과 높은 이직률은 학대아동 보호서비스의 전문성을 하락시키며, 지역사회 내의 서비스를 필요로 하는 아동에게 적절한 서비스를 제공하지 못하게 된다. 따라서 이러한 문제점을 해결하기 위해서는 국제적 수준에 맞는 상담원 배치기준을 마련하고, 이 기준에 따라 상담원을 확충할 필요성이 있다. 즉, 상담원 1인이 최적으로 서비스를 제공할 수 있는 아동 수를 정하고 이에 맞추어 상담원의 수를 확충하는 것이 필요하다.

5) 아동보호전문기관의 직무만족도 향상 대책 수립

아동보호전문기관 상담원의 소진을 감소시키고 예방하는 프로그램의 도입이 필수적이다. 특히, 상담원의 소진을 예방하기 위해서는 무엇보다 법적이고 제도적인 측면의 보완이 필요하다. 아동보호전문기관의 확대 설치와 상담원의 추가 확대 배치 등이 가장 중요한 선결 과제이며, 상담원의 신분 보장과 아동보호서비스 제도의 운영방법 개선, 전문치료 인력의 보강, 학대행위자 수강명령제 도입, 사법체계와의 협조체계 구축 등 다양한 부분의 개선이 필요하다.

6) 지역아동센터를 중심으로 한 네트워크 형성

기존의 아동학대 예방과 보호 네트워크는 사법기관, 의료기관, 교육기관 등을 중점으로 형성되었다. 그러나 아동 방임은 특성상 다른 학대 유형과 달리 사법기관이나 의료기관보다는 지역사회 중심의 방과 후, 아동보호기관을 중심으로 한 네트워크 조성이 필요하다. 이러한 면에서 아동보호전문기관과 지역아동센터의 긴밀한 연계가 중요하며, 지역아동센터 중심의 네트워크가 구축되어야 한다. 지역아동센터 실무자는 아동학대 신고의무자이다. 또한 방임 아동의 발견뿐 아니라 서비스제공 면에서도 실질적으로 지역아동센터 실무자들의 역할이 매우 중요하다. 따라서 아동학대와 방임 관련 교육을 지역아동센터 실무자들을 대상으로 체계적으로 실시할 필요가 있다(홍미 · 김효진, 2007; 재인용).

7) 지역사회 네트워크기관을 활용한 사례관리서비스의 제공

아동학대 보호사업은 예방, 신고접수, 조사, 보호 더 나아가 피해 아동의 신체적 · 정서적 안정에 이르는 일련의 과정에서 아동보호전문기관의 기능만으로 대처하기 어렵다. 그러므로 학대아동 보호사업은 하나의 기관에 의해 전달되기보다는 다양한 관련 기관들의 협력과 조정을 통해 통합적으로 제공될 때 보다 효과적이다(오승환, 2009; 재인용).

8) 아동학대에 대한 지속적 홍보 및 교육

아동학대에 대한 국민의 인식이 많이 개선되었지만, 타 가정의 자녀 양육문제 개입에 대한 부담감, 신고자의 비밀 보장, 신고 후 발생될 책임감 등으로 인해 학대 현장을 신고하지 않는 경우가 많다. 이에 국가와 지방자치단체는 현행 「아동복지법」 제23조에 따라, 향후 보다 적극적으로 아동학대에 대한 지속적 홍보와 교육을 통해 아동학대에 대한 대국민 인식 전환이 필요하다. 따라서 아동학대 현장을 누구보다도 잘 발견할 수 있는 신고 의무자에게 연수과정 등을 통해 아동학대에 대한 교육을 의무화할 필요가 있다.

9) 재정지원 확대

현재 아동보호전문기관의 재정은 국비 50%와 기관 자체 재원 50%로 구성되어 있다. 그러나 민간기관의 법인 지원금 및 후원금에 따라 각 기관의 재정 수입 규모에 큰 차이가 나는 것이 사실이다. 전문기관의 열악한 재정 문제는 아동보호 본연의 업무 외에 후원금 확보에 치중할 우려가 있다. 따라서 아동보호전문기관의 열악한 재정 문제가 해소될 수 있도록 정부 차원에서 아동보호서비스에 대한 재정지원을 확대해 나가야 할 것이다. 아울러 아동보호전문가들이 아동을 보호하는 기능에만 전념할 수 있도록 각종 제도적 기반을 조성해 주어야 한다.

10) 다양한 학대 예방서비스의 개발 및 제공

학대받은 아동의 보호 체계가 미흡하다. 피학대 아동은 정신적·육체적으로 특별한 보호와 치료가 필요하나 아동보호전문기관에서 쉼터를 운영하는 수와 전문적인 치료 프로그램은 매우 부족한 실정이다. 아동학대의 유형에 따라 원인과 후유증에 차이가 있으므로 각 특성에 맞는 차별화된 서비스가 개발·제공되어야 한다.

[생각해 보기]

1. 영유아가 가정에서 학대를 당하고 있다는 것을 보육교직원은 어떻게 알아볼 수 있는지를 생각해 봅시다.

2. 아동학대가 의심될 때 아동보호기관 직원이 취해야 하는 행동은 무엇일지 생각해 봅시다.

3. 같은 기관이나 직장에서 근무하는 동료 직원이 아동학대 행위를 하는 것으로 의심될 때 취할 수 있는 조치는 무엇이지 생각해 봅시다.

4. 「아동학대범죄의 처벌 등에 대한 특례법」(약칭 「아동학대처벌법」)의 주요 내용에 대해 알아봅시다.

children's right & welfare | chapter 12

아동권리와 대안양육서비스

대안양육제도(alternative care)는 국가나 학자에 따라 다양한 용어로 표현되고 있다. 아동보호서비스(out-home care services), 친가정 밖 보호체계, 요보호아동 보호체계 등으로 지칭된다. 대안양육서비스는 다양한 이유로 아동이 원가정에서 성장하지 못하고, 가정이외의 기관에서 아동을 보호하고 양육하는 대리적 아동복지서비스라 할 수 있다. 과거에는 고아들을 보살피기 위해 마련된 보육원이 아동양육시설의 대표적인 역할을 해 왔다. 그러나 유엔아동권리위원회의 권고와 국제적 정책변화의 영향으로 아동은 가정과 유사한 환경에서 보호받고 성장할 권리를 존중함으로써, 가정위탁 또는 공동생활가정(그룹홈)이라는 새로운 아동보호형태가 도입되었고, 입양 또는 대안양육 보호제도를 실시하게 되었다. 이 장에서는 부모가 아동을 돌보지 못하는 경우 대안양육제도의 보호 유형, 정책과 제도, 서비스 등에 대해 살펴보고자 한다.

1. 대안양육 아동의 개념

대안양육 아동은 자신의 원가정이 아닌 대리적 아동복지서비스를 제공한 곳에서 성장하는 아동을 의미한다. 「유엔아동권리협약」 제20조에 의하면, '가족이 없는 아동의 보호'라고 표현이 있다. 즉, 아동은 자신의 원가정에서 부모의 보살핌을 받고 자랄 권리가 있는데 이러한 기본 권리를 박탈당한 아동이므로 국가의 특별한 보호와 지원이 필요하다는 것을 강조하고 있다. 이처럼 아동에게 있어서 가정환경이 얼마나 중요한지를 이해하고, 대안양육을 받는 아동에게 어떠한 지원이 필요한지 각 대안양육 서비스에 대해 알아보고자 한다.

2. 대안양육제도의 보호 유형 및 현황

대안양육제도는 아동양육시설, 공동생활가정(그룹홈), 가정위탁, 입양제도 등을 포함한다. 또한 대안양육아동의 현황은 보호대상아동 현황과 밀접한 관계가 있다. 「아동복지법」에 의하면, 보호대상아동이란 함은 '보호자가 없거나 보호자로부터 이탈된 아동 또는 보호자가 아동을 학대하는 경우 등 그 보호자가 아동을 양육하기에 적절하지 아니하거나 양육할 능력이 없는 경우의 아동(제3조의 4)'을 말한다. 이러한 아동들은 대안양육서비스를 필요로 하게 된다(이재연 외, 2018).

1) 아동양육시설

(1) 아동양육시설의 개념과 목적

아동양육시설은 부모가 자녀를 양육 보호할 능력을 상실하였거나 그 역할을 회피할 때 제공되는 시설보호사업의 하나이다. 즉, 아동양육시설(child caring institution)은 부모가 사망하거나 부모가 적절한 보호를 해 줄 수 없는 경우 아동과 혈연관계가 없는 타인이 부모 또는 양육자의 역할을 대신하여 시설환경에서 아동을 양육하는 일시적 혹은 장기적 집단 보호를 의미한다(Kadushin, 1980). 또한 아동양육시설은 단순히 아동을 수용하고 보호하는 차원을 넘어서 아동의 건건한 성장과 발달, 권리를 존중해 주는 사회적 치료를 목적으로 한다. 최근에는 집단의 규모에서 벗어나 작은 소규모의 가정과 같은 생활공간에서 아동을 양육하는 방식으로 변화하고 있다.

(2) 아동양육시설 현황

보건복지부(2019b)의 아동복지시설 현황에 따르면, 아동복지시설은 전국 279개소이며, 보호아동은 12,193명으로 나타났다〈표 12-1〉. 시설종류별로 보면 양육시설이 241개소 11,100명으로 가장 많았고, 그 다음으로 일시보호시설은 12개소 272명으로 나타났다. 아동복지시설 보호아동 성별 · 취학 현황은 남자 6,886명, 여자 5,307명으로 남자가 여자보다 많은 것으로 나타났으며, 취학 현황은 초등학생이 3,092명으로 가장 많았고, 고등학생 2,503명, 중학생 2,309명, 대학생이 636명으로 나타났다〈표 12-2〉.

〈표 12-1〉 아동복지시설별 보호아동 현황 (단위: 개소, 명)

구분	계(현원)		양육시설		보호치료시설		자립지원시설		일시보호시설		종합시설		아동상담소	전용시설	개인양육시설	
	시설	인원	시설	인원	시설	인원	시설	인원	시설	인원	시설	인원			시설	인원
계	279	12,193	241	11,100	11	447	12	227	12	272	3	147	7	7	14	83

출처: 보건복지부(2019b). 2019년 아동복지시설 현황(2018.12.31.). p.1.

〈표 12-2〉 아동복지시설 보호아동 성별 · 취학 현황 (단위: 개소, 명)

구분	시설수	종사자수	정 원	입 소 인 원			취 학 아 동							
				계	남	여	계	미 취 학		초등재	중재	고재	대재	기타
								0~3세 미만	3~6세 미만					
계	279	6,321	17,624	12,193	6,886	5,307	12,193	1,212	1,994	3,092	2,309	2,503	636	447

출처: 보건복지부(2019b). 2019년 아동복지시설 현황(2018.12.31.). p.2.

2) 공동생활가정(그룹홈)

(1) 공동생활가정(그룹홈)의 개념과 지원

공동생활가정은 그룹홈(group home)이라고 불리며, 대규모 시설에서 아동을 보호하는 형태를 지양하고자 하는 정책의 움직임 속에서 2005년부터 본격적으로 제도화되기 시작하였다.

공동생활가정은 대규모 집단시설 위주의 보호에서 소규모 가정형태의 보호로의 전환을 강조하는 지역사회 중심의 아동보호를 위한 새로운 보호 형태이다. 공동생활가정 보호사업은 보호가 필요한 아동이나 청소년이 가정과 같은 주거 여건에서 보호를 받아 건전한 사회인으로 성장할 수 있도록 지원하기 위해 시작되었다. 「아동복지법」에 의하면, 공동생활가정은 아동양육시설과 함께 아동복지시설의 한 유형으로 가정과 유사한 환경에서 보통 2명의 종사자와 함께 최대 7명까지 가족구성원으로 함께 생활하는 아동보호사업이다.

(2) 공동생활가정(그룹홈) 현황

보건복지부(2019c)의 공동생활가정(그룹홈) 현황에 따르면, 공동생활가정 시설수는 558개소이며, 정원은 3,830명으로 나타났다. 성별·취학 현황은 남자 1,547명, 여자 1,325명으로 남자가 여자보다 많은 것으로 나타났으며, 취학 현황은 초등학생이 998명으로 가장 많았고, 중학생 678명, 고등학생 665명, 대학생이 129명으로 나타났다〈표 12-3〉.

〈표 12-3〉 공동생활가정(그룹홈)아동보호 성별·취학 현황 (단위: 개소, 명)

구분	시설수	종사자수	정 원	보호인원			아동현황							
				계	남	여	계	미취학		초등재	중재	고재	대재	기타
								0~3세	3~6세					
계	558	1,745	3,830	2,872	1,547	1,325	2,872	80	275	998	678	665	129	47

출처: 보건복지부(2019c). 2019년도 공동생활가정(그룹홈)현황(2018.12.31.). p.1.

3) 가정위탁

(1) 가정위탁의 개념과 지원

가정위탁(foster care)이란 친부모의 사정으로 원가정에서 자랄 수 없는 아동에게 다른 가정을 제공하여 보호하는 아동복지제도이다. 즉, 가정위탁은 아동양육시설 대신하여 일반가정에서 혈연관계가 없는 성인(일반가정위탁)이나 혈연관계가 있는 친인척(친인척가정위탁), 또는 조부모(대리가정위탁)가 아동을 양육하는 대안양육 형태이다. 이때 아동을 양육하는 사람을 위탁부모(foster parents)라고 부르며, 위탁모가 되기 위해서는 국가마다 차이가 있으나 일반적으로 일정한 시간의 교육을 받아야 하며 선발기준을 거쳐야 한다. 위탁아동은 18세 미만의 아동으로 보호를 필요로 하는 아동 중 가정위탁으로 보호 조치된 아동을 말한다.

(2) 가정위탁 현황

보건복지부(2017)의 가정위탁보호의 유형에 따르면, 전체 아동 12,896명 중 조부모에 의해 양육되는 대리양육가정의 아동은 8,578명(66.5%) 친인척위탁가정의 아동은 3,348명(26%), 일반위탁가정의 아동은 970명(7.5%)으로 우리나라 가정위탁은 대리양육가정의 비율이 매우 높음을 알 수 있다〈표 12-4〉.

〈표 12-4〉 가정위탁보호 유형별 아동현황

(단위: 세대, 명)

연도	대리양육가정		친인척위탁가정		일반위탁가정		계	
	세대수(세대)	아동수(명)	세대수(세대)	아동수(명)	세대수(세대)	아동수(명)	세대수(세대)	아동수(명)
2016	6,642	8,578	2,773	3,348	782	970	10,197	12,896

출처: 보건복지부(2017). 2017년 아동분야 사업안내.

4) 입양

(1) 입양의 개념과 종류

사회복지학 사전에 의하면 "입양(adaption)이란 혈연관계가 없는 사람들이 법률을 통하여 새로운 부모 - 자녀 관계를 만드는 신분행위"를 말한다고 규정하고 있다. 즉, 생물학적 과정을 통해서가 아니라 법적 · 사회적 관계에 의해서 친자관계를 맺는 제도이다. 입양의 형태를 분류하는 기준은 여러 가지가 있을 수 있는데, 아동 자신이 태어난 국가 내에서 이루어지는지 아니면 다른 국가에 다른 국적을 가진 부모에게 입양시키는지에 따라 국내입양과 해외(국외)입양으로 분류할 수 있다. 또한 입양아동과 입양부모 사이의 가족관계 유무에 따라 친족입양과 비친족입양, 또는 개인적으로 이루어지는지 아니면 기관을 통해 이루어지는지에 따라 독립입양과 기관입양, 아동에게 입양 사실의 공개 여부와 친부모와의 접촉 유무에 따라 비밀입양과 공개입양의 형태로 분류할 수 있다.

(2) 입양 현황

보건복지부(2020a)의 입양 현황에 따르면, 2018년 전체 입양수는 681명이며, 국내입양은 378명, 국외입양은 303명으로 2017년과 비교하며, 전체 입양수는 182명 감소하였으며, 국내입양은 87명 감소하였고, 국외입양도 95명 감소한 것으로 나타났다〈표 12-5〉.

〈표 12-5〉 입양 현황

(단위: 명)

구분	2014	2015	2016	2017	2018
계	1,172	1,057	880	863	681
국내	637	683	546	465	378
국외	535	374	334	398	303

출처: 보건복지부(2020a). e-나라지표(www.index.go.kr).

3. 대안양육의 정책과 제도

아동양육시설이나 공동생활가정(그룹홈), 가정위탁, 입양 등의 관련 정책을 입안하고 주로 시행하는 부처는 보건복지부의 인구행정실 산하의 아동복지 정책과이다. 그러나 실제 정책을 시행하는 주체는 각 지방자치단체에서 행하고 있다. 대안양육 공공전달체계의 구조는 중앙정부가 전체적 아동복지 정책 및 방향을 정하고 각 지방자치단체의 예산 항목 및 그 액수는 지방자치단체에서 결정하며 실제적인 서비스 전달은 시 · 군 · 구와 읍 · 면 · 동 중심으로 이루어지고 있다. 「아동복지법」 제15조 제1항에 따르면, 요보호 아동발생 시 보호조치의 절차는 다음과 같다.

① 아동발견 또는 보호자 의뢰 → ② 아동과 보호자 상담 · 지도 → ③ 보호자 가정 복귀 또는 연고자 가정에 대리양육 → ④ 아동보호 희망 가정에 위탁 → ⑤ 적합한 아동복지시설 입소, 전문치료기관 · 요양소 입원 · 입소

보건복지부에서 시행하는 청소년 주거 관련 정책으로 대표적으로 아동양육시설, 공동생활가정(그룹홈), 가정위탁이 있고, 시설퇴소 아동을 대상으로 하는 자립을 지원하는 자립생활관, 보호 종료인 아동을 대상으로 주거를 지원하는 보호 종료 아동 주거 지원 통합서비스(2019년 신설), 학대 경험이 있는 아동을 보호하기 위해 운영하는 학대 피해 아동 쉼터, 보호자의 보호를 받을 수 없는 아동을 대상으로 운영하는 일시보호시설, 가정법원이나 지방법원소년부지원에서 보호 위탁 아동을 대상으로 운영하는 보호치료 시설 등이 있다(보건복지부, 2019c).

1) 아동양육시설 관련 정책

아동양육시설은 혈연적으로 무관한 아동들이 혈연적으로 무관한 성인의 보호 아래 24시간 함께 거주함으로써 보호하는 아동복지사업이다. 아동복지사업은 국가 또는

지방자치단체가 아동복지시설을 설치할 수 있으며, 국가 또는 지방자치단체 외의 자는 관할 시장·군수·구청장에게 신고하고 아동복지시설을 설치할 수 있다. 아동복지시설의 시설기준 및 설치 등에 필요한 사항은 보건복지부령으로 정한다.

(1) 아동양육시설 아동

「아동복지법」에 규정된 아동양육시설 입소대상자는 다음과 같다.

① 보호자가 없거나 보호자로부터 이탈된 아동

② 보호자로부터 학대받은 아동

③ 보호자의 학대로 아동학대예방센터에 신고되어 동 센터가 시·도지사에게 보호조치를 의뢰한 아동

④ 기초생활보장수급자로서 보호자의 질병, 가출 등으로 가정 내에서 보호하기 어려운 아동

⑤ 시·도지사 또는 시·군·구청장이 특별히 보호가 필요하다고 인정하는 아동

(2) 입소지원체계

입소된 아동에 대한 보호는 다음의 지원체계 속에서 제공된다.

① 생계보호

주·부식비, 연료비, 피복비, 장의비, 초·중·고등학생 학용품비, 운동화, 교통비 등을 지원하며, 영양급식비와 교복비 지원, 그리고 교양도서관을 지원한다.

② 교육보호

중·고등학생의 수업료 및 입학금을 지원한다.

③ 취업 및 학업 지도

연장 아동의 아동직업훈련시설이나 취업알선센터의 취업 지도, 퇴소 아동의 자립 정착금을 지원하며, 시설종사자와 자원봉사자를 활용하여 학습지도를 제공한다.

④ 직업훈련

고등학생들의 취업준비를 위한 사설 학원설비 자체 확보하여 지원하는 시설, 인문계 학생의 국·공립기능대학과 직업전문학교의 입소·지도를 지원한다.

⑤ 결연사업

지역 내 독지가와 후원자 발굴로 결연을 통한 정신적·물질적 지원을 연결한다.

(3) 퇴소지원체계

아동복지시설에서 생활하고 있는 아동은 18세가 되면 시설에서 퇴소해야 하지만 「아동복지법」 제16조에 따르면 대학 이하의 학교에 재학 중인 경우, 아동양육시설, 직업능력개발 훈련시설에서 직업 관련 교육·훈련을 받고 있는 경우, 그 밖에 각종 아동복지시설에서 해당 아동을 계속하여 보호·양육할 필요가 있다고 대통령령으로 정하는 경우는 연장 보호를 받을 수 있다(보건복지부, 2019c).

2) 공동생활가정(그룹홈) 관련 정책

「아동복지법」 제50조 규정에 의해 신고한 공동생활가정(그룹홈)의 경우, 보호 아동은 5인을 기준으로 하되, 7인 이내로 운영하고 있으며, 미취학 아동은 남녀 혼합형이 가능하나 초등학생 이상은 남녀 분리형으로 운영되고 있으며 정부의 지원을 받기 위한 기준이 마련되어 있다(보건복지부, 2019d).

(1) 입소 아동별 지원기준

다음의 〈표 12-6〉은 입소 아동별 지원기준에 대한 내용이다.

〈표 12-6〉 입소 아동별 지원 기준(인건비, 운영비)

5인 이상	4인	3인	2인	1인	0인
전액	전액	전액	• 전액(발생일로부터 3개월까지) • 1/2(4개월째부터)	• 전액(발생일로부터 3개월까지) • 1/2(4개월째부터)	미지원 * 지원시설 중 아동퇴소 등으로 입소아동 1명 발생시설은 이후 1개월까지만 지원

* 입소아동 0명 발생시점이 3월인 경우(발생일은 상관없음) 4월까지만 보조금 지원.
출처: 보건복지부(2019d). 2019년 아동분야 사업안내. p.4.

(2) 입소 및 퇴소

시・도지사 또는 시장・군수・구청장은 제1항 제1호 및 제2호의 보호조치가 적합하지 아니한 보호대상 아동에 대하여 제1항 제3호부터 제6호까지의 보호조치를 할 경우, 제1항 제3호부터 제5호까지의 보호조치를 하기 전에 보호대상 아동에 대한 상담, 건강검진, 심리검사 및 가정환경에 대한 조사를 실시하여야 한다(2018. 3. 23. 시행). 또한 요보호아동은 「아동복지법」 제15조(보호조치)에 의거 시・도지사 또는 시・군・구청장이 보호조치를 결정하도록 되어 있으므로 공동생활가정(그룹홈) 아동 입소도 관할 지자체장이 결정한다(보건복지부, 2019d).

3) 가정위탁 관련 정책

2000년 「아동복지법」이 개정되면서, 정부는 소년・소녀가정을 대리 양육이나 친인척가정위탁으로 전환하여 지원하기 시작하였으며, 2003년부터 각 시・도에 가정위탁지원센터를 증설하고 2004년에는 중앙가정위탁지원센터를 설립하여 운영하고 있다. 2005년 「아동복지법」에서는 가정위탁을 보다 강조하여 단순히 보호를 필요로 하는 아동의 보호를 '위탁'하는 것에서 '가정위탁'하는 것으로 아동의 권리를 존중하는 차원에서 보다 구체적인 내용으로 개정되었다.

(1) 위탁아동

우리나라에서 가정위탁 보호가 필요한 아동은 다음과 같다(보건복지부, 2019d).

① 18세 미만의 아동(18세 이상인 경우에도 고등학교 재학 중인 아동 포함)
② 시・군・구 등 행정기관에서 부모의 질병, 가출, 실직, 수감, 사망 그 밖의 사유로 인하여 보호가 필요하다고 인정한 아동
③ 아동학대로 인하여 격리 보호가 필요한 아동

(2) 친부모

원가정에서 아동을 양육하기 어려운 부적절한 양육환경은 구체적으로 다음 다섯 가지로 구분할 수 있으며, 서로 관련되어 있다(Tatara, 1993; 윤매자 외, 2017 재인용).

① 게으름, 질병, 약물 오・남용, 불륜 행각, 혼외 임신 등과 같은 부 또는 모의 개인적 문제
② 불가항력적인 부양자의 사망이나 실종, 실직, 구금 등으로 인한 빈곤 문제
③ 부부 폭력이나 가정폭력 등으로, 이혼과 별거와 같은 가족관계 문제
④ 적절치 못한 부모의 양육기술의 문제
⑤ 이 밖에 가족해체를 초래할 정도의 특별한 부모 개인의 문제, 가정 문제는 없지만, 부모의 장기 출장과 같은 직업 문제, 일시적 입원이나 요양이 필요한 건강문제, 자녀 양육의 의사가 있는 가운데 이혼 판결을 기다리고 있거나 혼외 임신에 따른 문제를 처리하고 있는 경우

(3) 위탁 부모와 가정

위탁 부모의 위탁 동기, 가정환경, 태도와 자격 등을 신중히 고려해야 하는 내용은 다음과 같다.

① 위탁가정의 모든 가족 구성원들이 위탁 아동이 처했던 지난날의 상황을 이해하고, 정서적 안정을 되찾을 수 있도록 노력해야 한다.

② 위탁 부모의 위탁 동기와 양육환경을 고려해야 한다. 그리고 위탁 동기와 더불어 위탁부모의 연령, 건강, 교육수준, 친자녀와의 관계, 주거공간, 경제적 안정성 등을 포함한 위탁가정의 양육환경을 고려해야 한다.

③ 위탁 부모는 위탁 아동이 위탁되기 전까지 겪었던 신체적·정신적 아픔을 이해하고, 수용할 뿐만 아니라, 그 아픔을 회복시켜야겠다는 적극적 자세를 지녀야 한다.

4) 입양 관련 정책

(1) 입양아동 및 입양부모

입양대상은 18세 미만의 아동으로서 부모, 직계존속이나 후견인의 동의가 있는 아동이며, 15세 이상 아동의 경우에는 본인의 동의가 있어야 한다.

「입양특례법」[21] 제9조에 따른 입양대상아동의 법적 자격(양자가 될 자격)은 다음과 같다.

① 보호자로부터 이탈된 사람으로서 특별시장·광역시장·도지사 및 특별자치도지사 또는 시장·군수·구청장이 부양의무자를 확인할 수 없어 「국민기초생활보장법」에 따른 보장시설에 보호 의뢰한 사람

② 부모(부모가 사망이나 그 밖의 사유로 동의할 수 없는 경우에는 다른 직계존속

21) 「입양특례법」은 「입양촉진 및 절차에 관한 특별법」이 2011년 8월 전면 개정되어, 2012년 8월부터 시행되었다.

을 말한다) 또는 후견인이 입양에 동의하여 보호시설 또는 입양기관에 보호 의뢰한 사람

③ 법원에 의하여 친권상실의 선고를 받은 사람의 자녀로서 시·도지사 또는 시장·군수·구청장이 보장시설에 보호 의뢰한 사람

④ 그 밖에 부양의무자를 알 수 없는 경우로서 시·도지사 또는 시장·군수·구청장이 보호시설에 보호 의뢰한 사람

「입양 특례법」 제10조에 따른 입양 부모의 법적 자격(양친이 될 자격 등)은 다음과 같다.

① 양자를 부양하기에 충분한 재산이 있을 것
② 양자에 대하여 종교의 자유를 인정하고 사회의 구성원으로서 그에 상응하는 양육과 교육을 할 수 있을 것
③ 양친이 될 사람이 아동학대·가정폭력·성폭력·마약 등의 범죄나 알코올 등 약물중독의 경력이 없을 것
④ 양친이 될 사람이 대한민국 국민이 아닌 경우, 해당 국가의 법에 따라 양친이 될 수 있는 자격이 있을 것
⑤ 그 밖에 양자가 될 사람의 복지를 위하여 보건복지부령으로 정하는 필요한 요건을 갖출 것
⑥ 양친이 될 수 있는 자는 25세 이상으로서, 양자될 자와의 연령 차이가 60세 미만인 자로 하되, 양친이 될 자가 대한민국 국민이 아닌 경우에는 25세 이상 45세 미만인 사람이어야 한다(「입양촉진 및 절차에 관한 특례법 시행규칙」 제2조).

(2) 국내입양

국내 가정에서 보호가 필요한 아동을 양육시키기 위한 국내입양사업은 아동보호를 위한 최선의 이익을 위한 방법으로 인식되어 꾸준히 추진되어왔다. 최근 국내입양이

조금씩 늘어나고 있으나 선진국에서와 같은 아동복지 차원의 입양 문화는 아직 정착되지 못하고 있다. 국내입양절차는 다음과 같다(윤매자 외, 2017).

① 입양 삼자의 상담(입양아동, 친부모, 입양부모)

입양아동을 발견하면, 입양기관 또는 보호시설의 장은 시 · 군 · 구청장에게 수용보호를 의뢰하고 입양기관 또는 보호시설의 장은 시 · 군 · 구청장에게 입양아동에 대한 후견인 지정을 신청한다. 그 후 후견인으로 결정된 보호시설의 장은 보호시설의 소재지를 관할하는 시장 · 군수 · 구청장에게 부양의무자 확인 공고를 의뢰한다(미혼모를 포함한 친권자 또는 후견인의 입양에 동의한 아동은 제외, 기아인 경우 성과 본을 창설하고 양자로 될 자의 거주지를 관할하는 시 · 군 · 구청장이 발급하는 입양대상 아동확인서 발급 의뢰). 친부모는 친자녀의 입양을 원하는 친부모는 친권 포기와 필요한 서류 작성을 위해 상담을 한다.

입양부모 상담은 입양을 원하는 부모를 대상으로 초기 면접을 실시하고, 입양 가정조사를 실시한다. 먼저 부부 개별 면접(결혼 전 가족 배경 및 생활 태도, 결혼 관계, 불임 여부, 건강, 경제 상태, 종교 유무와 신앙 태도, 입양의 동기와 태도, 원하는 아동과 장래 계획 등 파악)과 공동 면접(내외간 관계 관찰, 아동에 관한 이야기, 이견이 있을 시 조정)이 이루어지고 가정방문(부부 면접 시의 미흡한 점 보충, 가족관계, 가정의 분위기 등 파악)을 통하여 부부 면접 내용 구체화, 입양에 대한 명확한 태도, 가정의 안정도와 성숙도 등을 파악한다.

② 입양의 성립

입양기관은 입양대상 아동에 관해 수집한 모든 자료(신체검사, 사회조사, 생활습관 등)를 알려 주고, 결연 계획을 세우고 결연과 함께 입양이 이루어지는데, 입양대상 아동이 입양에 대해 법적으로 자유롭기 위해서 필수적으로 "친부모의 동의를 필한 친권의 법적 종료"가 요구된다. 부모가 입양대상 아동을 면접을 통해 결정하면, 입양기관은 입양아동을 입양부모에게 인계하고, 입양부모는 「가족관계의 등록 등에 관한 법률」과 「입양특례법」이 정하는 절차에 따라 신고하면 입양이 성립된다. 입양 신청을 한 후 입양이 성립되기까지는 보통 6개월에서 1년 정도의 기간이 소요된다.

③ 사후조사

입양 성립 후에 가정방문을 실시하여 아동의 적응도를 조사함으로써 입양의 실질적 성립을 분석, 평가한다. 그리고 「입양특례법」(2011)에 따라 입양기관의 장은 입양이 성립된 후 1년 동안 양친과 양자의 상호적응을 위하여 사후관리를 해야 한다.

(3) 국외입양

입양에 관련된 국제 협약으로 「아동의 권리에 관한 협약」과 「국제입양에서 아동보호 및 협력에 관한 헤이그협약」 등이 있다.

> 「유엔아동권리협약」의 입양 관련 조문(제21조)
> 아동이 입양될 때에는 아동에게 가장 좋은 것이 무엇인지를 생각해서 결정되어야 한다.
> 그리고 입양은 국가에서 인정하는 곳을 통해 안전한 방법으로 이루어져야 한다.

다음은 국외입양과 관련된 국제 협약의 내용을 구체적으로 살펴보고자 한다(윤매자 외, 2017).

① 아동의 권리에 관한 국제 협약

제20조와 제21조는 입양아동의 권리에 관한 조항으로, 입양은 아동의 이익을 최우선적으로 고려할 것을 보장해야 하며, 국외입양은 어떠한 적절한 방법으로도 국내에서 양육될 수 없을 경우에만 그 대체 수단으로 고려되어야 함을 명시하고 있다. 또한 국외입양에 관계되는 아동은 국내입양의 경우와 대등한 보장 장치와 기준을 향유하도록 하며, 국외입양은 이의 관련자들이 부당한 재정적 이익의 결과를 갖지 않도록 조치되어야 함을 강조하고 있다.

② 국제입양에서 아동보호 및 협력에 관한 헤이그협약

1993년 5월 10일, 국제사법에 관한 제17차 헤이그회의 최종 결의안인 「국제입양에서 아동보호 및 협력에 관한 헤이그협약」은 전문 제48개 조항으로 되어 있으며, 국외입양과 관련하여 가장 구속력을 갖는 국제 협약이다. 이 협약에 따르면, 국외입양은 아동 출신국의 국내입양이 우선적으로 고려된 뒤에 이루어져야 하며, 입양 당사국은 아동의 신원 확인, 배경, 사회적 환경, 가족사 등과 같은 아동 관련 보고서 작성을 의무화하고 적절한 법적 절차에 의해 아동이 국외로 이송된 후에도 양부모의 위탁이 아동의 최선의 이익에 위배되거나 최종적으로 아동의 이익에 불필요하다고 판정된 경우, 아동의 출신국으로 되돌려 보내기 위한 조치를 취해야 할 것을 규정하고 있다.

4. 대안양육제도의 서비스

대안양육제도에 있어서 대상 아동이 처음 배치되는 단계부터 원가정으로 복귀되는 단계까지 서비스를 제공하고 있다. 즉, 대안양육의 보호 체계는 진입단계, 보호 형태 결정단계, 배치 이후 각 보호유형에서의 양육단계, 원가정 복귀 준비단계로 구분하여 설명할 수 있다.

1) 보호체계 진입단계

아동이 다양한 이유로 인해 자신이 속해 있는 원가정에서 자라지 못한다고 판단되면 대안양육을 고려하게 된다. 아동 최우선의 이익을 고려하여 그 아동이 어떤 상황에 처해 있을 때 원가정에서 자랄 수 없다고 판단해야 하는지, 그 판단은 어떻게 해야 하는지, 구체적인 법적인 규정이 있지만 아직도 미흡한 부분들이 있다. 「아동복지법」에 의하면, 보호대상 아동 발굴 시에 읍・면・동 아동복지 담당 또는 아동복지전담공무원, 아동 위원이 아동의 보호자와 초기 상담을 하게 된다. 초기 상담 결과, 해당 가구에 대한 통합적 서비스 지원이 필요한 경우 해당 사례를 읍・면・동 맞춤형 복지팀이나 시・군・구 희망복지지원단(읍・면・동 복지허브화 미실시 지자체)에 의뢰하여 욕구 조사표, 위기도 조사지를 작성한다(보건복지부, 2018b).

2) 사유별 보호조치 결정단계

사유별 보호조치 결정단계는 아동을 원가정에서 분리하여 보호 조치할 필요가 있다고 판단되면, 해당 아동에 대한 보호조치 절차를 진행한다. 아동이 조속히 원가정에 복귀할 수 있도록 원가정에 대한 보호가 필요하다고 판단되는 경우, 부모 등 보호자의 희망을 들어 주소지 관할 시・군・구 아동복지 담당에게 해당 사례를 이관한다. 또한 보호대상 아동의 발굴 원인과 접수 사유별로 보호조치를 결정해야 한다.

3) 배치 이후 각 보호유형에서의 양육단계

대안양육 보호체계는 그 배치기준부터 연령별 욕구에 맞는 서비스를 개발하여 아동을 양육하고 보호하는 단계에서 시작한다. 영유아의 특수한 욕구에 맞춘 서비스를 제공하기 위해 「아동복지법」에 의한 종사자의 배치기준을 따라야 한다. 또한 보호 아동이 보호 체계에 들어오기 이전에 부정적인 경험을 한 경우 예를 들면, 가족의 상실, 분리, 해체, 폭력, 학대, 트라우마 등은 보호 아동의 신체발달, 언어발달, 인지발달, 사회성 발달, 심리・정서 발달에 등에 부정적인 영향을 미쳐 다양한 심리・정서적, 행동, 적응 문제를 겪을 수 있다. 이러한 아동의 대안양육 보호는 전문적인 진단과 평가를 통해 대안양육 기관에서 전문가에 의한 심리치료 및 서비스가 제공되어야 한다. 서비스제공으로는 보호 아동의 연령별 아동 욕구에 맞춘 서비스, 치료 및 상담서비스, 학교 및 일상생활 적응 서비스, 신체・건강 서비스 등을 제공되어야 한다.

4) 원가정 복귀 준비단계

대안양육 아동이 원가정으로 복귀하기 위해서는 다양한 만남이 이루어져야 한다. 대부분의 보호 아동은 부모와의 연락이 두절되었거나 지속적인 만남이 이루어지기가 쉽지 않는 실정이다. 아동은 부모나 가족과의 정서적 유대감을 형성하고 유지되어야만 원가정 복귀가 원만하게 이루어질 수 있다. 특히, 영유아기 아동에게는 부모와의 애착 형성이 이루어지는 시기이며, 아동이 성공적으로 친부모에게 다시 돌아가는 데 애착은 중요한 요인이 될 수 있다. 따라서 친부모와의 관계유지를 위한 사례관리의 중요성이 강조된다.

5. 아동권리에 기반한 대안양육제도의 개선 방향

대안양육 아동에게 권리를 보장해 주기 위해서는 어떤 점을 고려해야 하는지 아동권리에 기반한 대야양육제도에 대한 문제점을 통해 살펴보고 개선 방향에 대해 알아보고자 한다. 그 내용으로는 대안양육제도의 통합성 강화, 지방자치단체별·보호유형별 예산구조의 통일, 국가의 친부모 권리에 대한 개입 강화, 아동권리교육 및 인식개선 등이며 이는 이재연 외(2018)의 내용을 참고로 하였다.

1) 대안양육제도의 통합성 강화

아동은 그들의 발달 특성과 욕구를 중심으로 아동양육시설, 공동생활가정(그룹홈), 가정위탁으로 배치되어야 하고, 이 세 가지 주요 보호유형 체계는 아동을 중심으로 서로 밀접한 연계성을 가지고 유기적인 관계 속에서 운영되어야 한다. 서로 통합적인 기능을 가지고 협력할 때 해당 아동에게 대안양육으로써 가장 바람직할 것이다. 그러나 기본적으로 이 세 가지 보호유형에 대한 전체적인 정책 방향을 설정하고 운영을 이끌 수 있는 주체의 부재가 문제이다(강현아, 2015; 이재연 외 2018; 재인용). 이는 강현아 외(2012)의 연구에서 대안양육제도의 지방이양제도로 인해 중앙정부가 통합적으로 이끌어가는 중심적인 역할을 하지 않기 때문이다고 하였다. 따라서 대안양육제도의 통합성을 강조하기 위해서는 지방에 이양시키는 것이 아니라 중앙정부가 중심적인 역할을 해야 한다.

2) 지방자치단체별, 보호유형별 예산구조 통일

2005년부터 대안양육에 대한 예산 집행구조가 지방으로 이양된 이후, 대안양육 공공 전달체계의 구조는 중앙정부가 전체적 아동복지 정책 및 방향을 정하고, 각 지방자치단체의 예산 항목 및 그 액수는 지방자치단체에서 결정하며, 각 실제적인 서비스 전달은 시・군・구와 읍・면・동 중심으로 이루어지고 있다. 따라서 그 예산이나 그 운용방식은 지방자치단체별로 매우 다양하다. 지방분권화 정책 이후에도 아직까지 적지 않은 중앙정부의 예산이 대안양육 보호체계 운영을 위해 지방자치단체로 지원되고 있는데, 지방자치단체에 대한 중앙의 리더십이나 모니터링은 실로 미미한 실정이다(강현아 외, 2012).

2014년부터 공동생활가정(그룹홈)은 기획재정부의 복권기금을 통해 그 운영비와 인건비가 지원되고 있다. 또한 인건비 지원 주체와 그 규모도 세 가지 유형별(아동양육시설, 공동생활가정, 가정위탁)로 다양하며, 시설과 타 유형과 비교해 볼 때 시설은 「사회복지법」에 근거한 인건비 규모와 호봉제를 적용하지만 다른 유형은 그렇지 않다(이재연 외, 2018). 더욱 심각한 것은 아동에 대한 보호양육비 지원도 보호유형별로 차이가 발생하여 형평성의 문제가 제기된다는 점이다. 따라서 대안양육 아동을 위한 최소한의 국가에서 보호 기준을 마련하고, 표준화된 양육비용을 산출하여 지방자치단체별, 혹은 보호유형별 예산을 통일할 필요가 있다(이재연 외, 2018).

3) 국가의 친부모 권리에 대한 개입 강화

대안양육제도는 일시적으로 아동을 양육하고 보호하는 데에 그 목적을 두고 있으나 궁극적으로는 친부모가 있는 원가정으로 돌아가서 생활하는 것이다. 아동은 자신의 부모와 함께 원가정에서 보호받고 성장할 수 있는 권리를 가지고 태어났다. 이러한 가장 기본적인 아동권리를 보장하기 위해서 국가는 부모의 친부모 권리에 개입하여 부모의 협조를 최대한 이끌어 내야 한다. 친부모의 권리는 「민법」에서 친부모의 권리의 개념을 규정하고 있다. 2015년부터 개정 「민법」에서의 친권상실, 정지 및 제한과 같은 조항은 친권의 남용을 막아 자녀가 잘 성장할 수 있도록 보호하고 양육하려는 취지를 담고 있다(이재연 외, 2018).

4) 아동권리교육 및 인식 개선

대안양육보호서비스는 아동 개개인의 발달 특성과 욕구를 파악하여 아동권리 보장에 적용할 필요가 있다. 시설종사자 및 가정위탁 부모와 같은 양육자들은 아동권리 원칙에 대한 구체적인 교육 내용 및 인식 개선이 필요하며, 아동권리에 대한 감수성을 높여, 대안양육보호서비스 현장에서 아동권리 침해 상황에 대해 민감성을 강화할 필요가 있다(이재연 외, 2018).

[생각해 보기]

1. 대안양육제도란 무엇인지, 각 유형에 대해 이야기해 봅시다.
2. 우리나라 아동보호대상에 대한 정책을 담당하는 보건복지부의 부서를 홈페이지에서 찾아봅시다.
3. 아동양육시설, 공동생활가정(그룹홈), 가정위탁 등 세 유형에 대한 공통점과 차이점을 이야기해 봅시다.
4. 대안양육 아동의 발달 단계(영아기, 유아기, 학령기, 청소년기)에 따라 겪을 수 있는 어려움에 대해 논의해 봅시다.

children's right & welfare | part

05

아동권리와 복지의 과제

아동복지는 아동이 건강하게 출생하여 행복하고 안전하게 자라나도록 복지를 보장하는 것에 목적을 두고 있다(「아동복지법」 제1조). 그러나 아동이 처한 시대적 상황이나 경제 수준, 욕구 등이 반영된 정책들이 중요한 사회적 지표가 된다. 최근에는 저출산·고령사회로의 심각성에도 불구하고 아동학대는 줄어들지 않고 있으며, 아동권리를 바라보는 인식도 조금씩 더디게 발전하고 있다. 지금까지 우리들이 인식하고 있는 아동권리와 복지의 관계가 재정립될 때 아동은 전인적인 성장과 발달을 도모할 수 있고, 건전한 사회구성원으로서 행복한 삶을 보장받게 될 것이다. 제5부에서는 '아이들이 행복한 세상'을 만들기 위해 아동권리와 복지에 대한 미래를 전망하고 어떠한 방향으로 나아가야 할지 과제에 대해 알아보고자 한다.

children's right & welfare | chapter 13

아동권리와 복지의 전망과 과제

세계 각국의 복지정책은 비생산적인 복지비용을 축소시키려는 방향으로 이루어지고 있으며, 저출산·고령사회로의 진입과 동시에 일반적인 복지급여를 축소하고 근로연계를 강화하는 방향으로 나아갈 것이라고 전망하고 있다. 이러한 복지개혁은 근로 활동이 개인의 자아존중감, 동기유발, 개인적 통제력을 향상시키고, 이것이 가정에서 더 나은 양육 행동으로 이어지며, 아동 발달에도 긍정적인 영향을 미칠 수 있다는 사실에 기초하고 있다(정익중, 2004; 정옥분 외, 2016; 재인용). 이러한 흐름에 비추어 우리나라의 아동복지사업도 현재는 보편적 복지를 위해 노력하고 있다. 그러나 앞으로는 국가의 개입을 최소화하고 가족 기능과 요보호아동 자신의 자립을 강조하는 방향으로 나아갈 것으로 예측된다. 이를 근간으로 아동권리와 복지에 대한 과제와 방향을 제시해 보면 다음과 같다.

1. 아동복지의 과제

21세기 아동복지서비스의 방향은 예방중심적 · 가족중심적 · 제도적 모델을 중시하는 방향으로 발전할 것이다. 이를 위해 아동복지서비스는 복지수요자의 욕구를 보다 충실하게 반영할 수 있도록 중앙정부의 주도하에 지자체의 이양까지 체계적인 계획과 실천, 지도 · 감독이 필요하다.

또한 각 분야의 전문적인 서비스도 중요하지만 이와 아울러 비공식적 지원망도 적극적으로 활용할 수 있는 방법을 강구해야 한다. 아동복지에 대한 과제로 앞에서 살펴본 내용에 기초하여 앞으로 지향해야 할 방향을 살펴보면 다음과 같다.

1) 빈곤아동의 과제

「유엔아동권리협약」 일반논평 제7호(CRC General Comment No 7)에서는 초기 유년기의 빈곤은 아동의 성장과 발달에 부정적인 영향을 끼치기 때문에 이를 근절하기 위해 당사국들은 실질적인 노력을 해야 한다고 밝히고 있다(이재연 외, 2018). 이에 유엔아동권리위원회에서는 빈곤아동을 위한 빈곤퇴치에 광범위한 노력을 하고 있음에도 불구하고, 세계 많은 영유아에게 아직도 가장 기본적인 삶의 생활 수준마저 보장되고 있지 않음에 우려하고 있다.

절대적 빈곤은 아동의 생존과 발달을 위협하고, 의식주가 보장되지 않아 삶의 기본적인 질을 저해하여 부정적인 결과를 초래한다. 또한 상대적 빈곤은 아동복지, 사회통합, 자기존중감 등을 저해하고 학습과 발달의 기회마저 축소되거나 감소시킨다.

따라서 빈곤아동과 가족을 위한 물질적인 보조 및 지원 체계(「유엔아동권리협약」 제27조 3항)를 포함한 아동의 권리에 부합하는 기본적인 생활 수준을 보장하기 위한 모든 가능한 수단, 즉 사회보험을 포함하여 혜택을 받을 수 있는 권리이행이 필요하다.

우리나라는 2014년부터 「아동의 빈곤예방 및 지원 등에 관한 법률(「아동빈곤예방법」)이 제정되어 시행되고 있다. 이 법에 따르면, 정부와 지방자치단체장은 아동 빈곤을 지원하기 위해 기본계획을 수립하고 구체적인 정책구현에 노력해야 한다는 것을 밝히고 있다. 즉, 빈곤을 경험하는 아동이 발달과정에서 겪는 불이익을 조기에 중재할 수 있도록 정책적 노력이 헛되지 않도록 체계화할 필요가 있다(이재연 외, 2018).

2) 보육아동의 과제

최근 심각한 사회문제로 대두되고 있는 저출산율의 부정적인 파급효과를 차단하기 위해서는 국・공립어린이집의 확충이 필요하며, 다양한 보육서비스 제공 등의 국가적 차원에서 모든 영유아의 권리를 존중받을 수 있는 환경을 마련할 필요가 있다. 즉, 안전하게 보호와 교육을 받을 수 있도록 하는 보육의 공공성 확보가 우선적인 과제이다. 그러기 위해서는 정부의 대폭적인 지원과 대책이 필요하다. 여성들의 취업 형태를 반영하여 야간, 공휴일, 영아 전담, 장애아어린이집 등의 특수보육서비스가 확대되어야 하며, 초등학교 학생들이 방과 후 방임되는 것을 막을 수 있도록 방과 후 아동보육서비스도 확충되어야 한다. 또한 2020년 3월부터 시행되는 개정 누리과정이 영유아교육기관에서 잘 정착할 수 있도록 교사교육이 필요하다.

3) 한부모・다문화・조손가정 아동의 과제

한부모・다문화・조손가정 등 다양한 가족 상황에 대한 교사의 이해가 우선적으로 필요하다. 교사 자신이 가족의 다양성에 대해 인식하고 수용하는 자세와 태도를 갖추어야 한다.

현대사회는 과거와 달리 다양한 가족 형태가 생겨나고 그 숫자가 증가하고 있음에도 불구하고 특정한 가족 배경을 지닌 아동이나 아동복지현장에서는 이들 아동과 가족에 대한 이해가 부족하고, 가족의 구조적 문제나 가족구성원의 욕구를 충분히 파악되지 못하는 실정이다. 따라서 주변 사람들은 다양한 가족 유형이 존재함을 인식하고, 각 가족구성원이 소중한 가족임을 이해하고 수용할 수 있도록 지도해야 한다. 또한 한부모·다문화·조손가정 등 다양한 가족이 가지고 있는 결핍요소에 초점을 맞추어 정보를 제공하고, 아동이 처한 상황에 대한 심리적·정서적 지원을 통해 일상생활을 원활히 할 수 있도록 서비스를 제공해야 한다.

예를 들어, 저소득 한부모가정의 아동에게는 경제적 지원이 필요하며, 부모 역할에 대한 역할 수행이나 부모-자녀관계 형성에 필요한 부모교육프로그램 지원이 필요하다. 또한 다문화가족의 아동을 이해하기 위해서는 문화적으로 민감해야 한다. 서비스 대상이 되는 아동과 가족(가구)의 문화적 이해에 기초한 사려 깊게 고안된 다문화가족을 위한 서비스가 제공되어야 한다. 또한 조손가정의 아동에게는 부재한 부모를 대신할 수 있는 역할모델을 제공해 주어야 하며, 가정과 학교, 나아가 지역사회가 함께하는 교육의 공동체로써 조손가족의 손자녀에게 보호 요인을 제공할 필요가 있다. 이처럼 새로운 가족문화에 적응하기 위해 아동들의 욕구를 파악하고 아동들이 가정, 학교, 지역사회에서 차별과 편견 없이 동등하게 아동복지서비스를 받을 수 있도록 지원해야 한다.

4) 장애아동의 과제

장애아동을 위한 과제로는 첫째, 장애아동이 우리 사회의 일원으로 존중받고 함께 살아가기 위해서 이들을 위한 교육 및 훈련시스템의 활성화가 필요하다. 둘째, 장애아동이 자립적으로 지역사회에서 활동할 수 있도록 물리적 환경개선의 지원이 이루어져야 한다. 셋째, 또래들과의 놀이과정에서 배제되지 않도록 안전한 상태에 적합한 놀이나 스포츠 활동 참여할 수 있도록 해야 한다. 장애가 있다는 이유로 친구들과 함께 어울리지 못한 장애아동은 심리적으로 상처를 받을 뿐만 아니라 일상적인 활동에서도 적절한 행동 양식을 찾지 못해 소외될 수 있다. 또한 장애아동을 둔 부모에게 재정적인 지원, 심리적 지원과 치료, 용이한 의료접근 등을 지원함으로써 부모로서의 역량을 유지할 수 있도록 하는 것이 장애아동의 삶의 질을 높이는 데 중요한 역할을 한다.

5) 보호아동의 과제

아동양육의 1차적인 책임은 가정의 부모에게 있다. 아동의 건강한 성장과 발달을 도모하기 위해 최적의 장소가 아이들이 자라는 가정에 있다는 사실에 많은 사람들이 동의한다. 그러나 부모의 사망, 만성 질병, 학대 등과 같이 여러 가지 이유로 가정에서 아동을 양육할 수 없는 경우 시설보호 서비스를 받게 된다. 아동보호서비스 원칙에서 언급하였듯이 보호아동의 과제는 아동의 이익을 최우선적으로 고려하고, 원가정 보호를 위해 최대한 노력하며, 아동과 보호자의 참여를 활성화하여, 보호아동이 발생하지 않도록 예방적 접근이 필요하며, 보호아동의 발생 시에는 수요자의 편의를 최대한 고려해야 한다. 단순히 보호에서 끝나는 것이 아니라 퇴소 이후의 자립을 위한 지원과 함께 시설아동이 독립적인 삶을 준비하는 데 있어서 경험하게 되는 정서적인 측면, 생활기술 측면, 경제적인 측면, 주거의 측면에 대한 체계적인 준비교육이 필요하다(정옥분 외, 2016). 이를 위하여 보호아동의 발달 단계에 따라 전문화되고 개별화된 프로그램의 지원이 필요하다.

6) 학대아동의 과제

아동학대 행위는 아동의 권리를 침해하는 가장 대표적인 사회문제이다. 아동학대를 예방하고 학대 아동의 보호를 위한 「아동복지법」의 효과적인 시행을 위해서는 구체적인 시행규칙과 학대부모에 대한 법적 규제 방안 등이 마련되어야 하며, 관련 기관과의 연계, 지역 내 아동복지 자원의 확충도 필요하다. 그리고 아동학대 예방을 위한 인력의 전문성 제고와 지역사회에 근거한 프로그램 개발을 통해 가족을 강화하는 데 주력해야 한다. 또한 신고의무자 정기교육 의무화, 아동보호전문기관의 역할 수행 강화, 전문 상담원의 자격 강화, 그리고 가해자에 대한 처벌규정 등이 좀 더 강화되어야 한다(윤매자 외, 2017). 또한 현행 「아동학대처벌법」이 제정되어 시행되고 있으나 여전히 학대 피해아동을 비롯한 보호서비스 전달체계가 제대로 구축되어 있지 않다는 지적이 있다(이재연 외, 2018). 따라서 아동학대를 예방하고 대책을 제대로 세우는 방향으로 이루어져야 할 것이며, 그러기 위해서는 아동학대 서비스의 전달체계 구축과 전문시설 및 인력 강화가 필요하다.

7) 대안양육아동의 과제

대안양육 보호체계에 대한 과제는 첫째, 아동을 대안양육 보호체계에서 보호하고 양육하는 것은 최후에 수단이어야 한다. 원가정에서 부모로부터 보호와 교육을 받을 권리를 가지고 있음을 명심해야 한다. 따라서 원가정 지원방안이 마련되어야 할 것이다. 둘째, 대안양육제도에 대한 관리는 통합하여야 한다. 통합되지 못한 관리체계는 서로 파편화된 서비스를 제공하여 서비스의 효율성 측면에서 문제가 되고, 아동권리가 침해될 위험성이 높다. 통합된 틀 속에서 대안양육 및 보호서비스를 구축하여 지원하는 것이 바람직하다. 셋째, 국가는 대안양육 아동의 보호자임을 인식하고 그 책임을 다하여야 한다. 그 이행에는 친부모와 대안양육 체계의 책임을 강화할 수 있는 모니터링이 포함되어야 한다(이재연 외, 2018). 넷째, 대안양육 종사자는 아동 중심의 관점에서 아동권리에 민감하게 반응하고, 존중할 수 있는 아동권리 의식이 증진될 수 있도록 권리 감수성 프로그램을 개발하여 교육해야 한다.

2. 아동권리와 복지의 전망

미래 우리나라 아동권리와 복지의 전망을 고려해 본다면, 아동복지는 국가·사회·가정의 발전과 국민 개개인의 삶의 질과 연결된 문제로서 모든 아동이 부족함이 없이 각자의 원가정에서 행복하게 자신의 잠재 능력을 키우며, 건전한 자아정체감을 갖고 원만한 사회인으로서 성장하는 것을 돕는 것이다. 이러한 본래 목적을 달성하기 위한 아동권리와 복지의 전망을 다음과 같이 해 본다.

첫째, 참여주체자로서의 아동을 위한 권리존중과 복지로 나아가야 할 것이다.

「유엔아동권리협약」 인준국인 우리나라의 아동권리 정책은 참여의 주체자로서 아동을 인정하는 방향으로 결정되고 추진되어야 할 것이다. 구체적으로 아동의 참여권 보호를 위한 아동 정책을 살펴보면, '아동의 의견진술권 보장실태 진단 및 개선방안 마련', '아동의견수렴 창구 상시운영', '학교에서의 참여권보장(자치활동 활성화, 학교운영위원회 실질적 참여)', '아동총회 지역 기반 구축'에 그치고 있고, 대상 연령 역시 초등학생·중학생·고등학생에 제한되어 있다. 영유아기 아동의 참여권 보호에 관한 정책은 계획조차 수립되어 있지 않음을 알 수 있다(이재연 외, 2018). 따라서 아동은 더이상 복지서비스의 수혜자만이 아니라 복지서비스의 주체이자 권리를 행사할 수 있는 참여자로서 인정받아야 할 것이다.

둘째, 아동권리에 기반한 아동복지실천에 초점을 맞추어야 한다.

아동권리와 복지는 아동의 욕구를 충족시켜 주는 대상이자 권리를 존중받기 위하여 적극적으로 참여하는 주체로서 아동복지실천현장에서 적용되어야 할 것이다. 이때, 아동권리의 4대 기본권과 3대 원칙을 준수하여야 한다. 즉, 생존권, 발달권, 보호권, 참여권을 기본 권리로, 아동의 권리보장을 위해 차별금지의 원칙, 아동 최선의 이익 원칙, 아동 의사표현의 원칙을 준수하는 것으로 실천되어야 한다.

셋째, 선별적 아동복지에서 보편적 아동복지와 권리 정책이 수립되어야 할 것이다.

우리나라 「아동복지법」에서 아동은 어떠한 종류의 차별을 받지 아니하며 안정된 가정환경에서 행복하게 자라야 하고, 모든 생활활동에서 아동 최선의 이익을 고려하여 보장받아야 함을 강조하지만 대부분 선별적 서비스를 제공하고 있다. 따라서 아동에 대한 보편적 복지정책과 서비스는 아동의 권리를 존중하는 데에서 시작한다(이재연 외, 2018).

넷째, 지방분권화시대를 맞이하여 지역사회를 기반으로, 지역사회의 가장 최고 단위인 가정을 기반으로 한 개별적 아동복지서비스 제공과 프로그램 등의 강화로 원가족의 해체를 방지할 수 있어야 한다. 또한 재가복지 아동과 장애아동에 대한 상담, 치료, 교육훈련, 여가활동 등을 지역사회 내에서 총체적으로 지원할 수 있는 방안이 강구되어야 한다(윤매자 외, 2017).

다섯째, 공공기관과 민간기관과의 협력체제가 강화되어야 한다. 일반적으로 국민의 광범위한 대상에 관련되는 사업 내용인 경우는 공적 사업으로 추진되는 것이 좋겠고, 그와 반대의 경우에는 사적 운영이 좋을 것이다(표갑수, 2000). 즉, 아동 수당제도와 같은 사업은 공적인 사업으로 하고, 또 결연 후원과 같은 사업, 멘토 연결 등과 같은 사업은 지역 내 인적・물적 자원을 적극적으로 발굴하여 공동으로 참여하는 것이 바람직하다(윤매자 외 2017).

참고문헌

강현아, 노충래, 전종설, 정익중(2012). 가정외 보호 청소년의 부정적 사건 경험이 우울 및 불안에 미치는 영향과 보호 요인의 조절 효과. 청소년학연구, 19(3), 193-222.

공계순, 박현선, 오승환, 이상균, 이현주(2019). 아동복지론. 서울: 학지사.

곽형식, 백경숙, 김민정, 김혜금, 김혜영(2013). 아동복지론(제2판). 서울: 창지사.

교육과학기술부(2008). 2008년도 다문화가정 학생 교육지원방안.

교육부(2018). 특수교육통계(각 연도).

구인회(2005). 빈곤여성 지원을 위한 적극적인 국가 개입이 필요. 한국여성개발원.

구자헌(1969). 아동복지. 서울: 한국사회복지연구소.

국토교통부(2019). 2018년도 주거실태조사 결과.

김미숙, 전진아, 하태정, 김효진, 오미내, 정은희, 최은진, 이봉주, 김선숙(2013). 아동종합실태조사. 보건복지부, 한국보건사회연구원.

김성경, 김혜영, 최현미(2009). 아동복지론. 경기: 양서원.

김승훈(2005). 전후 복지국가의 발달과 아동권리보호에 관한 연구: 국제사회의 협력을 중심으로. 인하대학교 대학원 박사학위논문.

김정래(1999). 아동권리교육프로그램 개발을 위한 기본 원리. 한국아동권리학회. 1990년도 추계학술대회. 21-17.

김정래(2002). 아동권리향연. 서울: 교육과학사.

김정래, 최영희(1998). 세계인권선언과 국제권리협약. 아동권리연구 제2권 3호, 21-37.

김종옥, 권중돈(1993). 집단사회사업방법론. 서울: 홍익제.

김진숙(2010). 보육교사가 인식하는 영유아권리존중 보육의 의미와 실행수준. 숙명여자대학교 대학원 박사학위논문.

김창엽(2000). 보건의료장책의 결정과정. 대한 가정의학회, 가정의학지. 제21권 제5호. 225-267.

김호년, 김성재, 김현정, 박윤, 우수경, 이사진, 장정애, 이인원(2016). 아동권리와 복지. 경기 : 양성원.

김희정, 천미영(2011). 조손가정 아동의 적응유연성에 관한 질적 연구. 한국가족치료학회지. 19(3). 159-182.

남세진, 조홍식(1997). 집단지도방법론. 서울: 서울대학교 출판부.

노난경(2005). 아동의 권리보호에 관한 연구. 한세대학교 경찰법무대학원 석사학위논문.

류상열(2000). 지역사회복지론. 경기: 형설출판사.

문선화, 구차순, 박미정, 김현옥(2009). 한국사회와 아동청소년복지. 경기: 양서원.

박미경, 조민효(2018). 보육정책과 서비스 품질, 서비스 성과 간의 관계. 한국정책학회. 동계학술대회 자료집(국회도서관 전자자료).

박석돈, 김만호, 성희자, 이애재, 신원식, 배성우, 남영옥, 명선영, 임성옥, 이옥희, 김수정, 손지아, 권신영, 박순미, 박지훈(2017). 사회복지개론. 경기: 양성원.

박용순(2001). 빈곤과 자립. 서울: 학지사.

배창진(2003). 사회복지실천론. 서울: 대학출판사.

법제처(2019). 국민기초생활보장법(2018.12.11. 일부 개정).

보건복지부(2013). 제3차 국가수준의 표준보육과정.

보건복지부(2016). 제1차 아동정책기본계획.

보건복지부(2017). 2017년 아동분야 사업안내.

보건복지부(2018). 2017년 전국 아동학대 현황 보고서.

보건복지부(2018a). 2018년도 보육통계(2018년 12월 말 기준).

보건복지부(2018b). 2018년 아동보호서비스 업무 매뉴얼.

보건복지부(2018c). 2017년 장애인실태조사.

보건복지부(2018d). 2018년 보건복지통계연보. 장애인정책과.

보건복지부(2018e).「보육통계」2018년 보건복지통계연보. 보육정책과.

보건복지부(2018f). 요보호아동 현황보고.

보건복지부(2019). 2019년 장애등록심사 규정집(보건복지부 고시 제2019-117호).

보건복지부(2019a). 2019년 보육사업안내.

보건복지부(2019b). 2019년 아동복지시설 현황.

보건복지부(2019c). 2019년 공동생활가정(그룹홈) 현황.

보건복지부(2019d). 2019년 아동분야 사업안내.

보건복지부(2019e). 2018년 아동학대 주요 통계.

보건복지부(2019f). 드림스타트 사업소개.

보건복지부(2019g). 어린이집 온종일 활기차게. 보도자료(2019.09.18.).

보건복지부, 한국보건사회연구원(2017). 2017년 통계로 보는 사회보장.

서영숙, 서지영(2002). 레지오에밀리아 접근법. 서울: 학지사.

서영숙, 서혜정, 김진숙(2009). 아동권리 협약과 함께하는 아동·청소년의 권리(보육교사용). 서울: 보건복지가족부, 세이브더칠드런.

성영혜, 이소희, 허선(1997). 사회복지와 보육사업. 경기: 양서원.

송근원, 김태성(1995). 사회복지정책론. 서울: 나남출판.

송주미(2006). 아동복지론. 서울: 창지사.

신갑숙(2016). 한국보육정책 분석 및 발전 방안 연구. 서울기독대학교 대학원 석사학위논문.

신현기, 최세민, 유장순, 김희규(2005). 통합교육의 이론과 실제. 서울: 박학사.

엄명용, 노충래, 김용석(2015). 사회복지 실천기술의 이해. 서울: 학지사.

여성가족부(2019). 한부모가족지원사업안내.

여성가족부(2019a). 저소득 한부모가족 및 조손가족 복지급여. 청소년 가족정책실 가족지원과.

여성가족부, 한국건강가정진흥원(2019). 2017년 가족지원사업 연간실적보고서.

오승환(2009). 한국의 학대아동보호정책. 서울: 나눔의 집.

오정수(2006). 세계의 아동복지서비스. 서울: 나눔의 집.

유미혜(2005). 빈곤한 편부모가정 아동의 HTP 반응특성 연구-일반가정 아동과의 비교 연구 - 원광대학교 동서보완의학대학원 석사학위논문.

윤매자(2010). 영유아권리존중 보육에 관한 자율장학의 효과와 의미. 숙명여자대학교 대학원 박사학위논문.

윤매자(2019). 보육교사(인성)론. 양성원.

윤매자, 신혜경, 주정형(2017). 아동복지론(제3판). 경기: 양서원.

윤혜미, 김혜래, 신영화(2010). 아동복지론. 서울: 청목출판사.

이배근(2006). 세계의 아동복지. 유니세프 보고서.

이소희(2005). 아동복지론. 서울: 학연사.

이재연, 황옥경, 강현아, 서영숙, 이완정, 구은미, 정선아(2018). 아동권리와 복지. 서울: 창지사.

이재완, 최영선(2006). 세계의 아동수당제도. 서울: 양서원.

장애인인권헌장(2019). 한국 장애인인권헌장(1998.12.08.09. 채택).

장인협(1989). 사회복지실천방법론. 서울: 서울대학교 출판부.

장인협, 오정수(2001). 아동 · 청소년복지론. 서울: 서울대학교 출판부.

정옥분, 정순화, 손화희, 김경은(2016). 아동권리와 복지. 서울: 학지사.

조흥식(1991). 都市貧困家族問題에 대한 社會事業實踐에 관한 연구: 生態體系的 觀點의 問題査定道具開發과 適用을 중심으로. 서울대학교 대학원 박사학위논문.

주정일, 이소희(2003). 아동복지실천론. 경기: 교문사.

최순옥, 윤난호, 장수정, 이주연, 김은숙(2011). 아동복지의 이해. 서울: 태영출판사.

최은숙(2013). 어린이집에서의 아동권리에 대한 부모와 교사의 인식과 실천상황에 관한 연구. 부천시 어린이집 중심으로. 서울신학대학교 사회복지대학원 석사학위논문.

통계청(2018). 2017년 인구주택총조사.

통계청(2019). 2018년 인구주택총조사.

표갑수(2000). 아동청소년복지. 서울: 나남출판.

한국보육진흥원(2019). 2018년 보육통계.

한국직업능력개발원(2006). 저출산 · 고령화 대책.

한미현, 강희경, 공인숙, 김상희, 문혁준, 안선희, 안효진, 양성은, 이경옥, 이경열, 이진숙, 천희영(2008). 아동복지. 서울: 창지사.

한성심, 송주미(2014). 아동복지론(제5판). 서울: 창지사.

한성심, 하승민, 윤혜미(2017). 아동권리와 복지. (사)한국보육교사교육연합회. 경기: 양서원.

한지숙, 홍은주(1998). 아동권리협약과 아동의 권리 실현. 아동권리연구 제2권 2호. 39-50.

행정안전부(2019). 지방자치단체 외국인주민현황조사(2017. 11. 1. 기준).

허선(2016). 아동빈곤 현황과 정책과제 : 기초보장 사각지대 빈곤아동 중심으로. 보건복지포럼 2016 3월호. 19-26.

홍미, 김효진(2007). 아동학대 및 방임실태와 정책과제. 보건복지포럼 통권 제128호. 47-59.

황성기(1994). 아동인권에 관한 연구. 서울대학교 대학원 석사학위논문.

KOSIS 국가통계포털(2018). 요보호아동 현황보고.

吉澤英子・小館靜枝}(2006). 兒童福祉. 東京: ミネルヴァ書房.

若井翊一(1992). こどもの人權:その內容と保障の課題. 東京: 至文堂.

Alston, P. (1992). *The legal framework of the convention on the right of the child. In: The right of the child.* Jenava: United Nations Centre for Human Rights, 1-15.

Angela Abela(2005). CHILDREN' PERCEPTION. Department of Social Welfare Standards.

Costin, L. B., Bell, C.J., & Downs, S. W. (1991). *Child welfare: Policies and practice*(4th ed.). NY: Longmam.

Doek, J. (2003). The UN convention on the right of the child: some observations on the monitoring and the social context of its implementation. *University of Florida Journal of Low and Public Policy, 142*(2), 125-136.

Freeman, M. D. (1992). The limits of children' rights. In M. Freeman., & P. Veerman(Eds.). *The Ideologies of children' Rights.* 29-46. Kluwer Academic Publishes.

Gilbert, N., & Terrel, P. (1998). *Dinesions of Social Welfare policy(*4th ed.), Boston: Allyn and Bacon.

Gilbert, N., Specht, H. & Terrell, P. (1993). *Dinesions of Social Welfare policy*(3th ed.), Englewood Cliffs, NJ: Prentice Hall.

Herding, L. F. (1991). *Perspectives in child care policy.* London : Longman.

Hodgkin, R. & Newell, P. (1998). Birth registration, name, nationality and right to know and becared for by parents. In: Implementation Handbook for Convention on the Rights of the Child, UNICEF, 97-110.

Hodgkin, R., & Newell, P. (2002). Birth registration, name, nationality and right to know and becared for by parents. In: Implementation Handbook for Convention on the Rights of the Child, UNICEF, 107-122.

Honig, A. S. (1986). Stress and coping in children-Part 1. *Young Chlidren, 41*(4), 50-63.

Honig, A. S. (2004). Secure Relationships & Attactment. [안정 애착](서영숙, 김영옥 역). 서울: (재)양실회 (원저 1984 출판).

Kadushin, A. (1980). *Child Welfare Service.* NY: Macmillan Publishing Co. Inc.

Kadushin, A., & Martin, J. A. (1998). *Child welfare services*(4th ed.), NY: Macmillan Publishing Co.

Katz, L. G. (1989). Talk with teachers 와 More talks with teachers. [유아교사를 위한 제언] (이차숙 역). 서울: 良書院.

Kirst-Ashman, K. K. & Hull, Jr. G. H.(1999). *Understanding Generalist Practice*. Chicago: Nelson-Hall Publishers.

Kirst-Ashman, K. K., & Hull, G. H., Jr. (1999). *Understanding generalist practice*(2nd ed.). Chicago: Nelson-Hall.

Madeleine Leonard(2004). Children' Views on Children' Right to Work. *Childhood vol. 11 no*. 1.

Malaguzzi, L. (1993). istory, ideas, and basic philosophy. In C. Edwards, L. Gandini, & G. Forman(Eds.), *he hundr Language of childern: The Reggio Emila Approach to early childhood Education.* Norwood NJ: Ablex Publishing Company.

Pecora, P. J., Whittaker, J. K., Maluccio, A. N., Barth, R. P., & Plotnick, R. D. (1992). The child welfare challenge: Policy, practice, and research. Aldinede Gruyter.

Toseland, R. W. and Rivas, R.F.(1995). *Introducion to Group Work Practice.* New York: McMillan.

디딤씨앗통장(2020). www.adongcda.or.kr

법제처(2020). www.moleg.go.kr

보건복지부(2020). www.mohw.go.kr

보건복지부(2020a). e-나라지표 www.index.go.kr

아이사랑포털(2020). www.childcare.go.kr

여성가족부(2020). http://www.mogef.go.kr

월드비전(2020). http://www.worldvision.or.kr

유니세프 한국위원회(2019). https://www.unicef.or.kr

중앙아동보호전문기관(2020). http://www.korea1391.go.kr

한국보육진흥원(2020). www.kcpi.or.kr
한국지역아동센터연합회(2020). www.hjy.kr
후생노동성(2020). www.mhlw.go.jp

찾아보기

(ㄷ)

(ㄹ)

(ㅁ)

(ㅂ)

(ㅇ)

저자소개

▌윤매자

숙명여자대학교 대학원 아동복지과 문학석사
숙명여자대학교 대학원 아동복지과(아동보육과 교육) 문학박사
현) 장안대학교 사회복지과 교수

〈저서〉
방과 후 아동지도 이해(2012, 공저)
아동복지론(2012, 공저)
영유아기 부모역할을 위한 부모교육(2012, 공저)
다문화 사회와 가정(2012, 공저)
영유아 다문화 교육의 이론과 실제(2012, 공저)
영아보육의 이해(2013, 공저)
영아보육의 실제(2013, 공저)
영아보육의 이해(2016, 공저)
영유아발달(2017, 공저)
정신건강론(2017, 공저)
보육실습(2017, 공저)
아동복지론(3판)(2017, 공저)
보육교사(인성)론(2019)
보육과정(2019)
영아보육의 이해(2판)(2020, 공저)

아동권리와 복지

1판 1쇄 인쇄 — 2020년 2월 20일
1판 1쇄 발행 — 2020년 2월 25일

저　　자 - 윤매자
발 행 인 - 강철원
발 행 처 - 양성원
주　　소 - 경기도 파주시 검산로 173번길 29-20
전　　화 - 031-946-3861(代)
팩　　스 - 031-946-3864
이 메 일 - tnwpub@naver.com
홈페이지 - tnwpub.co.kr
출판등록 - 2015년 8월 31일 제 2015-000211 호

ISBN 979-11-6126-257-4

정가 20,000원